Constanze Janda

Pflegerecht

3., aktualisierte und überarbeitete Auflage

Die Deutsche Nationalbibliothek verzeichnet diese Publikation in
der Deutschen Nationalbibliografie; detaillierte bibliografische
Daten sind im Internet über http://dnb.d-nb.de abrufbar.

ISBN 978-3-7560-0236-8 (Print)
ISBN 978-3-7489-3763-0 (ePDF)

3., aktualisierte und überarbeitete Auflage 2023
© Nomos Verlagsgesellschaft, Baden-Baden 2023. Gesamtverantwortung für Druck und
Herstellung bei der Nomos Verlagsgesellschaft mbH & Co. KG. Alle Rechte, auch die des
Nachdrucks von Auszügen, der fotomechanischen Wiedergabe und der Übersetzung, vorbe-
halten. Gedruckt auf alterungsbeständigem Papier.

Vorwort

Seit der letzten Auflage des Kompendiums zum Pflegerecht sind weniger als zwei Jahre vergangen. Das Buch hat erfreuliche Resonanz erzielt – zugleich steht das Rechtsgebiet vor großen Herausforderungen. Dies betrifft insbesondere die soziale Pflegeversicherung, deren langfristige Leistungsfähigkeit und Finanzierbarkeit angesichts einer stetig wachsenden Zahl pflegebedürftiger Menschen nachhaltig gesichert werden muss.

Der Gesetzgeber begegnet diesen Herausforderungen mit dem Pflegeunterstützungs- und Entlastungsgesetz (PUEG), welches zum 1. Juli 2023 in Kraft getreten ist. Damit sind die Leistungsbeträge des SGB XI angehoben und ihre Dynamisierung – also die Anpassung an die Inflationsrate – auf den Weg gebracht worden. Zudem gab es Erleichterungen für pflegende Angehörige, die die Verhinderungs- und Kurzzeitpflege nunmehr flexibler miteinander kombinieren können. Neu ist auch die Staffelung der Beiträge zur sozialen Pflegeversicherung. Diese hatte das Bundesverfassungsgericht in einem Beschluss vom 7. April 2022 angemahnt. Neben den Änderungen durch das PUEG berücksichtigt die Neuauflage die Reform des Vormundschafts- und Betreuungsrechts, die zum 1. Januar 2023 in Kraft getreten ist, sowie neuere Rechtsprechung.

Die mit der Pflege in Zusammenhang stehenden Rechtsfragen werden weiterhin nicht nur für Juristinnen und Juristen, sondern für viele verschiedene Disziplinen von Interesse sein – sei es für die Pflegenden selbst, sei es für die beratenden Berufe. Diesem ganz unterschiedlichen Personenkreis soll dieses Buch einen Überblick über die relevanten sozial- und zivilrechtlichen Regelungen geben. Prüfschemata und kleine Beispielsfälle sollen Wege zur Lösung der Rechtsfragen aufzeigen.

Ein herzlicher Dank gebührt *Martina Dieterle* sowie *Alina Albering, Milena Herbig, Helen Hermann, Mathieu Wagner* und *Christina Wieda* für die Unterstützung bei der Neuauflage. Sie haben sich mit großer Sorgfalt der Durchsicht des Manuskripts angenommen und bei der Aktualisierung wertvolle Hilfe geleistet. Wiederum danke ich *Peter Schmidt* vom Nomos-Verlag für die gute und zuverlässige Betreuung im Rahmen des Lektorats.

Speyer im Juni 2023   Constanze Janda

Inhaltsübersicht

Inhaltsverzeichnis	9
Abkürzungen	13
1. Kapitel: Einleitung	17
2. Kapitel: Grundlagen des Rechts der Pflegeversicherung	26
3. Kapitel: Leistungsrecht	46
4. Kapitel: Leistungserbringungsrecht	77
5. Kapitel: Pflege in der Gesetzlichen Krankenversicherung	97
6. Kapitel: Pflege im Recht der sozialen Hilfen	109
7. Kapitel: Rechtsbeziehungen zwischen Versicherten und Leistungserbringern in der Pflege	121
8. Kapitel: Musterklausuren	145
Literatur	157
Stichwortverzeichnis	161

Inhaltsverzeichnis

Abkürzungen   13

1. Kapitel: Einleitung   17

Orientierungsfragen   17
A. Begriff des Pflegerechts   17
    I. Abgrenzung zum Medizinrecht   17
    II. Pflegerecht als Teil des Sozial(versicherungs)rechts   18
    III. Pflegezivilrecht   18
    IV. Definition: Pflegerecht   19
B. Historische Entwicklung   19
    I. Erbringung von Pflegeleistungen vor Inkrafttreten des SGB XI   19
    II. Die soziale Pflegeversicherung als fünfte Säule der Sozialversicherung   20
    III. Reformen des Pflegeversicherungsrechts   21
    IV. Fortbestehender Reformbedarf   24

2. Kapitel: Grundlagen des Rechts der Pflegeversicherung   26

Orientierungsfragen   26
A. Allgemeine Grundsätze des Pflegeversicherungsrechts   26
    I. Selbstbestimmung der Versicherten   26
    II. Vorrang der häuslichen Pflege   28
    III. Vorrang von Prävention und Rehabilitation   29
    IV. Eigenverantwortung der Versicherten   30
    V. Berücksichtigung geschlechts- und kulturspezifischer Bedürfnisse   30
    VI. Wirtschaftlichkeitsprinzip   31
    VII. Gebot der partnerschaftlichen Zusammenarbeit   32
B. Verhältnis zu anderen Sozialleistungen   32
    I. Leistungen der sozialen Entschädigung   32
    II. Leistungen der gesetzlichen Krankenversicherung   32
    III. Fürsorgeleistungen   33
    IV. Eingliederungshilfe   33
C. Versicherter Personenkreis   33
    I. Pflichtversicherung, § 20 SGB XI   34
    II. Befreiung von der Versicherungspflicht, § 22 SGB XI   34
    III. Familienversicherung, § 25 SGB XI   35
    IV. Versicherungsobligatorium für Privatversicherte, § 23 SGB XI   36
D. Träger der sozialen Pflegeversicherung   37
    I. Organisation   37
    II. Sicherstellungsauftrag   38
E. Finanzierung   38
    I. Beitragsrecht   38
    II. Sonstige Mittel der Pflegekassen   42

III. Ausgleichsfonds, § 65 SGB XI	42
IV. Pflegevorsorgefonds	43
V. Förderung der freiwilligen privaten Vorsorge	43

Wiederholungs- und Vertiefungsfragen 44

3. Kapitel: Leistungsrecht 46

Orientierungsfragen 46
A. Versicherungsfall der sozialen Pflegeversicherung 46
    I. Pflegebedürftigkeit nach Pflegestufen 46
    II. Einbeziehung demenziell erkrankter Menschen 47
    III. Reform des Pflegebedürftigkeitsbegriffs 48
B. Überblick über die Leistungen der sozialen Pflegeversicherung 51
C. Grundsätze des Leistungsrechts 53
    I. Qualität der Pflege 53
    II. Aktivierung der Pflegebedürftigen 53
    III. Sicherstellung einer Grundversorgung 54
D. Ansprüche bei häuslicher Pflege 54
    I. Abgrenzung zur vollstationären Pflege 54
    II. Voraussetzungen der Pflegesachleistung, § 36 SGB XI 55
    III. Pflegegeld für selbst beschaffte Pflege, § 37 SGB XI 56
    IV. Kombinationsleistung, § 38 SGB XI 59
    V. Leistungen zur Unterstützung der häuslichen Pflege 59
    VI. Versorgung mit Hilfsmitteln 62
E. Teilstationäre Pflege und Kurzzeitpflege 67
    I. Teilstationäre Pflege 67
    II. Kurzzeitpflege 68
F. Ansprüche bei vollstationärer Pflege 70
    I. Voraussetzungen der vollstationären Pflege 70
    II. Leistungsumfang 70
G. Soziale Sicherung der Pflegeperson 72
    I. Beiträge zur Rentenversicherung 72
    II. Einbeziehung in die gesetzliche Unfallversicherung 73
    III. Einbeziehung in das Arbeitsförderungsrecht 73
    IV. Zusätzliche Leistungen bei Pflegezeit 74
    V. Leistungen im Fall der kurzzeitigen Arbeitsverhinderung 74
H. Ruhen der Ansprüche 75
    I. Ruhen bei Auslandsaufenthalt 75
    II. Ruhen des Anspruchs auf häusliche Pflege 75

Wiederholungs- und Vertiefungsfragen 76

Inhaltsverzeichnis

4. Kapitel: Leistungserbringungsrecht — 77

Orientierungsfragen — 77
A. Der Sicherstellungsauftrag der Pflegekassen — 77
    I. Leistungserbringer — 78
    II. Voraussetzungen der Zulassung als Leistungserbringer — 78
B. Vertragliches Versorgungssystem — 79
    I. Versorgungsverträge mit Pflegeeinrichtungen, § 72 SGB XI — 79
    II. Rahmenverträge, § 75 SGB XI — 81
    III. Verträge mit einzelnen Pflegekräften in der häuslichen Pflege, § 77 SGB XI — 83
    IV. Verträge über Pflegehilfsmittel, § 78 SGB XI — 84
C. Vergütung der Leistungen — 84
    I. Berücksichtigungsfähige Aufwendungen — 84
    II. Vergütung stationärer Pflegeleistungen, §§ 84 ff. SGB XI — 85
    III. Vergütungsvereinbarungen über ambulante Pflegeleistungen, § 89 SGB XI — 89
    IV. Verträge zur Integrierten Versorgung, § 92b SGB XI — 90
    V. Kostenerstattung bei fehlender Vereinbarung, § 91 SGB XI — 90
D. Qualitätssicherung in der Pflege — 91
    I. Vorgaben zur Qualitätssicherung nach § 113 SGB XI — 91
    II. Qualitätsprüfungen nach §§ 114–115 SGB XI — 92
    III. Qualitätsstandards im Heimordnungsrecht — 94
Wiederholungs- und Vertiefungsfragen — 95

5. Kapitel: Pflege in der Gesetzlichen Krankenversicherung — 97

Orientierungsfragen — 97
A. Abgrenzung der Kranken- von der Behandlungspflege — 97
B. Häusliche Krankenpflege — 98
    I. Anspruch auf häusliche Krankenpflege — 98
    II. Rechtsbeziehungen zu den Leistungserbringern — 100
C. Kurzzeitpflege — 101
D. Palliativmedizinische Pflege — 102
    I. Spezialisierte ambulante Palliativversorgung — 102
    II. Hospizleistungen, § 39a SGB V — 105
E. Krankenpflege in der stationären Versorgung — 105
    I. Begriff des Krankenhauses — 105
    II. Subsidiarität der vollstationären Pflege — 106
    III. Pflege als Bestandteil der vollstationären Behandlung — 107
    IV. Mitaufnahme von Assistenzkräften ins Krankenhaus — 107
Wiederholungs- und Vertiefungsfragen — 108

6. Kapitel: Pflege im Recht der sozialen Hilfen — 109

Orientierungsfragen — 109
A. Allgemeine Grundsätze des Sozialhilferechts — 109
    I. Funktion der Sozialhilfe — 109
    II. Träger der Sozialhilfe — 109
    III. Leistungsgrundsätze — 110
B. Abgrenzung zwischen den Leistungsarten — 110
    I. Hilfe zur Pflege im System des SGB XI und SGB XII — 111
    II. Hilfe zur Pflege im Rahmen der Eingliederungshilfe — 111
C. Hilfe zur Pflege, §§ 61 ff. SGB XII — 112
    I. Voraussetzungen der Leistungsberechtigung — 113
    II. Leistungen im Rahmen der Hilfe zur Pflege — 114
    III. Leistungskonkurrenz — 118
    IV. Dreiecksverhältnis — 118
Wiederholungs- und Vertiefungsfragen — 120

7. Kapitel: Rechtsbeziehungen zwischen Versicherten und Leistungserbringern in der Pflege — 121

Orientierungsfragen — 121
A. Abschluss und Inhalt des Pflegevertrags — 121
    I. Ambulante Pflege — 122
    II. Stationäre Pflege — 122
B. Zivilrechtliche Haftung in der Pflege — 128
    I. Grundlagen der Haftung — 128
    II. Fallgruppen — 133
    III. Grundlagen der Beweislastverteilung — 142
Wiederholungs- und Vertiefungsfragen — 143

8. Kapitel: Musterklausuren — 145

Klausur 1: Pflegezivilrecht — 145
Klausur 2: Sozialrechtliche Ansprüche bei häuslicher Pflege — 149
Klausur 3: Rechtsbeziehungen im sozialrechtlichen Dreiecksverhältnis — 154

Literatur — 157

Stichwortverzeichnis — 161

Abkürzungen

aA	andere Ansicht
Abs.	Absatz
AEntG	Arbeitnehmer-Entsendegesetz
aF	alte Fassung
AGB	Allgemeine Geschäftsbedingungen
AO	Abgabenordnung
Art.	Artikel
BAG	Bundesarbeitsgericht
BAGE	Entscheidungen des Bundesarbeitsgerichts (Amtliche Sammlung)
BeckOGK	Beck Online Groß-Kommentar
BeckOK SozR	Beck'scher Online Kommentar zum Sozialrecht
BGB	Bürgerliches Gesetzbuch
BGBl.	Bundesgesetzblatt
BfArM	Bundesamt für Arzneimittel und Medizinprodukte
BMFSFJ	Bundesministerium für Familie, Senioren, Frauen und Jugend
BMG	Bundesministerium für Gesundheit
BRi	Richtlinien des Medizinischen Dienstes Spitzenverband Bund der Krankenkassen und des GKV-Spitzenverbands zum Verfahren der Feststellung von Pflegebedürftigkeit sowie zur pflegefachlichen Konkretisierung der Inhalte des Begutachtungsinstruments nach dem Elften Buch des Sozialgesetzbuches (Begutachtungs-Richtlinien) vom 15.4.2016.
BSG	Bundessozialgericht
BSGE	Entscheidungen des Bundessozialgerichts (Amtliche Sammlung)
BSHG	Bundessozialhilfegesetz
BT-Drs.	Drucksachen des Deutschen Bundestages
BVerfG	Bundesverfassungsgericht
BVerfGE	Entscheidungen des Bundesverfassungsgerichts (Amtliche Sammlung)
BVG	Bundesversorgungsgesetz
bzw.	beziehungsweise
ca.	circa
DAngVers	Die Angestelltenversicherung (Zeitschrift)
dh	das heißt
DRV	Deutsche Rentenversicherung (Zeitschrift)
DVPMG	Gesetz zur digitalen Modernisierung von Versorgung und Pflege
E	Entwurf
EGMR	Europäischer Gerichtshof für Menschenrechte
EuGH	Gerichtshof der Europäischen Union
EUR	Euro
f.	folgende/folgender
ff.	fortfolgende
FS	Festschrift
GBA	Gemeinsamer Bundesausschuss
GesR	Gesundheitsrecht (Zeitschrift)
GG	Grundgesetz für die Bundesrepublik Deutschland
ggf.	gegebenenfalls
GKV	gesetzliche Krankenversicherung

GPVG	Gesetz zur Verbesserung der Gesundheitsversorgung und Pflege
GRG	Gesetz zur Reform der Strukturen im Gesundheitswesen (Gesundheitsreformgesetz)
GuP	Gesundheit und Pflege (Zeitschrift)
GVWG	Gesetz zur Weiterentwicklung der Gesundheitsversorgung
hM	herrschende Meinung
HPG	Gesetz zur Verbesserung der Hospiz- und Palliativversorgung in Deutschland (Hospiz- und Palliativgesetz)
HS	Halbsatz
i.e.	das ist (id est)
ieS	im engeren Sinne
IfSG	Infektionsschutzgesetz
iHv	in Höhe von
iSd	im Sinne der/des
iSv	im Sinne von
IV	integrierte Versorgung
iVm	in Verbindung mit
jM	juris Die Monatszeitschrift (Zeitschrift)
jurisPK	juris Praxiskommentar
jurisPR	juris Praxisreport
KassKomm	Kasseler Kommentar zum Sozialversicherungsrecht
KHG	Krankenhausfinanzierungsgesetz
KVLG	Gesetz über die Krankenversicherung der Landwirte
KVSG	Gesetz über die Sozialversicherung der selbstständigen Künstler und Publizisten (Künstler-Sozialversicherungsgesetz)
lit.	Buchstabe (litera)
LSG	Landessozialgericht
MD	Medizinischer Dienst
Mio.	Millionen
Mrd.	Milliarden
MünchKomm	Münchener Kommentar zum Bürgerlichen Gesetzbuch
mwN	mit weiteren Nachweisen
nF	neue Fassung
NJW	Neue Juristische Wochenschrift (Zeitschrift)
Nr.	Nummer
NZA	Neue Zeitschrift für Arbeitsrecht
NZS	Neue Zeitschrift für Sozialrecht
OLG	Oberlandesgericht
PflBRefG	Gesetz zur Reform der Pflegeberufe (Pflegeberufereformgesetz)
PflR	Pflegerecht (Zeitschrift)
PflZG	Pflegezeitgesetz
PNG	Pflegeneuausrichtungsgesetz
PpUGV	Verordnung zur Festlegung von Pflegepersonaluntergrenzen in pflegesensitiven Bereichen (Pflegepersonaluntergrenzen-Verordnung)
PQsG	Pflege-Qualitätssicherungsgesetz
PrävG	Präventionsgesetz
PSG I	Erstes Pflegestärkungsgesetz
PSG II	Zweites Pflegestärkungsgesetz
PSG III	Drittes Pflegestärkungsgesetz

Abkürzungen

Rn.	Randnummer
rpBestG	Bestattungsgesetz des Landes Rheinland-Pfalz
RVO	Reichsversicherungsordnung
s.	siehe
S.	Satz / Seite
SAPV	spezialisierte ambulante Palliativversorgung
SG	Sozialgericht
SGb	Die Sozialgerichtsbarkeit (Zeitschrift)
SGB	Sozialgesetzbuch
Slg.	Amtliche Sammlung der Entscheidungen des Europäischen Gerichtshofs
SozR	Sozialrecht. Entscheidungssammlung der Richter des Bundessozialgerichts
SozSich	Soziale Sicherheit (Zeitschrift)
SuP	Sozialrecht und Praxis (Zeitschrift)
SpiBuKK	Spitzenverband Bund der Krankenkassen
StGB	Strafgesetzbuch
SV-ReGrV 2019	Verordnung über maßgebende Rechengrößen der Sozialversicherung für 2019 vom 22.11.2018, BGBl. I, S. 2024.
vgl.	vergleiche
VO	Verordnung
VSSAR	Vierteljahresschrift für Sozial- und Arbeitsrecht (Zeitschrift)
VuR	Verbraucher und Recht (Zeitschrift)
VVG	Gesetz über den Versicherungsvertrag
WBVG	Gesetz zur Regelung von Verträgen über Wohnraum mit Pflege- oder Betreuungsleistungen (Wohn- und Betreuungsvertragsgesetz)
WzS	Wege zur Sozialversicherung (Zeitschrift)
zB	zum Beispiel
ZPO	Zivilprozessordnung

1. Kapitel: Einleitung

Orientierungsfragen

- Welche Rechtsgebiete umfasst das Pflegerecht?
- Aus welchen Gründen erwies sich die Einführung eines sozialen Sicherungssystems für das Risiko der Pflegebedürftigkeit als notwendig?
- Welche rechtspolitischen Alternativen zur sozialen Pflegeversicherung wurden vor der Verabschiedung des SGB XI diskutiert? Warum wurden diese verworfen?
- Woraus erklärt sich der fortdauernde Reformbedarf im Pflegeversicherungsrecht?

A. Begriff des Pflegerechts

Die Versorgung pflegebedürftiger Menschen wirft eine Vielzahl von Rechtsfragen auf, die nahezu alle Rechtsgebiete tangieren. Das **Pflegerecht** verdient daher durchaus eine komprimierte Darstellung, bildet jedoch kein eigenständiges Rechtsgebiet. Entsprechend unklar sind Reichweite und Gehalt dieses Begriffs. Die wenigen einschlägigen Lehr- oder Handbücher setzen unterschiedliche Schwerpunkte, die von rein sozialrechtlichen Abhandlungen[1] bis zu zivil- und berufsrechtlichen Übersichten reichen[2] und zum Teil recht spezifische Zielgruppen haben.[3]

I. Abgrenzung zum Medizinrecht

Strikt abzugrenzen ist das Pflegerecht vom Medizinrecht, also dem Recht der Behandlung von Krankheiten durch Ärzte und andere Leistungserbringer.[4] Wiewohl im Alltag medizinische Behandlung und Pflege oftmals miteinander einhergehen und sich gegenseitig ergänzen, stehen beide Gebiete im Recht unabhängig nebeneinander. Nicht nur deren Anwendungsfälle – **Krankheit** im Medizinrecht, **Pflegebedürftigkeit** im Pflegerecht – unterscheiden sich erheblich: Wesentliches Merkmal der Pflege ist die Unterstützung von Personen jeden Alters, die – unabhängig von der Ursache – nicht in der Lage sind, alltägliche Verrichtungen selbst zu bewältigen. Von der medizinischen Behandlung unterscheidet sich die Pflege dadurch, dass sie ohne ärztliche Anordnung und Begleitung auskommt. Auch die organisatorischen Strukturen der Versorgung, die involvierten Leistungserbringer und deren Zulassung, die berufsständischen Regelungen und die Bestimmung der von den Sozialleistungsträgern zu erbringenden Leistungen divergieren erheblich.

Das Recht der **sozialen Pflegeversicherung** (SGB XI) stellt einen wesentlichen Baustein des Pflegerechts dar, bestimmt es doch über Art und Form der Leistungserbringung in der Pflege und die Übernahme ihrer Kosten durch öffentliche Träger wie durch private Versicherungsunternehmen und repräsentiert damit einen Großteil der durch Pflege entstehenden Kosten. Die Erschließung des Pflegerechts muss daher notwendig ihren Ausgang im Sozialversicherungsrecht nehmen.

---

1 Griep/Renn, Pflegesozialrecht, 6. Aufl., 2017 mit dem Fokus auf der Abgrenzung der unterschiedlichen Sozialleistungszweige.
2 Weiß, Recht in der Pflege, 3. Aufl., 2020; Wiese, Pflegerecht, 2014.
3 Breidenstein, Pflegerecht für Angehörige, 2012; Schmidt/Meißner, Organisation und Haftung in der ambulanten Pflege, 2009; Müller/Schabbeck, Praxishandbuch Pflegerecht, 2018.
4 Igl/Welti, Gesundheitsrecht, 4. Aufl., 2022; Quaas/Zuck/Clemens, Medizinrecht, 4. Aufl., 2018; Janda, Medizinrecht, 5. Aufl., 2022.

II. Pflegerecht als Teil des Sozial(versicherungs)rechts

5 In Art. 74 Abs. 1 Nr. 12 GG ist dem Bund die konkurrierende **Gesetzgebungskompetenz** für die Sozialversicherung zugewiesen. Diese hat er mit dem Erlass des Sozialgesetzbuchs (SGB) weitgehend ausgeschöpft. § 4 Abs. 2 SGB I vermittelt allen Mitgliedern der Sozialversicherung das Recht auf notwendige Maßnahmen zum Schutz, zur Erhaltung, Besserung und Wiederherstellung ihrer Gesundheit und Leistungsfähigkeit sowie auf wirtschaftliche Sicherung bei Krankheit, Mutterschaft, Minderung der Erwerbsfähigkeit und Alter. Gemäß § 28 SGB XI können nach dem Recht der **sozialen Pflegeversicherung** Leistungen bei häuslicher Pflege, bei teilstationärer und Kurzzeitpflege sowie bei Vollzeitpflege in Anspruch genommen werden. § 1 Abs. 4 SGB XI spezifiziert die Aufgabe der Pflegeversicherung als Hilfeleistung für Personen, die wegen der Schwere ihrer Pflegebedürftigkeit auf solidarische Unterstützung angewiesen sind.

6 Als Sozialleistung ist die Pflege aber nicht nur im Kontext des SGB XI relevant. Sie wird als Grund- und Behandlungspflege in der **Krankenversicherung** (SGB V) erbracht. Nicht zu unterschätzen ist auch die Bedeutung des **Sozialhilferechts** (SGB XII), denn von denjenigen, die in stationären Einrichtungen gepflegt werden, sind 34,4 % auf (ergänzende) Hilfe zur Pflege angewiesen.[5] In Bezug auf letztere greift der Kompetenztitel des Art. 74 Abs. 1 Nr. 7 GG, denn dem Bund ist auch die konkurrierende Gesetzgebungskompetenz für das Fürsorgerecht eingeräumt. Sozialhilfe und Sozialversicherung können folglich einander ergänzende Regelungen zu den Ansprüchen pflegebedürftiger Personen bereithalten.[6]

7 Personen, die nicht der gesetzlichen Krankenversicherung angehören, sind gehalten, privat für den Fall der Pflegebedürftigkeit vorzusorgen. Sie schließen dazu einen **privatrechtlichen Vertrag** mit einem Versicherungsunternehmen. Grundsätzlich gelten für private Versicherungsverträge die Regelungen des VVG; es gilt die Privatautonomie, dh die Vertragspartner können frei entscheiden, ob und zu welchen Bedingungen sie ein Vertragsverhältnis eingehen. Dass dieses in der allgemeinen Handlungsfreiheit aus Art. 2 Abs. 1 GG gründende Recht auf freie Aushandlung der Vertragsbedingungen in einem so existenziellen Lebensbereich wie der Pflege zulasten der Pflegebedürftigen gehen kann, liegt auf der Hand. In der privaten Pflegeversicherung sind die Vorgaben des VVG daher weitgehend durch das SGB XI überformt.[7]

III. Pflegezivilrecht

8 Basis der pflegerischen Versorgung sind zivilrechtliche Verträge zwischen den pflegebedürftigen Personen und ambulanten **Pflegediensten** oder stationären **Einrichtungen**.[8] Aber auch die informelle, selbst organisierte häusliche Pflege weist zivilrechtliche Bezüge auf. Sie manifestieren sich nicht zuletzt in haftungs- und betreuungsrechtlichen Fragen, sind aber stets im Kontext des Sozialversicherungsrechts zu würdigen, aus dem die inhaltlichen Anforderungen an die Pflege abgeleitet werden können. Damit ergibt sich ein sogenanntes **sozialrechtliches Dreiecksverhältnis** zwischen der pflegebedürftigen Person, dem Leistungserbringer und dem Kostenträger – der Pflegeversicherung einerseits, der Sozialhilfeträger andererseits.

---

5 *Bundesregierung*, Siebter Bericht der Bundesregierung über die Entwicklung der Pflegeversicherung und den Stand der pflegerischen Versorgung in der Bundesrepublik Deutschland, S. 100, abrufbar unter https://www.bundesgesundheitsministerium.de/fileadmin/Dateien/3_Downloads/P/Pflegebericht/Siebter_Pflegebericht_barrierefrei.pdf. Die Angabe bezieht sich auf den Stand 2019; der nächste Pflegebericht der Bundesregierung erscheint voraussichtlich 2024.
6 Welti, Sozialrecht aktuell Sonderheft 2016, 54, 55.
7 Dazu ausführlich Kap. 2, Rn. 48 ff.
8 Wiese, Pflegerecht, Rn. 198 ff.

IV. Definition: Pflegerecht

Im Ergebnis lässt sich das Pflegerecht als die Gesamtheit der **Rechtsregeln** verstehen, die für die **Rechtsbeziehungen** zwischen Pflegenden und Pflegebedürftigen sowie die Übernahme der Kosten durch öffentliche Träger wie auch private Versicherungsunternehmen von Bedeutung sind. 9

B. Historische Entwicklung

Die soziale Pflegeversicherung bildet den jüngsten Zweig des Sozialversicherungsrechts. Erst seit 1995 ist die Pflegebedürftigkeit als eigenständiges **soziales Risiko** – dh als Umstand, der zum Verlust der Fähigkeit zur eigenständigen Generierung von Erwerbseinkommen führen kann – anerkannt. Einschränkungen der Fähigkeit zur Bewältigung grundlegender Bedürfnisse wie Ernährung, Körperpflege, Haushaltsführung oder Mobilität traten freilich nicht erst seit den 1990er Jahren auf. Die **demografische Entwicklung**, insbesondere die stark gestiegene Lebenserwartung und die Möglichkeit der Behandlung vieler altersbedingter Erkrankungen, führten jedoch zu einer erheblichen Zunahme der Zahl pflegebedürftiger Personen. Die damit verbundenen finanziellen wie organisatorischen Probleme wurden dadurch stärker sichtbar, denn Pflegebedürftige waren bis dahin nur unzureichend sozial abgesichert. 10

I. Erbringung von Pflegeleistungen vor Inkrafttreten des SGB XI

Zwar gewährten die gesetzliche **Unfallversicherung** und die verschiedenen Zweige der **sozialen Entschädigung** Leistungen zur Pflege. Profitieren konnten davon allerdings nur die Opfer von Arbeitsunfällen und Berufskrankheiten (§ 558 RVO bzw. § 44 SGB VII) sowie Personen, die beispielsweise aufgrund einer Wehrdienstbeschädigung pflegebedürftig waren (§ 35 BVG). Diese kausalen Sozialleistungssysteme zielten zwar auf den Ausgleich von Schäden, Rechtsansprüche der pflegebedürftigen Personen und eine damit korrespondierende Leistungspflicht der Träger waren aber nur bei bestimmten **Ursachen** der Pflegebedürftigkeit begründet.[9] 11

Im Übrigen war das Risiko privat abzusichern. Ähnlich wie bei der privaten Altersvorsorge war die Eigeninitiative der Bevölkerung aber gering ausgeprägt: Das Risiko pflegebedürftig zu werden, ist in der Lebenswirklichkeit der meisten jüngeren Menschen üblicherweise nicht so präsent, dass ein Anreiz zur individuellen Vorsorge besteht. Hinzu kam die unzureichende **Infrastruktur**. Die Pflegetätigkeiten wurden in der Regel durch Familienangehörige erbracht, denn Pflegedienste boten ihre Leistungen bis dahin nicht flächendeckend und häufig nur in unzureichendem Umfang an. Die Situation in den Pflegeheimen war teilweise prekär, was sich auch auf das fehlende Angebot an Heimplätzen und das mangelnde Interesse der Sozialhilfeträger an Qualitätssicherung zurückführen ließ.[10] 12

Im Jahr 1974 legte das **Kuratorium Deutsche Altershilfe** ein Gutachten über die stationäre Behandlung von Krankheiten im Alter und über die Kostenübernahme durch die gesetzlichen Krankenkassen vor,[11] in dem die überkommene Konstruktion kritisiert wurde, wonach zwar die Krankheitskosten solidarisiert werden, nicht aber die der langfristig zu erbringenden Pflege. Die Trennung zwischen Krankenbehandlung und Pflege, zwischen Krankenhaus und Pflegeheim sei willkürlich, zumal Pflegebedürftigkeit nie allein dem Alter, sondern stets auch dem Vorliegen von Krankheiten geschuldet sei. Dies führe zu einer erheblichen Benachteiligung älterer Menschen. Es sei daher geboten, dass die Krankenkassen die Kosten für die Behandlung kranker alter Menschen in Pflegeheimen übernähmen. 13

---

9 Eichenhofer, Sozialrecht, Rn. 381; Schulin, Handbuch des Sozialversicherungsrechts, Band 4, S. 6 ff.
10 Igl, SGb 2007, 381, 381; Schütze, NZS 2018, 841, 842.
11 Abrufbar unter https://kda.de/ueber-das-kda/die-geschichte-des-kda/.

14 **Ambulante Pflegeleistungen** wurden jedoch erst 1989 in den Leistungskatalog der gesetzlichen Krankenversicherung aufgenommen. Nach § 53 SGB V aF[12] konnten Schwerpflegebedürftige Leistungen der häuslichen Pflegehilfe in Anspruch nehmen. Dabei handelte es sich um Versicherte,

- die wegen einer Krankheit oder Behinderung hilflos waren,
- so dass sie für die gewöhnlichen und regelmäßig wiederkehrenden Verrichtungen im Ablauf des täglichen Lebens
- auf Dauer und
- in sehr hohem Maße[13] der Hilfe bedurften.

Voraussetzung war die Feststellung der **Schwerstpflegebedürftigkeit** durch einen Arzt. Der Gesetzgeber wollte gezielt nur die häusliche Pflege fördern, unter anderem auch um Krankenhäuser zu entlasten, in die Schwerstpflegebedürftige häufig überwiesen wurden, selbst wenn die Voraussetzungen der stationären Versorgung nicht erfüllt waren. Die Versorgung Schwerstpflegebedürftiger sollte also in deren **familiären Umfeld** gehalten werden.[14] Stationäre Pflegeleistungen wurden durch die Krankenversicherung nicht getragen, da die Pflegebedürftigkeit nicht per se Krankheitswert hat und auch nicht immer mit einer Krankheit iSd SGB V einhergeht. Auch die **Rentenversicherung** war nicht zur Erbringung entsprechender Dienstleistungen berufen.[15]

15 Die Kosten von Pflegediensten und stationären Einrichtungen waren folglich in der Regel von den Betroffenen selbst zu tragen. Die meisten Pflegebedürftigen waren auf die **Hilfen zur Pflege** nach § 68 ff. BSHG aF (jetzt: §§ 61 ff. SGB XII) angewiesen; dies betraf schätzungsweise 80 % aller Pflegebedürftigen und machte ca. 1/3 des Sozialhilfebudgets aus.[16] Die Sozialhilfeträger – sprich: die Kommunen – waren durch die Leistungen zur Pflege zunehmend überlastet. Aufgrund der **Subsidiarität** der Sozialhilfe hatten pflegebedürftige Personen zudem vorrangig das eigene Vermögen aufzubrauchen und Unterhaltsansprüche gegen Verwandte in gerader Linie geltend zu machen. Pflegebedürftigkeit erwies sich damit als spezifisches **Armutsrisiko**.[17]

II. Die soziale Pflegeversicherung als fünfte Säule der Sozialversicherung

16 Erst im Jahr 1995 konnte die beitragsfinanzierte soziale Pflegeversicherung im SGB XI etabliert werden. Pflegebedürftigkeit wurde als soziales Risiko eingestuft und die Pflegeversicherung als **fünfte Säule** der Sozialversicherung errichtet, die eine vergleichsweise große Ähnlichkeit zur gesetzlichen Krankenversicherung aufweist.[18]

17 Während des Gesetzgebungsverfahrens wurden verschiedene Alternativen diskutiert,[19] denn das Risiko der Pflegebedürftigkeit trifft nicht nur die versicherungspflichtig Beschäftigten. Der Plan, eine aus Steuern finanzierte **Bürgerversicherung** zur Deckung des Risikos einzuführen, scheiterte aber ebenso wie die Idee eines einer Pflegehaftpflichtversicherung nahekommenden

---

12 Fassung in der Form des Gesetzes zur Strukturreform im Gesundheitswesen (GRG) vom 20.12.1988, BGBl. I 2477.
13 Kritisch wegen der Unbestimmtheit dieser Anspruchsvoraussetzung Schütze, Sozialrecht aktuell Sonderheft 2016, 1, 3.
14 BT-Drs. 11/2237, S. 182.
15 Eichenhofer, Sozialrecht, Rn. 381.
16 BT-Drs. 12/5262, S. 61.
17 Naegele, Sozialrecht aktuell Sonderheft 2016, 7, 8; Schütze, NZS 2018, 841, 842.
18 Udsching, NZS 1999, 473, 473.
19 Udsching, NZS 1999, 473, 473.

B. Historische Entwicklung

zivilrechtlichen **Versicherungsobligatoriums** – dieses an den hohen privat aufzubringenden Kosten, jene an der mangelnden Einfügung in das hergebrachte System der Sozialversicherung.[20]

Die Pflegeversicherung bismarckscher Struktur beschränkt sich nicht auf eine bestimmte Altersgruppe und differenziert auch nicht nach der Ursache der Pflegebedürftigkeit. Ziel der neuen Regeln im SGB XI war nicht nur die Kompensation der verminderten Fähigkeit zur Selbstbetreuung in den alltäglichen Verrichtungen des Lebens. Vielmehr sollte eine „neue **Kultur des Helfens und der Pflege**" etabliert werden,[21] in der die häusliche Pflege Wertschätzung erfährt, durch die Verfügbarkeit von Hilfsmitteln erleichtert und durch ein umfassendes professionelles Angebot von Pflegekräften ergänzt wird. Mit der Normierung der Voraussetzungen für die Kostentragung durch die Sozialversicherung wollte der Gesetzgeber also auch Anreize zum Aufbau und zur Weiterentwicklung der **Pflegeinfrastruktur** selbst setzen.

Die Leistungen der sozialen Pflegeversicherung sind final, werden also unabhängig von der Ursache der Pflegebedürftigkeit erbracht, um das Ziel – eine weitgehend selbstständige und selbstbestimmte Erfüllung der vitalen **Grundbedürfnisse** – zu erreichen. Die Leistungen können daher sowohl an Personen gewährt werden, die von Geburt an aufgrund einer Behinderung Unterstützung benötigen, als auch an Personen, die wegen ihres Alters oder infolge (nicht: wegen) einer Krankheit pflegebedürftig sind. Der Leistungsfall der Pflegebedürftigkeit war zunächst in die drei **Stufen**: erhebliche Pflegebedürftigkeit (I), Schwer- (II) und Schwerstpflegebedürftigkeit (III) untergliedert, die nach dem mit dem verrichtungsbezogenen Hilfebedarf – etwa für Ernährung, Körperpflege oder Mobilität – verbundenen Zeitaufwand differenzierten. Seit 2017 werden fünf **Pflegegrade** unterschieden. Diese orientieren sich am Grad der Selbstständigkeit der pflegebedürftigen Person und beziehen neben körperlichen auch kognitive Einschränkungen ein.[22]

Die Versorgung erfolgt durch **Geld- und Sachleistungen**, wobei zwischen der häuslichen Pflege, der Tages- und Nachtpflege sowie der vollstationären Pflege unterschieden wird. Darüber hinaus werden **Pflegehilfsmittel** gewährt. Die Leistungen sind jedoch nicht geeignet, sämtliche Folgen der Pflegebedürftigkeit umfassend auszugleichen.[23] Es findet einerseits eine Differenzierung nach dem Pflegegrad statt, andererseits sind die Leistungssätze pauschaliert und decken nicht die tatsächlich mit der Pflege verbundenen Kosten. Die Leistungserbringung wird – wie in der Krankenversicherung – durch den Abschluss von **Versorgungsverträgen** zwischen Pflegekassen und Pflegediensten sichergestellt.

III. Reformen des Pflegeversicherungsrechts

Mit dem Inkrafttreten des SGB XI war ein großer Schritt getan, jedoch offenbarten sich schon bald Lücken im Versicherungsschutz. Das Gesetz war und ist daher Gegenstand stetiger Reform.[24] Der **Leistungskatalog** wurde ausgeweitet und die Vergütung verbessert,[25] die Leistungsanforderungen präzisiert, Maßnahmen zur Qualitätssicherung eingeführt,[26] aber auch die Voraussetzungen der Vereinbarkeit häuslicher Pflege mit den beruflichen Verpflichtungen der Pflegepersonen verbessert.

---

20 Eichenhofer, Sozialrecht, Rn. 383; Kostorz/Kernebeck, WzS 2015, 35, 36; zur rechtspolitischen Ausgangssituation auch Schütze, Sozialrecht aktuell Sonderheft 2016, 1, 2.
21 BT-Drs. 12/5262, S. 67; kritisch Naegele, Sozialrecht aktuell Sonderheft 2016, 7, 11.
22 Ausführlich zum Begriff der Pflegebedürftigkeit Kap. 3, Rn. 3 und 8 ff.
23 Schütze, Sozialrecht aktuell Sonderheft 2016, 1, 3.
24 Udsching, jurisPR-SozR 6/2016, Anm. 1. Eine Übersicht zu den Änderungsgesetzen findet sich unter http://portal-sozialpolitik.de/index.php?page=pflegeversicherung.
25 Gesetz zur strukturellen Weiterentwicklung der Pflegeversicherung (Pflege-Weiterentwicklungsgesetz) vom 28.5.2008, BGBl. I 874.
26 Gesetz zur Qualitätssicherung und zur Stärkung des Verbraucherschutzes in der Pflege (Pflege-Qualitätssicherungsgesetz – PQsG) vom 9.9.2001, BGBl. I 2320.

22 Recht schnell wurde die unzureichende Absicherung von Personen mit **demenziellen Erkrankungen** deutlich. Ab 2002 wurden durch das Pflegeleistungs-Ergänzungsgesetz[27] in den §§ 45a ff. SGB XI Leistungen für Pflegebedürftige mit erheblichem allgemeinem Betreuungsbedarf eingeführt, die der Tatsache Rechnung tragen, dass sich die Versorgung Pflegebedürftiger im Einzelfall nicht in der Deckung von Grundbedürfnissen erschöpft, sondern dass diese oftmals der Beaufsichtigung oder besonders intensiver Betreuung bedürfen. Pflegebedürftige mit **eingeschränkter Alltagskompetenz** können seither zusätzliche Betreuungsleistungen in Anspruch nehmen.[28]

23 Zugleich nahm der Gesetzgeber eine **Neuordnung des Pflegebedürftigkeitsbegriffs** und die Konzeption neuer Versorgungsformen für demenziell Erkrankte in Angriff. 2006 nahm der „Beirat zur Überprüfung des Pflegebedürftigkeitsbegriffs" seine Arbeit auf und entwickelte ein Modell zur Neuordnung der Pflegestufen, dessen Ziel auch die Abkehr von der sogenannten „**Minutenpflege**" – die Ermittlung des Grades der Pflegebedürftigkeit aufgrund des mit der Pflege verbundenen zeitlichen Aufwands – war.[29] Die Umsetzung der Ergebnisse des Beirats wurde erst 2017 mit dem Inkrafttreten der Pflegestärkungsgesetze abgeschlossen.

24 Die Leistungen für Personen mit erheblichem allgemeinem Betreuungsbedarf wurden zwischenzeitlich aufgrund der zunehmenden Zahl an **Demenzerkrankungen** durch das Pflege-Neuausrichtungs-Gesetz[30] ausgeweitet. Menschen mit erheblich eingeschränkter Alltagskompetenz, die die Voraussetzungen einer Pflegestufe nicht erfüllten (sogenannte „Pflegestufe 0"), konnten seither Pflegegeld oder Pflegesachleistungen erhalten. Angehörige wurden durch die Möglichkeit der Betreuung in Wohngruppen (§ 45e SGB XI) entlastet. Ein weiterer durch das Pflege-Neuausrichtungsgesetz begründeter Paradigmenwechsel lag in der staatlichen Förderung der **freiwilligen privaten Vorsorge** („Pflege-Bahr").[31]

25 Mit den **Pflegestärkungsgesetzen**[32] war die Reform der sozialen Pflegeversicherung zunächst zu einem vorläufigen Abschluss gekommen. Durch das PSG I[33] wurden die Leistungen der ambulanten wie stationären Pflege nochmals ausgeweitet. Zudem wurde ein Vorsorgefonds für die Pflege eingerichtet.[34]

Das PSG II[35] hat die größte Reform der sozialen Pflegeversicherung seit ihrem Inkrafttreten auf den Weg gebracht. Wichtigstes Element der Reform war die Neuordnung des Begriffs der **Pflegebedürftigkeit**. Statt nach Pflegestufen wird seither nach Pflegegraden unterschieden. Damit ging eine Neuordnung des Begutachtungsverfahrens zur Feststellung des Grads der Pflegebedürftigkeit einher. Das PSG III[36] sollte schließlich die notwendige Weiterentwicklung der **Infrastruktur** bewirken, insbesondere die Rolle der Kommunen stärken, und Regelungen zur Abgrenzung der Versicherungsleistungen zur **Eingliederungshilfe** und den Hilfen zur Pflege (SGB XII) mit sich bringen.

---

27 Gesetz zur Ergänzung der Leistungen bei häuslicher Pflege von Pflegebedürftigen mit erheblichem allgemeinem Betreuungsbedarf (Pflegeleistungs-Ergänzungsgesetz – PflEG) vom 14.12.2001, BGBl. I 3728.
28 Schölkopf, Sozialrecht aktuell Sonderheft 2016, 14, 14; Griep, Sozialrecht aktuell 2009, 81, 82; dazu ausführlich Kap. 3, Rn. 56 ff.
29 Weber in BeckOGK, § 14 SGB XI, Rn. 3a.
30 Gesetz zur Neuausrichtung der Pflegeversicherung (Pflege-Neuausrichtungs-Gesetz – PNG) vom 23.10.2012, BGBl. I 2246; vgl. fdie Übersicht bei Schlegel, jurisPR-SozR 3/2013, Anm. 1.
31 Dazu ausführlich Kap. 2, Rn. 93 ff.
32 Vgl. die Übersicht bei Schölkopf, Sozialrecht aktuell Sonderheft 2016, 14 ff.; Udsching, jurisPR-SozR 3/2015 Anm. 1; jurisPR-SozR 6/2016, Anm. 1.
33 Erstes Gesetz zur Stärkung der pflegerischen Versorgung und zur Änderung weiterer Vorschriften (Erstes Pflegestärkungsgesetz – PSG I) vom 17.12.2014, BGBl. I 2222.
34 Dazu Kap. 2, Rn. 88 f.
35 Zweites Gesetz zur Stärkung der pflegerischen Versorgung und zur Änderung weiterer Vorschriften (Zweites Pflegestärkungsgesetz – PSG II) vom 21.12.2015, BGBl. I 2424. Ausführlich Richter, Die neue soziale Pflegeversicherung – PSG II, 2017.
36 Drittes Gesetz zur Stärkung der pflegerischen Versorgung und zur Änderung weiterer Vorschriften (Drittes Pflegestärkungsgesetz – PSG III) vom 23.12.2016, BGBl. I 3191.

B. Historische Entwicklung

Parallel zur Neuordnung des Rechts der sozialen Pflegeversicherung hat der Gesetzgeber eine Reform des Berufsrechts in der Pflege[37] in Angriff genommen. Mit dieser wurde die Berufsausbildung, die vormals spezifisch auf Kinder-, Kranken- und Altenpflege ausgerichtet war, generalisiert und zu einem einheitlichen Berufsbild der Pflegefachfrau bzw. des Pflegefachmanns zusammengeführt. Dadurch erhoffte man sich flexiblere Einsatzmöglichkeiten und eine zumindest teilweise Abschwächung des Fachkräftemangels in der Pflege.[38]

Beginnend mit dem Pflegepersonal-Stärkungsgesetz[39] hat der Gesetzgeber Maßnahmen zur Aufstockung von Pflegestellen ergriffen. In § 137i SGB V wurde eine Personaluntergrenze in sogenannten pflegesensitiven Bereichen in Krankenhäusern eingeführt. Zusätzlich eingestelltes Personal wird seither durch eine Änderung des KHG in vollem Umfang durch die Krankenkassen vergütet. In Pflegeeinrichtungen wird die Aufstockung von Personal nach § 8 Abs. 6 und 7 SGB XI durch Vergütungszuschläge der Pflegekassen gefördert. Damit sollen nicht nur die Arbeitsbedingungen in der Pflege und die Versorgung der Patienten bzw. Bewohnerinnen verbessert, sondern auch ein Anreiz für die Ausbildung von mehr Pflegefachkräften in Krankenhäusern und Einrichtungen gesetzt werden.[40]

Mit dem Pflegelöhneverbesserungsgesetz[41] wurde eine ständige Pflegekommission eingerichtet, die Empfehlungen zu den Arbeitsbedingungen in der Pflege abgeben soll, darunter auch Mindestentgeltregelungen, §§ 12, 12a AEntG. Diese sollen Eingang in eine Rechtsverordnung des BMG finden. Die Lohnfindung erfolgt aber grundsätzlich weiterhin im Rahmen von Tarifverträgen.

Mit dem Gesetz zur digitalen Modernisierung von Versorgung und Pflege (DVPMG)[42] wurde die Telematik-Infrastruktur und die telemedizinische Versorgung in der GKV ausgebaut. Ermöglicht wurde auch der Einsatz digitaler Pflegeanwendungen, mit denen pflegebedürftige Menschen ihren Gesundheitszustand beobachten und stabilisieren oder verbessern können, etwa durch Anwendungen zur Sturzprävention, aber auch zur Kommunikation zwischen Angehörigen und Pflegefachkräften.

Im Zuge der Corona-Pandemie, die die Jahre 2020 bis 2022 geprägt hat, sind die Arbeitsbedingungen in der Pflege einer breiten Öffentlichkeit bewusst geworden.[43] Dies betrifft auch den Personalmangel in Pflegeeinrichtungen, den abzubauen der Gesetzgeber als „eine der wesentlichen gesellschaftspolitischen Aufgaben der nächsten Jahre" ansieht.[44] Den in der Pflege Beschäftigten sind im Zuge der Pandemie (einmalige) Sonderleistungen gewährt worden.[45] Darüber hinaus ist im Dezember 2020 mit dem Gesetz zur Verbesserung der Gesundheitsversorgung und Pflege (GPVG) – neben anderem – der Pflegeversicherung die Finanzierung weiterer 20.000 zusätzlicher Stellen in der Altenpflege überantwortet worden. Auch das SGB XI ist pandemiebedingt um einige befristete Regelungen ergänzt worden, die beispielsweise die Pflegebegutachtung ohne persönliche Untersuchung, das Angebot digitaler Pflegeberatung oder die Erstattung außergewöhnlicher pandemiebedingter Aufwendungen in Pflegeeinrichtungen betrafen.[46]

---

37 Gesetz zur Reform der Pflegeberufe (Pflegeberufereformgesetz) vom 17.7.2017, BGBl. I 2581.
38 Ausführlich Leuxner/Schwanenflügel, NZS 2018, 201 ff.
39 Gesetz zur Stärkung des Pflegepersonals (Pflegepersonal-Stärkungsgesetz) vom 11.12.2018, BGBl. I 2394.
40 BT-Drs. 19/5593, S. 94.
41 Gesetz für bessere Löhne in der Pflege (Pflegelöhneverbesserungsgesetz) vom 22.11.2019, BGBl. I 1756.
42 v. 3.6.2021, BGBl I, S. 1309.
43 Dazu Rothgang/Müller/Preuß, Barmer Pflegereport 2020, S. 130 ff., https://www.barmer.de/presse/infothek/studien-und-reports/pflegereport.
44 BT-Drs. 19/23483, S. 2.
45 Vgl. etwa Gesetz zur Zahlung eines Bonus für Pflegekräfte in Krankenhäusern und Pflegeeinrichtungen (Pflegebonusgesetz) vom 28.6.2022, BGBl. I 938.
46 Vgl. den Überblick bei Rothgang/Müller/Preuß, Barmer Pflegereport 2020, S. 31 ff., https://www.barmer.de/presse/infothek/studien-und-reports/pflegereport.

30 Um die finanziellen Folgen verbesserter Arbeitsbedingungen in der Pflege nicht allein den pflegebedürftigen Menschen aufzuerlegen, wurde und wird gefordert, die Eigenanteile für Pflege zu begrenzen.[47] Diese fallen oftmals so hoch aus, dass weiterhin eine große Zahl von Menschen in der vollstationären Pflege auf Sozialhilfe angewiesen ist. Um den Unterhaltsrückgriff der Sozialhilfeträger zu begrenzen, ist der Regress seit Inkrafttreten des Angehörigen-Entlastungsgesetzes[48] nur noch gegenüber den Angehörigen möglich, deren Jahreseinkommen 100.000,00 EUR brutto übersteigt.[49]

31 Im Juni 2021 wurde das Gesetz zur Weiterentwicklung der Gesundheitsversorgung (Gesundheitsversorgungsweiterentwicklungsgesetz – GVWG)[50] verabschiedet. Seit September 2022 dürfen Versorgungsverträge nur noch mit Einrichtungen geschlossen werden, die ihren Beschäftigten Tariflöhne zahlen, § 72 Abs. 3a SGB XI. Auch in Einrichtungen, die nicht tarifgebunden sind, darf die Entlohnung nicht unterhalb der geltenden Tariflöhne liegen, § 72 Abs. 3b SGB XI. Zudem erhalten Leistungsberechtigte ab Pflegerad 2 Leistungszuschläge, mit denen die Eigenanteile der stationären Pflegeleistungen stufenweise abgesenkt werden. Die Zuschläge sind nach der Zeit des Bezugs von Leistungen der Pflegeversicherung gestaffelt und steigen von 5 % des zu zahlenden Eigenanteils graduell auf 70 %. Zur Stärkung der Finanzierbarkeit der sozialen Pflegeversicherung wurde ab 2022 zudem erstmals ein Bundeszuschuss zur Pflegeversicherung in Höhe von jährlich 1 Mrd. EUR (§ 61a SGB XI) eingeführt.

32 Bereits 2023 ist mit dem Pflegeunterstützungs- und -entlastungsgesetz (PUEG)[51] die nächste Reform in Kraft getreten. Ziel war – neben einem Ausbau der Leistungen – die finanzielle Stabilisierung der Pflegeversicherung. Das Pflegegeld sowie die Beträge für die Pflegesachleistung wurden zunächst um 5 % angehoben, 2025 werden alle Leistungen einschließlich der vollstationären Pflege um weitere 4,5 % erhöht. Ab 2028 werden die Leistungen automatisch dynamisiert, d. h. an die Inflationsrate angepasst. Pflegende Angehörige profitieren von einer Ausweitung des Pflegeunterstützungsgeldes und der Zusammenfassung von Verhinderungs- und Kurzzeitpflege zu einem gemeinsamen Jahresbeitrag. Nach einem Urteil des Bundesverfassungsgerichts zur Berücksichtigung der Kinderzahl bei der Beitragsberechnung sind zudem die Vorgaben zur Bemessung des Beitragssatzes grundlegend neugefasst worden.[52] Fördermittel, eine Ausweitung der Rahmenverträge auf "Springer-Pools" und die Möglichkeit des Einsatzes von Pflegehilfskräften ohne Berufsausbildung sollen zur Entlastung von Pflegekräften und damit zur besseren Vereinbarkeit von Familie, Pflege und Beruf in Pflegeeinrichtungen beitragen.

IV. Fortbestehender Reformbedarf

33 Vor dem Hintergrund des fortschreitenden demografischen Wandels steht jedoch zu erwarten, dass mit dem PUEG auf absehbare Zeit kein Schlusspunkt in der Reform des Pflegeversicherungsrechts gesetzt worden ist. Mit der steigenden Zahl pflegebedürftiger Menschen wird der Finanzbedarf weiter steigen; auch die Verfügbarkeit von Pflegeplätzen in stationären Einrichtungen ist nicht gewährleistet. Hinzu kommt ein massiver Fachkräftemangel, dem der Gesetzgeber

---

47 Sogenanntes Sockel-Spitze-Modell, vgl. juris Rothgang/Kalwitzki/Cordes, SuP 2021, 155; siehe auch Deutscher Verein, Positionen und Empfehlungen des Deutschen Vereins zur Weiterentwicklung und nachhaltigen Finanzierung der Pflege vom 24.11.2020, S. 6 ff., https://www.deutscher-verein.de/de/empfehlungenstellungnahmen-2020-positionen-und-empfehlungen-des-deutschen-vereins-zur-weiterentwicklung-und-nachhaltigen-finanzierung-der-pflege-3955,2070,1000.html.
48 Gesetz zur Entlastung unterhaltsverpflichteter Angehöriger in der Sozialhilfe und in der Eingliederungshilfe (Angehörigen-Entlastungsgesetz) v. 10.12.2019, BGBl. I S. 2135.
49 Ausführlich Kap. 6 Rn. 7.
50 BGBl I, S. 2754. Der ursprüngliche Entwurf vom 19.2.2021, BT-Drs. 19/26822, enthielt noch keine Vorschläge zur Pflegereform. Diese wurden erst durch Änderungsanträge der Regierungsfraktionen eingebracht.
51 Gesetz zur Unterstützung und Entlastung in der Pflege vom 23.6.2023, BGBl. I Nr. 155, 1.
52 BVerfGE 161, 163. Ausführlich Kap. 2, Rn. 71.

B. Historische Entwicklung

durch die Anwerbung von Pflegekräften aus dem Ausland zu begegnen versucht. Der „große Wurf" ist bisher ausgeblieben – und sicherlich auch schwer herbeizuführen.

Wiederholungs- und Vertiefungsfragen

- Grenzen Sie den Begriff des Pflegerechts ein.
- Wie wurden Pflegeleistungen vor Inkrafttreten des SGB XI erbracht und finanziert?
- Warum hat sich der Gesetzgeber zur Einführung der sozialen Pflegeversicherung entschlossen? Welche Ziele verfolgte er neben der Finanzierung der Pflegeleistungen als solche?
- Welche alternativen Regelungsmodelle wären denkbar gewesen? Welche Vor- und Nachteile hätten diese aufzuweisen?
- Erläutern Sie den wesentlichen Gehalt der Pflegestärkungsgesetze.
- Woraus erklärt sich der stetige Reformbedarf im SGB XI? Welche Entwicklungslinien lassen sich in den verschiedenen Änderungsgesetzen ausmachen?

2. Kapitel: Grundlagen des Rechts der Pflegeversicherung

Orientierungsfragen

1
- Welche Grundprinzipien leiten das Pflegeversicherungsrecht?
- Inwiefern wird dem Persönlichkeitsrecht der Versicherten bei der Ausgestaltung von Pflegeleistungen Rechnung getragen? Wie kann trotz des Hilfebedarfs ein selbstbestimmtes Leben sichergestellt werden? Werden besondere Bedürfnisse berücksichtigt, die aus der kulturellen Prägung der Pflegebedürftigen oder ihrem Geschlecht herrühren?
- Wie sind die allgemeinen sozialrechtlichen Mitwirkungspflichten der Versicherten pflegespezifisch ausgestaltet?
- Wie wird die Wirtschaftlichkeit der Leistungserbringung sichergestellt?
- In welchem Verhältnis stehen die Leistungen der sozialen Pflegeversicherung zu den Leistungspflichten anderer Träger?
- Wie wird die Absicherung der gesamten Bevölkerung gegen das Risiko der Pflegebedürftigkeit erreicht? Können die Interessen der Vorsorgenden auch in der privaten Pflegeversicherung hinreichend berücksichtigt werden?
- Auf welche Weise werden die Leistungen der sozialen Pflegeversicherung finanziert? Ist das Finanzierungssystem angesichts der zu erwartenden steigenden Zahl von Leistungsberechtigten zukunftssicher?

A. Allgemeine Grundsätze des Pflegeversicherungsrechts

2 Die pflegerische Versorgung der Bevölkerung wird in § 8 Abs. 1 SGB XI als gesamtgesellschaftliche Aufgabe definiert. Organisiert wird die Leistungserbringung durch private Pflegedienste und Einrichtungen im Rahmen eines **sozialversicherungsrechtlichen Vertragssystems**. Durch die einkommensabhängige Finanzierung wird dem solidarischen Gedanken Rechnung getragen. Das SGB XI gibt verschiedene Grundsätze vor, die die pflegerische Versorgung der Versicherten leiten, gleich ob sie ambulant oder stationär versorgt werden.

I. Selbstbestimmung der Versicherten

3 Aufgabe der Pflegeversicherung ist die Gewährung von Hilfen an Pflegebedürftige, die wegen ihres Pflegebedarfs auf solidarische Unterstützung angewiesen sind, § 1 Abs. 4 SGB XI. Die Leistungen sind gemäß § 2 SGB XI so zu erbringen, dass den Berechtigten ein selbstständiges und selbstbestimmtes Leben ermöglicht wird. Dieses Anliegen gründet unmittelbar in der **Menschenwürdegarantie** aus Art. 1 Abs. 1 GG, welche es verbietet, Individuen zum Objekt staatlichen Handelns zu degradieren. Das Selbstbestimmungsprinzip äußert sich in vielfältiger Weise. Zum einen definiert § 2 Abs. 1 S. 2 SGB XI das Ziel der Leistungen dahin, dass sie die körperlichen, geistigen und seelischen Kräfte der Pflegebedürftigen wiedergewinnen, zumindest aber erhalten sollen. Dies setzt ein **aktives Einwirken** auf den Gesundheitszustand voraus. Das Wiedererlangen der körperlichen und geistigen Kräfte ermöglicht zum anderen eine weitgehend selbstständige Lebensführung, ohne auf Unterstützung angewiesen sein.

A. Allgemeine Grundsätze des Pflegeversicherungsrechts

1. Wunsch- und Wahlrecht

In besonderer Weise manifestiert sich das Selbstbestimmungsrecht der Versicherten in ihrem **Wunsch- und Wahlrecht** aus § 2 Abs. 2 SGB XI: Sie können zwischen Einrichtungen und Diensten verschiedener Träger frei wählen.[53]

Damit korrespondiert die in § 9 Abs. 1 S. 1 SGB XI verankerte Verpflichtung der Länder, eine leistungsfähige, ausreichende und wirtschaftliche Infrastruktur für die Pflege zu schaffen. Die Pflegekassen werden in § 7 Abs. 3 SGB XI verpflichtet, die Versicherten bei der Ausübung ihres Wahlrechts zu unterstützen, indem sie diesen einen Überblick über die Leistungen sowie **Preisvergleichslisten** übermitteln. Diese Listen sind vierteljährlich zu aktualisieren und im Internet verfügbar zu machen.

Im Rahmen des gesetzlich vorgegebenen Leistungsrahmens sollen die Wünsche der Versicherten im Hinblick auf die Ausgestaltung der Pflege berücksichtigt werden, § 2 Abs. 2 S. 2 SGB XI.

2. Trägervielfalt

Das Prinzip der **Trägervielfalt**, das alle Zweige des Sozialrechts prägt, gilt auch in der sozialen Pflegeversicherung. Damit soll sichergestellt werden, dass Pflegeleistungen, die häufig mit einem Eingriff in die Intimsphäre verbunden sind, so wenig belastend und invasiv als möglich empfunden werden.

Dazu gehört auch die **Wahlfreiheit** unter verschiedenen Trägern. Namentlich sollen stationäre Leistungen in Einrichtungen erbracht werden, in denen die Versicherten durch Geistliche ihrer Religionsgemeinschaft betreut werden können, wenn sie dies wünschen. Auch sonst ist bei der Pflege Rücksicht auf die religiösen Bedürfnisse der pflegebedürftigen Menschen zu nehmen.

Beispiel

In Pflegeeinrichtungen soll daher dafür Sorge getragen werden, dass Gebete ermöglicht oder religiöse Speisegebote eingehalten werden können. Auch Gottesdienste und andere Formen religiöser Rituale sollen angeboten werden.

Die Trägervielfalt kommt auch in § 11 Abs. 2 SGB XI zum Ausdruck, wonach Pflegeeinrichtungen von einer Vielzahl von Trägern zu betreiben und deren Selbstständigkeit und Selbstbestimmung zu achten sind. Der besondere Auftrag der **kirchlichen** und der Träger der **freien Wohlfahrtspflege** wird hervorgehoben.

Den frei-gemeinnützigen und privaten Trägern wird in § 11 Abs. 2 S. 3 SGB XI Vorrang vor öffentlich getragenen Einrichtungen und Diensten eingeräumt. Frei-gemeinnützige Träger sind solche, die privat organisiert, also nicht der öffentlichen Verwaltung zugeordnet sind und deren Tätigkeit darauf gerichtet ist, die Allgemeinheit auf materiellem, geistigem oder sittlichem Gebiet selbstlos zu fördern, vgl. § 52 AO. Die praktische Bedeutung der Norm ist gering, denn Aspekte der Bedarfsplanung sind beim Abschluss von Versorgungsverträgen mit Pflegeeinrichtungen nach § 72 Abs. 3 SGB XI nicht relevant, so dass die Situation der Bevorzugung freier vor öffentlichen Trägern in der Praxis kaum eintreten wird.[54]

3. Hinweispflicht

§ 2 Abs. 4 SGB XI etabliert schließlich eine **Hinweispflicht** gegenüber den Pflegebedürftigen auf ihr Selbstbestimmungsrecht. Den Adressaten dieser Pflicht benennt die Norm nicht; es dürften

---

[53] Ausführlich zur Wahl des Pflegeheims Griep, Sozialrecht aktuell 2020, 5 ff.
[54] Koch in BeckOGK, § 11 SGB XI, Rn. 8; Wagner in Hauck/Noftz, § 11 SGB XI, Rn. 15; Baierl in jurisPK-SGB XI, § 11 SGB XI, Rn. 21.

wohl die Pflegekassen gemeint sein. Die Hinweispflicht stellt eine Ausprägung der allgemeinen Auskunfts-, Beratungs- und Aufklärungspflichten nach §§ 13 ff. SGB I dar.

II. Vorrang der häuslichen Pflege

12 § 3 SGB XI statuiert den Vorrang der häuslichen vor der stationären Pflege: Es soll sichergestellt werden, dass die Pflegebedürftigen so lange wie möglich in ihrer gewohnten häuslichen Umgebung verbleiben können. Auch die Pflegebereitschaft der **Angehörigen** und **Nachbarn** soll gestärkt werden. Pflegekassen, Länder, Kommunen und Pflegeeinrichtungen sollen nach § 8 Abs. 2 S. 2 SGB XI die Bereitschaft zur Übernahme von Pflegeaufgaben durch hauptberufliche wie ehrenamtliche Pflegekräfte, Angehörige, Nachbarn und Selbsthilfegruppen fördern und auf eine „**neue Kultur des Helfens**" und der menschlichen Zuwendung"[55] hinwirken. Dies verdeutlicht auch § 4 Abs. 2 SGB XI, wonach die Leistungen der Pflegeversicherung lediglich eine Ergänzung der durch Familien, Nachbarn und Ehrenamtliche angebotenen Pflege sind. Hintergrund dieser Vorrangregel ist über den Erhalt des gewohnten Umfelds hinaus nicht zuletzt der **finanzielle Aspekt**, denn die Kosten der stationären Pflege sind wegen des hohen Aufwands immens.

13 Die Akteure des „**informellen Sektors**" sind aber keineswegs gezwungen, selbst die Pflege zu übernehmen. Auch für die Pflegebedürftigen selbst begründet der Grundsatz des Vorrangs der häuslichen Pflege keinerlei Verpflichtungen.[56] Die selbst organisierte Pflege unter Verwandten und anderen nahestehenden Personen – die in der weit überwiegenden Zahl der Fälle von Frauen durchgeführt wird – kann mit erheblichen zeitlichen, emotionalen und finanziellen Belastungen einhergehen[57] und wird nicht immer den Bedürfnissen der zu Pflegenden gerecht. Daher kann die häusliche Pflege auch durch professionelle Pflegedienste als Pflegesachleistung sichergestellt werden. Maßgeblich sind auch in diesem Kontext die Wünsche der pflegebedürftigen Personen, vgl. § 2 Abs. 2 SGB XI.

14 Ihre Grenze findet die häusliche Pflege in der **angemessenen Versorgung** der pflegebedürftigen Person. Ist diese objektiv nicht sichergestellt, ist von der selbst organisierten häuslichen Pflege abzusehen. Überprüft wird dies durch den MD.

Beispiel

Klaus ist 60 Jahre alt. Aufgrund mehrerer Vorerkrankungen leidet er an chronischen Schmerzen in der Hüfte und im Fuß sowie einer Thrombose in der Leistenvene. Er ist daher gehbehindert und zudem stark sturzgefährdet. Für das Waschen und Ankleiden sowie seine hauswirtschaftliche Versorgung braucht er Unterstützung.

Klaus lebt mit seiner 83jährigen Mutter zu Hause. Er bezieht Pflegegeld von der zuständigen Pflegekasse. Die Grundpflege und die hauswirtschaftliche Hilfe werden hin und wieder von seinem Bekannten Werner übernommen, der sich als Frührentner über den kleinen Zuschuss aus dem Pflegegeld freut. Die Putzhilfe musste Klaus entlassen, da er sich deren Gehalt nicht mehr leisten konnte.

Die Gutachterin des MD stellt fest, dass die angemessene pflegerische Versorgung von Klaus nicht sichergestellt ist. Seine Mutter sei aufgrund ihres hohen Alters kaum in der Lage, ihn angemessen zu versorgen. Abgesehen von einer kleinen warmen Mahlzeit pro Tag und dem Abendessen könne sie Klaus kein Essen zubereiten. Klaus werde einmal wöchentlich am gesamten Körper, im Übrigen täglich von Werner gewaschen. Es mangele jedoch an der aufgrund seiner Erkrankung dringend erforderlichen Fußpflege; zudem trage er über Tag und Nacht die gleiche Kleidung. Die ärztlich verordneten Kompressionsstrümpfe ziehe Klaus nur sporadisch an. Die gesamte Wohnung wirke unaufgeräumt. Der MD ist daher der Auffassung, dass Klaus kein Pflegegeld, sondern nur die Pflegesachleistung in Anspruch nehmen kann.

---

55 BT-Drs. 12/5262, S. 67.
56 Wiese, Pflegerecht, Rn. 804.
57 Dazu ausführlich Rothgang/Müller, Barmer Pflegereport 2018, S. 113 ff., abrufbar unter https://www.barmer.de/presse/infothek/studien-und-reports/pflegereport; zu den geschlechtsspezifischen Implikationen des Vorrangs der häuslichen Pflege aus Sicht der Pflegenden Janda, Ethik & Gesellschaft 2/2013.

A. Allgemeine Grundsätze des Pflegeversicherungsrechts

Grundsätzlich haben Versicherte das Recht, zwischen der selbst organisierten Pflege durch Angehörige, Nachbarn oder Ehrenamtliche und der professionellen Pflege im Rahmen der Pflegesachleistung zu wählen. Wie die Pflege organisiert ist, ist den Pflegebedürftigen überlassen. An Art und Maß der pflegerischen Tätigkeiten durch ehrenamtlich Pflegende und ausgebildete Pflegekräfte sind aber keine identischen Maßstäbe anzulegen; die häusliche Pflege muss nicht optimal, sondern lediglich angemessen sein. Es kommt daher nur darauf an, dass die Pflege dem Grunde nach sichergestellt ist, dass also die üblichen pflegerischen Maßnahmen ergriffen werden und somit weder eine Gesundheitsgefährdung noch Vernachlässigung oder Verwahrlosung drohen. Solange dies nicht der Fall ist, darf Klaus sich weiterhin von seiner Mutter und von Werner pflegen lassen.[58]

Leistungen der teilstationären und der Kurzzeitpflege haben Vorrang vor der vollstationären Pflege. Letztere wird folglich nur geleistet, wenn die pflegerische Versorgung auf andere Weise nicht sichergestellt werden kann. Diese **Subsidiarität stationärer Versorgung** prägt auch das Krankenversicherungsrecht.

III. Vorrang von Prävention und Rehabilitation

Das in § 5 SGB XI statuierte Primat von Prävention und Rehabilitation verdeutlicht die Annahme, dass Pflegebedürftigkeit kein unabänderliches Schicksal, sondern ein beeinflussbarer Zustand ist. Die Pflegekassen sollen darauf hinwirken, dass andere Träger möglichst frühzeitig geeignete Leistungen zur **Prävention**, **Krankenbehandlung** und **Rehabilitation** erbringen, damit Pflegebedürftigkeit gar nicht erst eintritt, § 5 Abs. 4 SGB XI.

1. Medizinische Rehabilitation

Selbst wenn sich dies nicht vermeiden lässt, soll der Eintritt der Pflegebedürftigkeit nicht hingenommen, sondern durch Leistungen zur **medizinischen Rehabilitation** möglichst überwunden, zumindest aber gemindert bzw. eine Verschlimmerung verhindert werden, § 5 Abs. 5 SGB XI.

Dieses Ziel kommt auch im Gedanken der **Selbstbestimmung** zum Tragen, vgl. § 2 Abs. 1 S. 1 SGB XI: Die Pflegebedürftigen sollen in die Lage versetzt werden, ihre Lebensführung unabhängig von Hilfe und Unterstützung selbst zu gestalten. Die Pflegeleistungen sollen gemäß § 2 Abs. 1 S. 2 SGB XI so ausgestaltet werden, dass die Fähigkeiten der pflegebedürftigen Person nach Möglichkeit wiederhergestellt, zumindest aber erhalten werden.

Die Mitwirkung an Rehabilitationsmaßnahmen zur Vermeidung der Pflegebedürftigkeit stellt eine Mitwirkungsobliegenheit dar. Wird diese verletzt, sind die Pflegekassen nach Maßgabe der §§ 60 ff. SGB I zur Versagung oder Entziehung von Leistungen berechtigt.[59]

2. Bedeutung des Präventionsgesetzes

Durch das Präventionsgesetz[60] wurde die Bedeutung der Prävention auch in der Pflegeversicherung weiter gestärkt und die Pflegekassen in die **nationale Präventionsstrategie** nach §§ 20d ff. SGB V einbezogen.

In Pflegeheimen (§ 72 Abs. 2 SGB XI) sollen Präventionsleistungen erbracht werden. Hierfür sollen die Pflegekassen im Jahr 2016 für jeden Versicherten 0,30 EUR aufwenden; in den Folgejahren soll eine Anpassung der notwendigen Aufwendungen nach Maßgabe der Bezugsgröße aus § 18 Abs. 1 SGB IV, i.e. dem durchschnittlichen Entgelt der gesetzlichen Rentenversicherung

---

58 Nach LSG Hessen Urt. v. 21.6.2007 – L 8 P 10/05.
59 Griep/Renn, Pflegesozialrecht, Rn. 115.
60 Gesetz zur Stärkung der Gesundheitsförderung und der Prävention (Präventionsgesetz – PrävG) vom 17.7.2015, BGBl. I 1368.

erfolgen, § 5 Abs. 2 SGB XI. Die Beträge lassen sich freilich keinem einzelnen Versicherten zuordnen, sondern es handelt sich um Richtwerte für die Gesamtausgaben zur Prävention.[61]

22 Die Aufgabe der **Pflegekassen** wird so umschrieben, dass diese gemeinsam mit den Versicherten und den stationären Einrichtungen Vorschläge zur Verbesserung und Stärkung der Gesundheit erarbeiten und deren Umsetzung unterstützen sollen. Dies soll nach § 5 Abs. 3 SGB XI kassenübergreifend erfolgen. Kriterien für Inhalt, Methodik, Qualität und Evaluation dieser Leistungen festzulegen, obliegt gemäß § 5 Abs. 1 S. 3 SGB XI dem Spitzenverband Bund der Pflegekassen.

IV. Eigenverantwortung der Versicherten

23 Der Vorrang der Prävention betrifft nicht nur die Pflegekassen. § 6 SGB XI erlegt den Versicherten auf, durch eine **gesundheitsbewusste Lebensführung** den Eintritt von Pflegebedürftigkeit zu vermeiden. Dies schließt auch die frühzeitige Teilnahme an Vorsorgeleistungen sowie Mitwirkung an Maßnahmen zur Krankenbehandlung und Rehabilitation ein. Die Eigenverantwortung besteht auch nach Eintritt der Pflegebedürftigkeit fort. Die Versicherten sind gehalten, durch aktive **Mitwirkung** die Pflegebedürftigkeit zu überwinden, zu mindern oder ihre Verschlechterung zu vermeiden.

24 Die Norm hat lediglich Appellcharakter. § 6 SGB XI statuiert keine Sanktionen; entsprechende Obliegenheiten sind nicht hinreichend bestimmt.[62] Die Vermeidung von Pflegebedürftigkeit kann insbesondere nicht als **Mitwirkungsobliegenheit** interpretiert werden, welche die Pflegekassen bis zur Nachholung der gebotenen Handlungen berechtigen würde, Leistungen nach Maßgabe des § 66 Abs. 2 SGB I ganz oder teilweise zu versagen. Weder statuieren die §§ 61 ff. SGB I konkrete Pflichten für eine auf Pflegevermeidung angelegte Lebensführung, noch wird der **Kausalitätsnachweis** zwischen vermeintlich nicht gesundheitsgerechtem Verhalten und späterer Pflegebedürftigkeit gelingen.

25 Die Versicherten sind bei ihren Bemühungen um eine Vermeidung von Pflegebedürftigkeit nicht auf sich selbst gestellt, sondern können sich auf eine damit korrespondierende **Beratungspflicht** der Pflegekassen stützen. Nach § 7 SGB XI haben die Pflegekassen eigenverantwortliches Handeln der Versicherten zu unterstützen, namentlich durch Aufklärung (§ 13 SGB I) und Auskunft (§ 15 SGB I) über eine gesunde Lebensführung und die „Hinwirkung" auf Teilnahme an Maßnahmen zur Gesundheitsförderung.[63]

V. Berücksichtigung geschlechts- und kulturspezifischer Bedürfnisse

26 Gemäß § 1 Abs. 5 SGB XI sind geschlechtsspezifische Bedürfnisse bei der Pflege zu berücksichtigen und kultursensiblen Anforderungen an die Pflege „nach Möglichkeit" Rechnung zu tragen. Die Norm beinhaltet lediglich einen **Programmsatz**, vermittelt also keinen individuell einklagbaren Anspruch auf bestimmte pflegerische Leistungen.

27 **Geschlechtsspezifische Besonderheiten** können sich beispielsweise bei der Feststellung der Pflegebedürftigkeit manifestieren, bei der auf Beeinträchtigungen in der alltäglichen Lebensführung in den in § 14 Abs. 2 SGB XI genannten Bereichen abzustellen ist. Hier können sich durchaus unterschiedliche Bewertungen ergeben, je nachdem ob es sich um einen Mann oder um eine Frau handelt, beispielsweise sofern Hilfe beim Rasieren benötigt wird. Auch die konkrete Ausgestaltung der Pflegeleistungen hat Besonderheiten zu berücksichtigen, die mit dem Geschlecht oder dem Migrationshintergrund der pflegebedürftigen Person zusammenhängen.

---

61 Gutzler in jurisPK-SGB XI, § 5 SGB XI, Rn. 24.
62 Schulin, NZS 1994, 433, 438; Gutzler in jurisPK-SGB XI, § 6, Rn. 17; Wahl in Udsching/Schütze, SGB XI, § 6, Rn. 3.
63 Ausführlich zum Anspruch auf Beratung Kap. 3, Rn. 60 ff.

A. Allgemeine Grundsätze des Pflegeversicherungsrechts

§ 2 Abs. 2 S. 3 SGB XI präzisiert im Kontext des **Selbstbestimmungsrechts** der Versicherten, dass auch deren Wünsche nach „gleichgeschlechtlicher Pflege" zu berücksichtigen sind, dh dass Frauen durch Frauen, Männer durch Männer zu pflegen sind, soweit dies ihren Vorstellungen entspricht. Dieses Gebot steht unter dem Vorbehalt des Möglichen. Dies ist dem Umstand geschuldet, dass die Pflege noch immer eine weiblich dominierte Branche ist und daher vergleichsweise wenige **männliche Pflegekräfte** verfügbar sind.[64]

28

Das Pflegeversicherungsrecht vermittelt aufgrund dieses Vorbehalts jedenfalls keinen Rechtsanspruch auf Versorgung durch Pflegende des eigenen Geschlechts. Ein entsprechendes Recht kann sich aber aus der der Pflege zugrundeliegenden zivilrechtlichen Vereinbarung ergeben: Als Eingriff in die **Intimsphäre** und das körperliche Wohlbefinden unterliegen Pflegetätigkeiten der Einwilligung des Betroffenen. Erteilt dieser die Einwilligung nur für gleichgeschlechtliche Pflege, hat der Vertragspartner – der ambulante Pflegedienst oder die stationäre Einrichtung – dem auch nachzukommen.[65]

29

Beispiel
Murat ist in den 1960er Jahren als Gastarbeiter aus der Türkei in die Bundesrepublik gekommen. Er ist in einem Pflegeheim untergebracht. Da er streng gläubiger Moslem ist, lehnt er es ab, sich von weiblichen Pflegekräften versorgen zu lassen. Die Pflegeeinrichtung sollte daher männliche Pfleger einsetzen. Diese sollten nach Möglichkeit auch über türkische Sprachkenntnisse verfügen, um Kommunikationsschwierigkeiten zu vermeiden, und mit anderen Spezifika, beispielsweise den Gewohnheiten bei der Körperpflege oder den Umgangsformen, vertraut sein. Eine interkulturelle Öffnung der gesamten Einrichtung würde es erlauben, die Murat wichtigen muslimischen Feiertage und Feste im Tagesablauf zu berücksichtigen, aber auch die Verpflegung an seine Essgewohnheiten anzupassen und zumindest Wahlmöglichkeiten anzubieten.

Indes hat Murat kein subjektives Recht auf konkrete Pflegeleistungen, die seiner kulturellen Prägung entsprechen. So steht die Betreuung und Versorgung durch männliche Pfleger unter dem Vorbehalt, dass diese in der Einrichtung angestellt bzw. überhaupt auf dem Arbeitsmarkt verfügbar sind. Weitere Einschränkungen können aus dem Wirtschaftlichkeitsprinzip resultieren.

VI. Wirtschaftlichkeitsprinzip

§ 4 Abs. 3 SGB XI umschreibt das Wirtschaftlichkeitsprinzip in der sozialen Pflegeversicherung. Die Leistungen sollen einerseits **wirksam** und **wirtschaftlich**[66] erbracht, andererseits nur im notwendigen Umfang in Anspruch genommen werden. Darauf haben alle Beteiligten – Pflegekassen, Pflegeeinrichtungen und Pflegebedürftige – hinzuwirken. In § 29 SGB XI hat das Wirtschaftlichkeitsgebot eine nähere Ausformulierung gefunden. Danach haben Pflegebedürftige keinen Anspruch auf Leistungen, die die Kriterien der Wirksamkeit, Wirtschaftlichkeit und Notwendigkeit nicht erfüllen. Die Pflegekassen dürfen solche Leistungen nicht bewilligen, die Leistungserbringer nicht erbringen. Dies wird nicht zuletzt durch das vertragliche Versorgungssystem[67] sichergestellt.

30

Wirksam sind Leistungen, die zur Erreichung des damit verfolgten Ziels geeignet sind. Für die Pflegeversicherung heißt dies konkret, dass die Leistungen die Pflegebedürftigen bei den Verrichtungen des täglichen Lebens unterstützen, dabei ihrer Wahlfreiheit Raum geben und sie in ihrer Eigenständigkeit stärken.[68] **Notwendig** ist eine Leistung, wenn sie unverzichtbar ist, um dieses Ziel zu erreichen. Dies ist immer dann der Fall, wenn die Pflegesituation dadurch spürbar verbessert wird.[69] Das Kriterium der Wirtschaftlichkeit ieS bezieht sich schließlich auf

31

---

64 Dazu Krabel/Stuve, Männer in „Frauen-Berufen" der Pflege und Erziehung, 2005 (passim); Langehennig/Betz/Dosch, Männer in der Angehörigenpflege, 2012 (passim).
65 Ausführlich Boecken, SGb 2008, 698.
66 Dazu ausführlich Igl, SGb 2008, 1 ff.
67 Siehe Kap. 4, Rn. 11 ff.
68 Leitherer in BeckOGK, § 29 SGB XI, Rn. 5; Hauck in jurisPK-SGB XI, § 29, Rn. 35.
69 Baumeister in BeckOK SozR, § 29 SGB XI, Rn. 9.

das **Preis-Leistungs-Verhältnis**, dh in den Fällen, in denen die Wahl unter mehreren wirksamen und notwendigen Leistungen besteht, ist der preisgünstigsten Leistung der Vorzug zu geben.[70]

32 Das Wirtschaftlichkeitsprinzip zeigt sich auch an verschiedenen anderen Stellen im Gesetz, etwa dem Vorbehalt der **Angemessenheit** für das Wunsch- und Wahlrecht nach § 2 Abs. 2 S. 2 SGB XI. Den Wünschen der Versicherten ist in der Leistungserbringung danach nur insoweit Raum zu geben, als dies nicht zu unverhältnismäßigem Verwaltungsaufwand oder unverhältnismäßigen Kosten führt.[71] Eine spezialgesetzliche Ausprägung findet dieser Aspekt beispielsweise in § 40 Abs. 1 S. 3 SGB XI, wonach Versicherte die Mehrkosten für Hilfsmittel tragen müssen, die über die notwendige Ausstattung hinausgehen.

VII. Gebot der partnerschaftlichen Zusammenarbeit

33 Die Pflegekassen haben mit den ambulanten und stationären Anbietern partnerschaftlich zusammenzuarbeiten, § 12 Abs. 2 S. 2 SGB XI. Dieses Gebot dient in erster Linie der wirksamen **Koordinierung des Leistungsangebots**.

34 Aus Sicht der Versicherten sind die Zahl der Anbieter und deren Leistungsportfolio häufig nur schwer durchschaubar. Die Verpflichtung zur **Partnerschaftlichkeit** schließt daher auch eine neutrale Pflegeberatung ein, §§ 12 Abs. 2 S. 2, 7a, 28 Abs. 1a SGB XI.[72] Ziel ist ein nahtloses Ineinandergreifen notwendiger Leistungen, denn Pflegebedürftigkeit ist regelmäßig kein statischer Zustand, sondern vielfältigen Änderungen unterworfen, die einen Wechsel zwischen den verschiedenen Versorgungsformen – Prävention, Grundpflege und hauswirtschaftliche Versorgung, Rehabilitation, Palliativversorgung – erforderlich machen.

B. Verhältnis zu anderen Sozialleistungen

35 Pflegeleistungen werden nicht nur im Rahmen der sozialen Pflegeversicherung erbracht. Sie sind ebenso Gegenstand von Ansprüchen in der gesetzlichen Krankenversicherung, der gesetzlichen Unfallversicherung, der Kinder- und Jugendhilfe wie auch der sozialen Entschädigung, der Sozialhilfe oder der Beamtenversorgung.[73]

I. Leistungen der sozialen Entschädigung

36 § 13 Abs. 1 SGB XI ordnet den Nachrang der sozialen Pflegeversicherung zu den Leistungen der **sozialen Entschädigung** an, die aufgrund von Pflegebedürftigkeit erbracht werden. Dies betrifft namentlich Leistungen, die aufgrund unmittelbarer oder entsprechender Anwendung des BVG, nach dem SGB VII oder aufgrund des öffentlichen Dienstrechts zu erbringen sind.

II. Leistungen der gesetzlichen Krankenversicherung

37 Beruht die Pflegebedürftigkeit auf einer Krankheit, sind Leistungen der häuslichen Krankenpflege nach § 37 SGB V zu erbringen, § 13 Abs. 2 SGB XI.[74] Bei einer **Krankheit** handelt es sich um einen regelwidrigen Körper- oder Geisteszustand, der medizinischer Behandlung bedarf und / oder Arbeitsunfähigkeit zur Folge hat.[75] Pflegeversicherungsrecht kommt nur zur Anwendung,

---

70 Hauck in jurisPK-SGB XI, § 29, Rn. 41.
71 Koch in BeckOK SozR, § 2 SGB XI, Rn. 10; Gutzler in jurisPK-SGB XI, § 2, Rn. 32.
72 Dazu Kap. 3, Rn. 62.
73 Vgl. die Übersicht bei Griep/Renn, Pflegesozialrecht, Rn. 6.
74 Zur den Pflegeleistungen im Rahmen des SGB V ausführlich Kap. 5, Rn. 4 ff.
75 BSGE 26, 240, 242; 35, 10, 12; im Einzelnen Janda, Medizinrecht, S. 72 f.

III. Fürsorgeleistungen

Vorrang hat die Pflegeversicherung gegenüber Fürsorgeleistungen, was in der Subsidiarität letzterer gründet. Dies umfasst insbesondere die Leistungen nach dem **SGB XII**, aber auch die **Kriegsopferfürsorge**. Nach § 2 SGB XII werden Leistungen der Sozialhilfe nur erbracht, wenn eine Selbsthilfe durch den Einsatz der eigenen Arbeitskraft, eigenen Einkommens oder Vermögens, die Verwertung von Unterhaltsansprüchen oder die Inanspruchnahme vorrangiger Sozialleistungen nicht möglich ist. Gleiches gilt nach § 25a BVG für die Kriegsopferfürsorge. 38

Sind die Leistungen der sozialen Pflegeversicherung mit denen der Fürsorge nicht kongruent, können weitergehende Fürsorgeleistungen erbracht werden. Der Vorrang der Versicherungsleistung soll also nicht zum Verlust sozialhilferechtlicher oder fürsorgerechtlicher Ansprüche führen. Entsprechend ordnet § 13 Abs. 5 S. 1 SGB XI an, dass die Leistungen der sozialen Pflegeversicherung – mit Ausnahme des Pflegeunterstützungsgeldes nach § 44a Abs. 3 SGB XI – nicht als Einkommen auf die Leistungen nach dem SGB II, SGB XII oder AsylbLG angerechnet werden. 39

IV. Eingliederungshilfe

Die Leistungen der Eingliederungshilfe sollen die **Teilhabe von Menschen mit Behinderung** am Leben in der Gemeinschaft ermöglichen und sie weitgehend unabhängig von pflegerischen Maßnahmen machen, § 90 SGB IX. Zu diesem Zweck werden gemäß § 102 SGB IX Leistungen zur medizinischen Rehabilitation, zur Teilhabe an Bildung und am Arbeitsleben sowie zur sozialen Teilhabe erbracht. Nach § 91 Abs. 3 SGB IX iVm § 13 Abs. 3 S. 3 SGB XI werden die Leistungen der Eingliederungshilfe von denen der Pflegeversicherung nicht berührt. Beide Leistungen stehen vielmehr gleichrangig nebeneinander. Die Hilfe in Einrichtungen und Räumlichkeiten der Behindertenhilfe (§ 71 Abs. 4 SGB XI) wird gemäß § 13 Abs. 3 S. 3 letzter HS SGB XI einschließlich der Pflegeleistungen erbracht; die notwendige Pflege ist in diesem Fall also vom Träger der Eingliederungshilfe zu finanzieren. 40

Bei der Abgrenzung der Zuständigkeiten von Eingliederungshilfe und Pflege ist das Selbstbestimmungsrecht der Menschen mit Behinderung zu wahren. Dieses gründet in der Garantie der Menschenwürde aus Art. 1 Abs. 1 GG und dem Recht auf Selbstbestimmung aus Art. 1 S. 1 UN-BRK. Behinderte Menschen haben danach auch das Recht, auf bestimmte Hilfen zu verzichten. Sie sind folglich nicht verpflichtet, aus einer stationären Pflegeeinrichtung in eine vermeintlich besser geeignete Einrichtung der Eingliederungshilfe umzuziehen.[77] 41

C. Versicherter Personenkreis

Als Sozialversicherung bismarckscher Prägung stellt die soziale Pflegeversicherung zunächst auf die Pflichtversicherung abhängig Beschäftigter nach Maßgabe des SGB IV ab. Daneben verfolgte der Gesetzgeber das Anliegen, die **Bevölkerung** flächendeckend in den Kreis der Leistungsberechtigten einzubeziehen, denn Pflegebedürftigkeit ist kein spezifisches Risiko von **Arbeitnehmern**. 42

---

76 Plantholz, Sozialrecht aktuell Sonderheft 2016, 30, 31.
77 LSG Niedersachsen-Bremen Beschl. v. 3.5.2021 – L 8 SO 47/21 B ER, juris.

I. Pflichtversicherung, § 20 SGB XI

43 Im SGB XI finden sich keine eigenständigen Regelungen über die Begründung der Versicherungspflicht. Vielmehr wird ein unmittelbarer Bezug zur gesetzlichen Krankenversicherung hergestellt. Bereits § 1 Abs. 2 SGB XI ordnet die Einbeziehung aller Versicherten der gesetzlichen Krankenversicherung an; die Pflegeversicherung folgt der **Krankenversicherung**. § 20 SGB XI zählt die einzelnen Personengruppen nochmals auf, beschränkt sich also nicht auf eine Verweisung auf § 5 SGB V. Versicherungspflichtig sind demnach

- Personen, die gegen **Arbeitsentgelt** beschäftigt sind. Durch die Bezugnahme auf die Versicherungspflicht in der gesetzlichen Krankenversicherung besteht auch in der Pflegeversicherung eine Versicherungsbefreiung entsprechend § 6 Abs. 6 SGB V, wenn das Einkommen die **Jahresarbeitsentgeltgrenze** übersteigt.[78] Diese beläuft sich im Jahr 2023 auf 66.60,00 EUR.[79]
- Beziehende von **Kurzarbeitergeld**,
- Beziehende von **Arbeitslosengeld** nach §§ 136 ff. SGB III,
- Beziehende von Bürgergeld bzw. der Leistungen der **Grundsicherung für Arbeitsuchende** nach dem SGB II,
- **Landwirte**, § 2 KVLG 1989,
- **Künstler** und Publizisten nach Maßgabe des KSVG,
- Personen, die Leistungen zur Förderung der Erwerbstätigkeit in Einrichtungen der **Jugendhilfe**, in Berufsbildungswerken oder in anderen Einrichtungen für behinderte Menschen erhalten sowie Bezieher von Leistungen zur **Teilhabe am Arbeitsleben**, an Berufsfindungs- und Arbeitserprobungsmaßnahmen,
- **Menschen mit Behinderung**, die in oder für anerkannte Werkstätten für behinderte Menschen oder in Blindenwerkstätten tätig sind oder die in stationären Einrichtungen regelmäßig Leistungen erbringen, deren Umfang einem Fünftel der Beschäftigung eines voll Erwerbsfähigen entspricht,
- **Studierende** und **Praktikanten** und diesen gleichgestellte Personen,
- Personen, die die Anspruchsvoraussetzungen einer **Altersrente** nach dem SGB VI erfüllen und diese beantragt haben,
- Bezieher von **Vorruhestandsgeld** und
- Personen, die nach § 5 Abs. 1 Nr. 13 SGB V der „**Versicherungspflicht für alle**" unterliegen. Nach dieser Norm sind alle Personen pflichtversichert, die über keinen anderweitigen Schutz im Krankheitsfall verfügen. Ehemals gesetzlich Versicherte müssen in ihre frühere Krankenkasse zurückkehren oder in Ausübung ihres Wahlrechts nach § 173 SGB V eine andere Krankenkasse wählen. Alle anderen Personen ohne Versicherungsschutz müssen sich gemäß § 193 Abs. 3, Abs. 5 S. 1 Nr. 2 VVG im sogenannten Basistarif bei einem privaten Versicherungsunternehmen gegen das Risiko der Krankheit versichern.[80]

Die Mitgliedschaft in der Pflegeversicherung bedarf keines Antrags. Sie tritt automatisch mit der Erfüllung der gesetzlichen Voraussetzungen ein, § 49 SGB XI.

II. Befreiung von der Versicherungspflicht, § 22 SGB XI

44 Gemäß § 20 Abs. 3 SGB XI sind die in der gesetzlichen Krankenversicherung freiwillig Versicherten ebenfalls pflegeversichert – in diesem Kontext jedoch gerade nicht freiwillig. Sie können aber nach Abschluss eines Versicherungsvertrags mit einem privaten Versicherungsunternehmen **auf Antrag** von der Versicherung kraft Gesetzes befreit werden, § 22 SGB XI.

---

78 Ulmer in BeckOK SozR, § 20 SGB XI, Rn. 2a; Peters in BeckOGK, § 20 SGB XI, Rn. 9.
79 § 2 Abs. 1 SV-ReGrV 2023.
80 Ausführlich Janda, Medizinrecht, S. 49 ff.

III. Familienversicherung, § 25 SGB XI

Ebenso wie in der gesetzlichen Krankenversicherung besteht auch im SGB XI eine Familienversicherung, die **akzessorisch** zur Mitgliedschaft eines Stammversicherten ist. Auf welcher Rechtsgrundlage die Mitgliedschaft beruht, ist unerheblich. Von der Familienversicherung in der sozialen Pflegeversicherung sind gemäß § 25 SGB XI alle nach § 10 SGB V mitversicherten Familienangehörigen erfasst, dh

- **Ehegatten** oder eingetragene **Lebenspartner** des Stammversicherten, die keiner Erwerbstätigkeit nachgehen,
- die **Kinder** der versicherten Person und deren Kinder, wobei Stief-, Pflege- und Adoptivkinder den leiblichen Kindern gleichgestellt sind (vgl. § 10 Abs. 4 SGB V) und
- beschränkt auf die Krankenversicherung der Landwirte: **sonstige Angehörige**, die mit dem Versicherten in häuslicher Gemeinschaft leben, von ihm ganz oder überwiegend unterhalten werden, und deren monatliches Einkommen ein Siebtel der monatlichen Bezugsgröße nach § 18 SGB IV[81] nicht überschreitet, § 20 Abs. 1 S. 2 Nr. 12 SGB XI, § 7 Abs. 2 KVLG 1989.

Voraussetzung ist, dass die Familienversicherten ihren **Wohnsitz** oder gewöhnlichen Aufenthalt in der Bundesrepublik Deutschland haben und nicht selbst kraft Gesetzes versichert sind. Personen, die in die Familienversicherung einbezogen sind, sind nicht selbst Mitglied der Pflegekasse. Sie müssen folglich keine Beiträge entrichten, haben aber eigene Leistungsrechte gegenüber der Kasse, die das Stammmitglied gewählt hat.

Die Familienversicherung der Kinder erlischt grundsätzlich mit **Vollendung des 18. Lebensjahrs**. Geht das Kind keiner Erwerbstätigkeit nach, wird die Familienversicherung bis zur Vollendung des 23. Lebensjahrs bzw. sofern es einer Ausbildung nachgeht oder an einem Freiwilligendienst teilnimmt, bis zur Vollendung des 25. Lebensjahrs aufrechterhalten. Ist das familienversicherte Kind aufgrund einer körperlichen, geistigen oder seelischen **Behinderung** außerstande, selbst für seinen Lebensunterhalt aufzukommen, besteht die Familienversicherung unbefristet fort.

Die Familienversicherung der Ehegatten endet mit der Beendigung der Ehe.

Beispiel

Petra ist mit Peter verheiratet; sie geht keiner Erwerbstätigkeit nach, sondern kümmert sich um den Haushalt und die Kinder. Als Ehegattin ist sie aufgrund § 10 SGB V in die Familienversicherung der GKV und nach § 25 SGB XI auch in die Familienversicherung der sozialen Pflegeversicherung einbezogen.

Wird die Ehe geschieden, verliert Petra mit Rechtskraft des Scheidungsurteils automatisch den Schutz der Familienversicherung. Die Konsequenzen richten sich nach der Dauer der Ehe bzw. der vorangegangenen Versichertenbiografie von Petra. Sie kann, sofern sie während der letzten fünf Jahre mindestens 24 Monate oder unmittelbar vor der Scheidung mindestens zwölf Monate versichert war, die Weiterversicherung nach § 26 SGB XI beantragen. Der Antrag kann mangels gesetzlicher Formvorgaben auch mündlich gestellt werden und ist innerhalb von drei Monaten nach Beendigung der Familienversicherung an die Pflegekasse zu richten.

Anderenfalls ist sie gemäß § 5 Abs. 1 Nr. 13 SGB V gegen das Risiko der Krankheit pflichtversichert; sie hat also zu wählen, bei welcher Krankenkasse sie Mitglied werden will (§ 173 SGB V). Dieser Pflichtversicherung folgt gemäß § 20 Abs. 1 Nr. 12 SGB XI die Pflichtversicherung in der sozialen Pflegeversicherung.

---

81 Diese beläuft sich im Jahr 2023 auf monatlich 3.290 EUR (Ost) und 3.395,00 EUR (West), § 1 SV-ReGrV 2023. Um Zugang zur Familienversicherung zu erhalten, dürfen die Angehörigen der Landwirte derzeit also ein Einkommen in Höhe von maximal 470 EUR (Ost) bzw. 485,00 EUR (West) im Monat haben.

IV. Versicherungsobligatorium für Privatversicherte, § 23 SGB XI

48 Personen, die für den Krankheitsfall privat versichert sind, haben nach § 1 Abs. 1, 23 SGB XI einen **Versicherungsvertrag** für das Risiko der Pflegebedürftigkeit mit einem privaten Versicherungsunternehmen abzuschließen.

1. Grundlagen

49 Ein solches **Versicherungsobligatorium**[82] ist den anderen Zweigen der Sozialversicherung fremd. Der Gesetzgeber wollte damit eine flächendeckende Vorsorge der gesamten Erwerbsbevölkerung sicherstellen und Sicherungslücken insbesondere bei selbstständig Tätigen vermeiden, denen die Beiträge für eine freiwillige Versicherung angesichts des in ferner Zukunft liegenden und ungewissen Risikos der Pflegebedürftigkeit zu hoch scheinen. Das Obligatorium gilt auch für **Beamte**, die einen entsprechenden beihilfekonformen Schutz herbeizuführen haben (§ 23 Abs. 3 S. 1 SGB XI).

50 Die Versicherung muss nicht zwingend bei dem gleichen Unternehmen abgeschlossen werden, bei dem der Betreffende auch gegen das Risiko der **Krankheit** versichert ist. Es besteht ein Wahlrecht, das innerhalb von sechs Monaten nach Eintritt der Versicherungspflicht auszuüben ist.

2. Kontrahierungszwang

51 Die Versicherungsunternehmen unterliegen einem Kontrahierungszwang, § 110 SGB XI. Sie dürfen folglich keine „**Auslese schlechter Risiken**" betreiben und den Vertragsschluss selbst bei Personen mit Vorerkrankungen oder bei bestehender Pflegebedürftigkeit nicht verweigern. Auch die **risikobezogene Bemessung** der Prämien nach dem Gesundheitszustand des Versicherten ist unzulässig. Insgesamt darf die Prämie den Höchstbeitrag zur sozialen Pflegeversicherung – dies ist der auf ein Einkommen in Höhe der Jahresarbeitsentgeltgrenze zu entrichtende Beitrag – nicht überschreiten.

Beispiel

Der gesetzliche Beitragssatz (§ 55 Abs. 1 SGB XI) zur sozialen Pflegeversicherung beträgt 3,4 %. Nach § 4 Abs. 1 SV-ReGrV 2023 beläuft sich die Jahresarbeitsentgeltgrenze auf 6.660,00 EUR. Folglich darf die Prämie in einem privaten Pflegeversicherungsvertrag maximal 2.264,40 EUR im Jahr bzw. 188,70 EUR im Monat betragen.

52 Zum Vertragsinhalt gibt der Gesetzgeber vor, dass die Vertragsleistungen nach Art und Umfang den Leistungen des Vierten Kapitels gleichwertig sein müssen. Anstelle von Sachleistungen ist **Kostenerstattung** in gleicher Höhe vorzusehen, § 23 Abs. 1 S. 2 und 3 SGB XI.[83] Diese Vorgaben verdrängen die Regelungen des VVG, so dass beispielsweise Gutachten von Sachverständigen der privaten Versicherungsunternehmen zur Ermittlung des Pflegebedarfs entgegen § 84 VVG für die Sozialgerichte nicht verbindlich sind.[84]

53 Wer dem Obligatorium nicht nachkommt, erfüllt den Tatbestand einer **Ordnungswidrigkeit** nach § 121 Abs. 1 Nr. 1 SGB XI.

3. Verfassungsmäßigkeit des Obligatoriums

54 Die Regelung ist verfassungskonform: Zwar greift der Gesetzgeber in die allgemeine Handlungsfreiheit in Form der **Privatautonomie** aus Art. 2 Abs. 1 GG ein, wenn er eine gesetzliche

---

82 Der Terminus ist treffender als der vom Gesetzgeber verwendete Begriff der Versicherungspflicht, die nach der Sozialrechtsdogmatik für eine Einbeziehung kraft Gesetzes steht, Eichenhofer, Sozialrecht, Rn. 385.
83 Ausführlich Leube, NZS 2003, 449, 451.
84 BSGE 118, 239.

Verpflichtung zum Abschluss eines privaten Versicherungsvertrags etabliert. Dieses Grundrecht ist jedoch nicht schrankenlos gewährt, sondern steht unter dem Vorbehalt der verfassungsmäßigen Ordnung. Der Gesetzgeber ist aufgrund der Kompetenznorm des Art. 74 Abs. 1 Nr. 12 GG für die soziale Pflegeversicherung sowie nach Art. 74 Abs. 1 Nr. 11 GG für das **privatrechtliche Versicherungswesen** zur Rechtssetzung befugt und somit grundsätzlich auch berechtigt, den Abschluss privater Versicherungsverträge zu regeln.

Mit der Einführung des Versicherungsobligatoriums werden legitime Interessen des allgemeinen Wohls verfolgt. Da sich vor Einführung der sozialen Pflegeversicherung das Risiko der Pflegebedürftigkeit in erheblichem Maße als **Armutsrisiko** erwiesen hat, sollte mit dem SGB XI ein System geschaffen werden, in dem die Kosten der Pflege solidarisch verteilt werden. Die Vermeidung von Sozialhilfebedürftigkeit und das Anliegen der Entlastung der Kommunen als Sozialhilfeträger sind legitim. 55

Die obligatorische Versicherung genügt überdies dem Grundsatz der Verhältnismäßigkeit: Sie ist geeignet, die **flächendeckende Absicherung der Bevölkerung** zu bewirken und angesichts alternativer Vorsorgemöglichkeiten und der erfahrungsgemäß fehlenden Vorsorgebereitschaft auch erforderlich. Schließlich ist die Angemessenheit im Einzelfall aufgrund der im Vergleich zu den Kosten eines Pflegefalls niedrigen Versicherungsprämien gegeben.[85] 56

4. Personen ohne Versicherungsschutz

Da das Obligatorium nur für Personen gilt, die privat krankenversichert sind, können einzelne Personen trotz des Anliegens der flächendeckenden Einbeziehung der Bevölkerung durch die Maschen fallen, wenn sie nämlich – beispielsweise als **Selbstständige** – nicht der Versicherungspflicht nach § 5 Abs. 1 Nr. 1 SGB V unterliegen und die nach § 193 Abs. 3 VVG vorgeschriebene private **Krankheitskostenversicherung**[86] nicht abschließen. In diesem Fall haben sie keinerlei Leistungsansprüche, sollten sie pflegebedürftig werden. Schließen sie den Versicherungsvertrag nach Eintritt des Krankheits- oder Pflegebedürftigkeitsrisikos ab, werden auch keine rückwirkenden Leistungen gewährt. 57

D. Träger der sozialen Pflegeversicherung

Die soziale Pflegeversicherung wird gemäß § 1 Abs. 3 SGB XI von den Pflegekassen getragen. Deren Aufgaben werden von den Krankenkassen (§ 4 SGB V) wahrgenommen. 58

I. Organisation

Bei den Pflegekassen handelt es sich um selbstständige **Körperschaften** des öffentlichen Rechts, die über das Recht zur **Selbstverwaltung** verfügen, § 46 Abs. 2 SGB XI. 59

Die Pflegekassen werden bei den Krankenkassen errichtet und durch diese verwaltet. Das bedeutet, dass die Krankenkassen die für die Erfüllung der Aufgaben der Pflegekassen erforderlichen räumlichen, sachlichen und personellen Mittel zur Verfügung stellen. Die **Aufwendungen** werden ihnen nach § 46 Abs. 3 SGB XI pauschaliert erstattet. 60

Die Pflegekassen verfügen über eigenes **Vermögen**. Die Errichtung bei den Krankenkassen hat zur Folge, dass auch deren Organe – der Vorstand und die Vertreterversammlung – personengleich sind, § 46 Abs. 1 S. 2, Abs. 2 S. 2 und 3 SGB XI. 61

---

85 BVerfGE 103, 197; 103, 271; dazu Ebsen, Jura 2002, 401.
86 Dazu Janda, Medizinrecht, S. 51.

II. Sicherstellungsauftrag

62 Den Pflegekassen obliegt die Sicherstellung der pflegerischen Versorgung der Versicherten, § 12 SGB XI. Diesen Auftrag erfüllen sie durch enge Zusammenarbeit mit allen Akteuren, die sich der gesundheitlichen und sozialen Versorgung von Pflegebedürftigen widmen. Der Gesetzgeber sieht die Bildung von **Arbeitsgemeinschaften** (§ 94 SGB X) der Pflegekassen auf örtlicher und regionaler Ebene vor. In diesen Arbeitsgemeinschaften sollen sich die Pflegekassen untereinander abstimmen und eine möglichst enge Zusammenarbeit organisieren.[87]

63 Die Bewältigung der Pflege ist in § 8 Abs. 2 SGB XI als **gesamtgesellschaftliche Aufgabe** in die gemeinsame Verantwortung von Ländern, Kommunen, Pflegeeinrichtungen und Pflegekassen gestellt. All diese Akteure sollen mit dem Medizinischen Dienst zusammenwirken und dadurch eine leistungsfähige, regional gegliederte und ortsnahe Versorgung mit aufeinander abgestimmten ambulanten und stationären Pflegeleistungen sicherstellen.

64 Die Pflegekassen sind nach § 12 Abs. 1 S. 2 SGB XI gehalten, im Rahmen der **Infrastrukturverantwortung** der Länder auf eine Vernetzung regionaler und kommunaler Strukturen hinzuwirken. Ziel ist die ortsnahe Versorgung der Pflegebedürftigen, die sich nicht starr an den Grenzen der Landkreise und kreisfreien Städte ausrichten darf.

65 Zur Vorhaltung einer ausreichenden und leistungsfähigen Pflegeinfrastruktur sind nach § 9 SGB XI hingegen die **Bundesländer** verpflichtet.[88] Einzelheiten sind der Regelung durch Landesrecht vorbehalten. Diese Ermächtigung schließt die landesrechtliche Regelung von finanziellen Zuschüssen zu den von den Pflegebedürftigen zu tragenden Investitionskosten, die ihnen von Pflegeeinrichtungen auferlegt werden, oder die direkte Förderung solcher Aufwendungen an die Pflegeeinrichtungen ein. Der Bund gibt hierzu lediglich vor, dass für die **Investitionsförderung** Mittel eingesetzt werden sollen, die aufgrund der Entlastung der Sozialhilfeträger seit Einführung der Pflegeversicherung freigesetzt worden sind.

66 Die Bundesländer bilden **Landespflegeausschüsse** nach § 8a SGB XI. Diese sollen über Fragen der Pflegeversicherung beraten und Empfehlungen zur Umsetzung des Pflegeversicherungsrechts geben. Näheres zu regeln obliegt den Landesregierungen, die hierzu Rechtsverordnungen erlassen können.

E. Finanzierung

67 Die Leistungen der sozialen Pflegeversicherung werden gemäß §§ 1 Abs. 6, 54 Abs. 1 SGB XI durch **Beiträge** und sonstige **Einnahmen** der Pflegekassen finanziert. Es gilt das Umlageverfahren, dh die in der laufenden Periode erhobenen Beiträge werden für die aktuell zu erbringenden Leistungen verwendet. Ein individuelles Sparen für den Eintritt des Versicherungsfalls findet nicht statt. Dies bringt den solidarischen Charakter der Pflegeversicherung zum Ausdruck, denn es sind die wirtschaftlich aktiven und gesunden Personen, welche die Leistungen für Pflegebedürftige finanzieren.

I. Beitragsrecht

68 Bemessen werden die Beiträge als Prozentsatz des versicherungspflichtigen Einkommens des Mitglieds. Die Festlegung des Beitragssatzes obliegt dem **Gesetzgeber**, § 55 Abs. 1 S. 1 Hs. 2 SGB XI. Er beläuft sich derzeit auf 3,4 %. Davon trägt bei versicherungspflichtigen Arbeitneh-

---

[87] BT-Drs. 12/5262 S. 93.
[88] Die Regelung ist deklaratorischer Natur, da den Ländern im Rahmen der konkurrierenden Gesetzgebungskompetenz die Regelung all jener Materien eröffnet ist, die der Bund nicht normiert hat, siehe Welti, Sozialrecht aktuell Sonderheft 2016, 54, 55.

mern deren Arbeitgeber die Hälfte, §§ 1 Abs. 6 S. 1, 58 SGB XI. Rentner zahlen den Beitrag allein, § 59 Abs. 1 S. 2 Hs. 2 SGB XI.

Ausnahmsweise darf der Beitragssatz durch Rechtsverordnung des BMG angepasst werden, § 55 Abs. 1 S. 2, Abs. 1a SGB XI. Zulässig ist dies nur, wenn es zur mittelfristigen Sicherung der Zahlungsfähigkeit der sozialen Pflegeversicherung erforderlich ist. Dies wiederum ist der Fall, wenn die verfügbaren Mittel absehbar geringer als eine Monatsausgabe der Pflegekassen sind. Durch Rechtsverordnung darf der Beitrag jedoch maximal um 0,5 Prozentpunkte über den gesetzlich festgelegten Satz angehoben werden.

Das versicherungspflichtige Einkommen wird nur bis zur **Beitragsbemessungsgrenze** in der gesetzlichen Krankenversicherung, dh je Kalendertag 1/365 der Jahresarbeitsentgeltgrenze[89] herangezogen, § 55 Abs. 2 SGB XI. Wie jede Sozialversicherungsleistung werden somit auch die Leistungen der Pflegeversicherung nicht nach individuellem Risiko, sondern nach der **wirtschaftlichen Leistungsfähigkeit** bemessen.

69

Die Beiträge werden von den Krankenkassen als **Einzugsstellen** nach § 28k SGB IV eingezogen und weiterverteilt. Die Beiträge für Künstler nach dem KSVG, für Wehr- oder Zivildienstleistende sowie für Bezieher von Arbeitslosengeld oder Grundsicherung für Arbeitsuchende werden von den Krankenkassen gemäß §§ 60 Abs. 3 S. 1 SGB XI, §§ 252 Abs. 1, 251 Abs. 3, 4 und 4a SGB V an den **Gesundheitsfonds** gezahlt, der diese wiederum an den **Ausgleichsfonds**[90] weiterleitet. Alle übrigen Beiträge sind von den Krankenkassen unverzüglich an die Pflegekassen zu zahlen, § 60 Abs. 3 S. 2 SGB XI.

70

1. Differenzierung des Beitragssatzes nach der Kinderzahl der Versicherten

Gemäß § 55 Abs. 3 SGB XI wird von Personen, die das 23. Lebensjahr vollendet und keine Kinder haben, ein **Beitragszuschlag** von 0,6 % erhoben. Dieser wird nicht paritätisch finanziert, sondern ist vom Mitglied selbst zu tragen, § 59 Abs. 5 SGB XI. Die Altersgrenze von 23 Jahren orientiert sich an der Altersgrenze für die Familienversicherung nach § 25 Abs. 2 Nr. 2 SGB XI, da es nicht gerechtfertigt wäre, beitragsfrei Familienversicherte zur Entrichtung des Zuschlags heranzuziehen.[91]

71

Der Beitragszuschlag für Kinderlose ist Folge eines Urteils des Bundesverfassungsgerichts.[92] Dieses hatte aus dem Gleichheitssatz (Art. 3 Abs. 1 GG) und dem verfassungsrechtlich verbürgten besonderen Schutz der Familie (Art. 6 Abs. 1 GG) abgeleitet, dass es unzulässig sei, Eltern und Kinderlose zu Beiträgen in gleicher Höhe heranzuziehen. Personen, die Kinder erziehen, leisteten einen erheblichen „**generativen Beitrag**" und sicherten bereits damit die Funktionsfähigkeit der sozialen Pflegeversicherung. Es sei wahrscheinlich, dass Eltern weniger als Kinderlose auf die Leistungen der Pflegeversicherung angewiesen seien, da deren Pflege nicht zwangsläufig durch Dritte, sondern auch durch ihre Kinder sichergestellt werden kann. Zudem sicherten die Beiträge der nachwachsenden Generation das Umlageverfahren. Kinderlosen erwachse somit aus der **Erziehungs- und Betreuungsleistung** von Eltern ein Vorteil, der sich in der Beitragsbemessung niederzuschlagen habe.

72

In einer weiteren Entscheidung gab das BVerfG[93] dem Gesetzgeber auch die Berücksichtigung der Kinderzahl bei der Beitragsbelastung von Eltern vor. Differenziere das Beitragsrecht nicht nach der Zahl der Kinder und dem damit einhergehenden wirtschaftlichen Aufwand für

73

---

89 Diese beläuft sich im Jahr 2023 auf 59.850,00 EUR, § 2 Abs. 2 SV-ReGrV 2023.
90 Dazu ausführlich Kap. 2, Rn. 87.
91 BT-Drs. 15/3671, S. 6.
92 BVerfGE 103, 242.
93 BVerfGE 161, 163.

Kindererziehungskosten, Konsumausgaben und Opportunitätskosten, wie etwa entgangenen Erwerbs- und Versorgungschancen, würden bestimmte Familienkonstellationen benachteiligt. Dies sei mit dem Schutzauftrag aus Art. 6 Abs. 1 GG und mit dem Gleichheitssatz aus Art. 3 Abs. 1 GG nicht vereinbar. Das Gericht sprach dem Gesetzgeber einen weiten Gestaltungsspielraum zu; die Kompensation der spezifischen, mit steigender Kinderzahl steigender Belastung von Eltern könne etwa durch Steuern finanziert werden.

74 Der Gesetzgeber hat sich mit dem PUEG 2023 für eine differenzierte Abschlagslösung in § 55 Abs. 3 S. 4 SGB XI entschieden. Der Beitragssatz von 3,4 % reduziert sich ab dem zweiten Kind bis zum fünften Kind um einen Abschlag von jeweils 0,25 Prozentpunkten. Eltern zahlen damit einen Beitragssatz von

3,4 % mit einem Kind,

3,15 % mit zwei Kindern,

2,9 % mit drei Kindern,

2,65 % mit vier Kindern und

2,4 % mit fünf und mehr Kindern.

Vollendet das Kind das 25. Lebensjahr, entfällt der jeweilige Abschlag wieder. Eltern zahlen aber nie mehr als den Beitragssatz von 3,4 %, werden also bis ans Lebensende für ihre Erziehungsleistung honoriert, da der Zuschlag von 0,6 % nur auf (dauerhaft) Kinderlose entfällt.[94] Der Arbeitgeberanteil beläuft sich in allen Konstellationen auf 1,7 %. Bis 2025 soll ein digitales System zum vereinfachten Nachweis der Kinderzahl etabliert werden, § 55 Abs. 3c SGB XI.

75 Der Gesetzgeber stellt in § 55 Abs. 2 SGB XI auf das bloße Vorhandensein von Kindern und den damit typischerweise verbundenen wirtschaftlichen Aufwand ab, ungeachtet des tatsächlichen Aufwands, der mit deren **Pflege und Erziehung** verbunden ist. Auch Versicherte, die tatsächlich keine Erziehungsleistungen erbringen, etwa weil ihr Kind verstorben ist, müssen den Beitragszuschlag daher nicht entrichten. Die Annahme, dass bereits das Vorhandensein eines Kindes mit der nach Maßgabe des BVerfG zu honorierenden Erziehungsleistung verbunden sei,[95] diene nicht zuletzt der **Verwaltungsvereinfachung**: Es wäre schlichtweg zu aufwändig, dies im Einzelfall zu überprüfen.[96]

76 Pflege- oder Stiefeltern profitieren ebenfalls vom Beitragsabschlag; es kommt also nicht auf die Abstammung der Kinder von einem Versicherten an. Gleichwohl sollen sie nicht unangemessen bevorzugt werden. Die Möglichkeit, dass von den **Pflege- oder Stiefeltern** Erziehungsleistungen erbracht werden, muss zumindest abstrakt bestehen. Daher sieht § 55 Abs. 4 SGB XI Ausnahmen vor. Adoptiveltern erhalten den Beitragsabschlag nur, wenn sie noch leibliche Kinder haben oder wenn das Adoptivkind im Zeitpunkt der Adoption noch nicht die Altersgrenzen der Familienversicherung nach § 25 Abs. 2 SGB XI erreicht hat. Eine **Erwachsenenadoption** durch einen kinderlosen Versicherten führt also nur dann zum Beitragsabschlag, wenn das angenommene Kind

- jünger als 23 Jahre ist und keiner Erwerbstätigkeit nachgeht,
- jünger als 25 Jahre ist und sich in Ausbildung befindet oder
- aufgrund einer körperlichen, geistigen oder seelischen Behinderung außerstande ist, sich selbst zu versorgen.

Stiefeltern kommen in den Genuss des Abschlags, wenn das Kind die in § 25 Abs. 2 SGB XI etablierten Altersgrenzen im Zeitpunkt der Eheschließung mit dessen leiblichem Elternteil noch

---

94 BT-Drs. 20/6544, S. 68.
95 Kritisch wegen des fehlenden Bezugs zur Zahl der Kinder Beblo/Schuler-Harms/Werding, Sozialer Fortschritt 69 (2020) 627, 634.
96 BSGE 99, 15.

nicht erreicht hat. Ist das **Stiefkind** minderjährig, muss es mit dem Stiefelternteil in einem gemeinsamen Haushalt leben.

Der Grund der **Kinderlosigkeit** ist irrelevant.[97] Die Regelung benachteiligt daher Personen, die aus gesundheitlichen Gründen nicht zeugungs- bzw. empfängnisfähig sind. Sie wird dennoch für verfassungsgemäß gehalten. Wollte man Personen vom Beitragszuschlag ausnehmen, die aus medizinischen Gründen keine Kinder bekommen können, müsse man konsequenterweise auch Versicherte ausnehmen, die keinen Partner haben und deshalb kinderlos sind. Der **administrative Aufwand** wäre – insbesondere angesichts des vergleichsweise geringen Zuschlags von 0,6 Prozentpunkten – erheblich, so dass der mit der Ungleichbehandlung iSv Art. 3 Abs. 1 GG verbundene finanzielle Nachteil zumindest nicht unverhältnismäßig sei.[98]

2. Beitragsfreie Mitversicherung

Ebenso wie in der gesetzlichen Krankenversicherung gibt es in der sozialen Pflegeversicherung eine beitragsfreie Mitversicherung für **Familienangehörige** und eingetragene Lebenspartner, §§ 1 Abs. 6 S. 3, 56 Abs. 1 SGB XI. Auch Bezieher von Hinterbliebenenrenten sowie von Mutterschafts-, Eltern- oder Betreuungsgeld zahlen keine Beiträge, § 56 Abs. 2, Abs. 3 SGB XI.

Gemäß § 56 Abs. 4 SGB XI werden Personen, die sich für unabsehbare Zeit in einer vollstationären[99] **Pflegeeinrichtung** aufhalten, auf Antrag von der Beitragspflicht befreit. Das Merkmal der „nicht absehbaren Dauer" wird unter Bezugnahme auf § 14 SGB XI so ausgelegt, dass die stationäre Pflege mindestens sechs Monate andauern müsse und das Ende nicht vorhersehbar sein dürfe.[100] Die **Beitragsbefreiung** setzt voraus, dass die betreffenden Personen Pflegezuschläge nach dem BVG oder vergleichbare Leistungen aufgrund beamtenrechtlicher Vorgaben erhalten. Hintergrund ist, dass in diesen Fällen der Tatbestand der sozialen Entschädigung vorrangig ist, so dass sie daneben keine Leistungen der sozialen Pflegeversicherung beziehen können.[101]

Hat der Versicherte Angehörige, die nach § 25 SGB XI in die Familienversicherung einbezogen sind, kommt die **Beitragsbefreiung** nicht in Betracht, da zumindest für diese die Inanspruchnahme von Leistungen nach dem SGB XI nicht von vornherein ausgeschlossen ist.

Die Beitragsbefreiung erstreckt sich überdies nur auf gesetzlich Versicherte; wer privat gegen das Risiko der Krankheit versichert ist, ist als dauerhaft **stationär behandlungsbedürftige** Person nach § 23 Abs. 5 SGB XI bereits vom Versicherungsobligatorium ausgenommen.

3. Freiwillig und privat Versicherte

Freiwillig Versicherte und privat Versicherte tragen die Beiträge selbst, § 59 Abs. 4 SGB XI. Sie haben aber gemäß § 61 SGB XI einen Anspruch gegen ihren Arbeitgeber auf Zahlung eines **Zuschusses** zu den Beiträgen bzw. Prämien. Dieser beläuft sich auf den Betrag, den der Arbeitgeber im Falle der Pflichtversicherung als Arbeitgeberanteil zu tragen hätte.

Gleiches gilt für die Personen, die im Rahmen des Versicherungsobligatoriums für den Fall der Pflegebedürftigkeit vorsorgen. Für sie ist der **Arbeitgeberzuschlag** nach § 61 Abs. 2 SGB XI auf maximal die Hälfte der an das Versicherungsunternehmen zu entrichtenden Prämie beschränkt.

---

97   BT-Drs. 15/3671, S. 5.
98   BSGE 100, 77; vgl. auch den Nichtannahmebeschluss des BVerfG, SozR 4-3300 § 55 Nr. 3.
99   So die hM, die teilstationäre Pflege auf unabsehbare Zeit genügt nicht, Baumeister in BeckOK SozR, § 56 SGB XI, Rn. 14 mwN. Auch die häusliche Pflege bildet keinen Rechtsgrund für die Befreiung von der Beitragspflicht, BSG, NZS 2000, 463.
100 Mecke in jurisPK-SGB XI, § 56, Rn. 31.
101 BT-Drs. 12/5262, S. 122.

4. Ausnahmeregelung in Sachsen

84 Die Einführung der sozialen Pflegeversicherung als fünfte Säule der Sozialversicherung war in den 1990er Jahren auch deshalb umstritten, weil die Lohnnebenkosten nach dem Willen des Gesetzgebers nicht weiter ansteigen sollten. Man einigte sich daher darauf, einen Teil der Belastungen durch die Abschaffung eines gesetzlichen Feiertags, den **Buß- und Bettag**, auszugleichen, vgl. § 58 Abs. 2 SGB XI. Durch den zusätzlichen Arbeitstag sollte die Belastung der Arbeitgeber kompensiert werden.

85 Sachsen entschied sich jedoch für die Beibehaltung des Feiertags, mit der Folge, dass die dort erwerbstätigen[102] Versicherten einen Prozentpunkt des Beitrags allein tragen, § 58 Abs. 3 SGB XI. Der Arbeitnehmeranteil beläuft sich hier somit auf 2,2 %, der Arbeitgeberanteil auf 1,2 %. Damit liegt zwar eine **Ungleichbehandlung** der in Sachsen versicherungspflichtig Beschäftigten vor. Diese ist jedoch gerechtfertigt, da deren finanzielle Nachteile durch den zusätzlichen Feiertag weitgehend ausgeglichen und zudem durch den hohen Nutzen der sozialen Pflegeversicherung aufgewogen werden.[103]

II. Sonstige Mittel der Pflegekassen

86 Bei den **sonstigen Mitteln** iSv § 54 SGB XI handelt es sich um Säumniszuschläge, Bußgelder oder Erstattungsforderungen der Pflegekasse sowie deren Erträge und die nach § 64 SGB XI zu bildenden Rücklagen.[104]

III. Ausgleichsfonds, § 65 SGB XI

87 Die Einnahmen der Pflegekassen fließen gemäß § 65 SGB XI in einen Ausgleichsfonds, der als **Sondervermögen** vom Bundesamt für Soziale Sicherung verwaltet wird. Dieser speist sich aus

- den Beiträgen der **Rentenversicherungsträger**,
- den von den Pflegekassen überwiesenen **Überschüssen** aus Betriebsmitteln und Rücklagen,
- den Beiträgen der Versicherten, die aus dem **Gesundheitsfonds** (§ 271 SGB V) überwiesen werden.

Der Fonds dient dem bundesweiten **Finanzausgleich** unter den Pflegekassen. Ähnlich wie beim morbiditätsorientierten Risikostrukturausgleich in der gesetzlichen Krankenversicherung[105] soll auf diese Weise vermieden werden, dass Pflegekassen durch ihre Versichertenstruktur finanzielle Nachteile erleiden, wenn sie besonders viele pflegebedürftige Mitglieder und aufgrund des gesetzlich determinierten Beitrags keine Möglichkeit zur Erhöhung ihrer Einnahmen haben.

88 Im Grunde werden sämtliche Ausgaben für **Leistungen und Verwaltungskosten** auf alle Pflegekassen verteilt, die einen ihren Einnahmen entsprechenden Anteil daran zu tragen haben. Die für jede Kasse einzeln ermittelten Beitrags- und sonstigen Einnahmen und die Ausgaben für Leistungen, Verwaltung und Betriebsmittel (§ 63 SGB XI) sowie deren Rücklagen (§ 64 SGB XI) werden monatlich saldiert. Ist der Saldo positiv, hat die betreffende Kasse Mittel in den Ausgleichsfonds abzuführen; ist er negativ, erhält sie den entsprechenden Betrag aus dem Fonds. In einem **Jahresausgleich** erfolgt eine Bereinigung der Ausgleichszahlungen. Pflegekassen mit hohen Einnahmen müssen damit in vergleichsweise hohem Umfang Leistungen finanzieren, selbst wenn deren Versicherte diese in vergleichsweise geringem Umfang in Anspruch nehmen.

---

102 Auf den Wohnsitz kommt es nicht an.
103 BSGE 85, 10; BVerfG, SozR 4-3300 § 58 Nr. 1.
104 Baumeister in BeckOK SozR, § 54 SGB XI, Rn. 10.
105 Dazu Janda, Medizinrecht, S. 62.

E. Finanzierung

Die Einzelheiten des Verfahrens sind in den §§ 67, 68 SGB XI sowie in den Vereinbarungen zwischen dem Bundesamt für Soziale Sicherung und dem Spitzenverband Bund der Pflegekassen[106] geregelt.

Nach § 8 Abs. 3 SGB XI können **Modellvorhaben**, Studien und andere wissenschaftliche Projekte zur Pflege aus den Mitteln des Ausgleichsfonds mit bis zu 5.000.000,00 EUR pro Jahr durch den Spitzenverband Bund der Pflegekassen bezuschusst werden. Auch die Geschäftsstellen des Qualitätsausschusses nach § 113b SGB XI sind auf diese Weise zu finanzieren. 89

Durch das GVWG wurde zum 1.1.2022 erstmals ein Bundeszuschuss zur sozialen Pflegeversicherung eingeführt. Der Bund leistet seither einen pauschalen Beitrag von 1 Milliarde Euro pro Jahr an den Ausgleichsfonds, um sich an den Ausgaben der Pflegeversicherung zu beteiligen, § 61a SGB XI. 90

IV. Pflegevorsorgefonds

Mit dem PSG I wurde in §§ 131 ff. SGB XI der Pflegevorsorgefonds etabliert. Hintergrund ist die langfristige Sicherung der Finanzierbarkeit der Pflegeausgaben: Der Beitragssatz soll trotz der aufgrund der demografischen Entwicklung zu erwartenden Steigerung der Leistungsausgaben stabil bleiben. Verwaltet wird dieser Fonds als **Sondervermögen** durch die Deutsche Bundesbank. Zur Finanzierung des Fonds überweist das Bundesamt für Soziale Sicherung aus dem Ausgleichsfonds monatlich einen Betrag, der sich auf 1/12 von 1 % der beitragspflichtigen Einnahmen des Vorjahres beläuft, § 135 Abs. 1 SGB XI. 91

Die Einnahmen hat die **Bundesbank** zinsbringend anzulegen. Diese Ansparphase endet im Jahr 2035; ab dann können die Mittel des Fonds genutzt werden, um ansonsten erforderliche Erhöhungen der Beiträge zur Pflegeversicherung abzuwenden. Diese **Zweckbindung** besteht absolut, dh die im Pflegevorsorgefonds angesparten Mittel dürfen zu keinem anderen Zweck verwendet werden.[107] 92

V. Förderung der freiwilligen privaten Vorsorge

Um die soziale Pflegeversicherung weiter zu entlasten, wurde mit dem Pflegeneuausrichtungsgesetz im Jahr 2013 die staatliche Förderung der freiwilligen privaten Vorsorge gesetzlich verankert. Die Förderung wird nach dem damaligen Bundesminister für Gesundheit zuweilen als „**Pflege-Bahr**" bezeichnet. Die ergänzende kapitalgedeckte Vorsorge soll damit zu einer weiteren Säule der Finanzierung von Pflegeleistungen werden.[108] 93

Wer monatlich mindestens 10,00 EUR für die private Vorsorge aufwendet, kann monatlich Zulagen in Höhe von 5,00 EUR erhalten, § 127 Abs. 1 SGB XI. Voraussetzung ist, dass die **Pflege-Zusatzversicherung** bei einem förderfähigen Versicherungsunternehmen abgeschlossen wird. Die Förderfähigkeit bestimmt sich nach § 127 Abs. 2 SGB XI; sie erfordert unter anderem, dass 94

- bei der Kalkulation die Vorgaben für **Lebensversicherungen** nach § 146 VAG eingehalten werden,
- die Zusatzversicherung allen nach § 126 SGB XI **zulageberechtigten Personen** offensteht,
- keine **Risikoprüfung** stattfindet und keine risikobezogenen **Beitragszuschläge** erhoben werden,

---

106 Vereinbarung vom 1.12.2020, abrufbar unter
https://www.bundesamtsozialesicherung.de/fileadmin/redaktion/Pflegeversicherung/Finanzausgleich/20200827_Vereinbarung____66_Abs._1_S._4_und_5_SGB_XI.pdf.
107 Schölkopf/Hoffer, NZS 2015, 521, 530.
108 Schlegel, jurisPR-SozR 3/2013, Anm. 1.

- bei Eintritt der Pflegebedürftigkeit nach Maßgabe der im SGB XI verankerten Pflegegrade **Geldleistungen** in bestimmter Höhe erbracht werden,
- die **Wartezeit** für die Leistungsberechtigung auf maximal fünf Jahre beschränkt ist und
- die **Verwaltungskosten** beschränkt sind.

Zulagenberechtigt sind nach § 126 SGB XI alle Versicherten, egal ob gesetzlich versichert oder im Rahmen des Versicherungsobligatoriums. Ausgenommen sind Personen unter 18 Jahren sowie solche, die bereits Leistungen zur Pflege in Anspruch nehmen.

Finanzierung und Pflegeversicherung

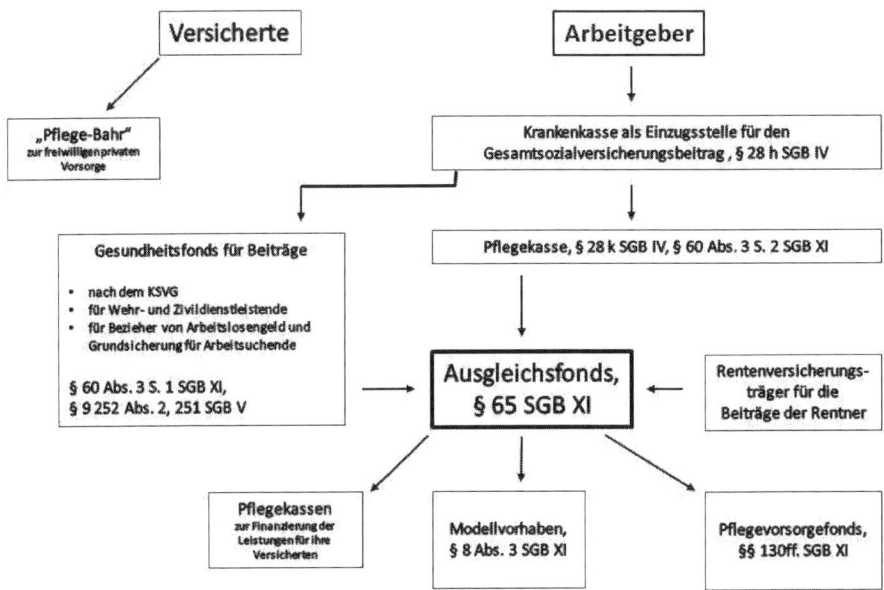

Eigene Darstellung

Wiederholungs- und Vertiefungsfragen

- Erläutern Sie die Grundprinzipien des Pflegeversicherungsrechts.
- Schildern Sie den Grundsatz der Eigenverantwortung. Inwiefern lassen sich Parallelen zu anderen Zweigen der Sozialversicherung herstellen?
- Erläutern Sie, wie der Gesetzgeber sicherstellt, dass nicht nur abhängig Beschäftigte gegen das Risiko der Pflegebedürftigkeit abgesichert sind.
- Schildern Sie die verschiedenen Säulen zur Finanzierung der Pflegeausgaben. Auf welche Weise will der Gesetzgeber die langfristige Stabilität der Beiträge sicherstellen?
- Pierre kann wegen einer spastischen Lähmung seine linke Körperhälfte nicht bewegen. Daher bedarf er umfassender Unterstützung bei den Verrichtungen des täglichen Lebens; einer versicherungspflichtigen Beschäftigung konnte und kann er nicht nachgehen. Welcher Träger kommt für die erforderlichen Pflegeleistungen auf? Nach einem von einer Begegnungsstätte für Menschen mit Behinderung organisierten Tagesausflug wird Pierre von einem der Sozialarbeiter nach Hause gebracht. Kann ihn dieser noch beim Toilettengang und bei der Körperpflege unterstützen? Welcher Träger kommt für die Kosten auf?

Wiederholungs- und Vertiefungsfragen

- Frank ist ab der Halswirbelsäule gelähmt. Er ist als Sachbearbeiter in einem Versicherungsunternehmen tätig und hat einen Assistenten, der ihn bei der Ausübung seiner Arbeit unterstützt. Wer kommt für die Kosten der Assistenz auf? Als sich Frank einen Magen-Darm-Infekt zuzieht, benötigt er über das gewöhnliche Maß hinaus Unterstützung bei der Körperpflege und der Ernährung. Sind die dafür entstehenden Kosten von der Kranken- oder der Pflegeversicherung zu bezahlen?
- Antonias Ehe mit Anton, einem Beamten, wird nach zwölf Jahren geschieden. Sie hat während der gesamten Ehezeit nicht gearbeitet und erkundigt sich nun, ob und wie sie gegen das Risiko der Pflegebedürftigkeit abgesichert ist.
- Sophie ist schwerpflegebedürftig und bedarf der stationären Betreuung. Sie informiert sich im Internet über verschiedene Pflegeeinrichtungen und wird auf eine nach anthroposophischen Grundsätzen geführte Einrichtung aufmerksam. Inwieweit muss ihre Pflegekasse sie bei der Auswahl unterstützen? Dürfte die Kasse die Übernahme der Kosten in dem Heim verweigern, weil dieses nach Meinung des zuständigen Sachbearbeiters überflüssige Leistungen anbietet?
- Bei Karl wurde der Pflegegrad 3 festgestellt. Seine Kinder wohnen in der 50 km entfernten größeren Stadt, wo sie auch berufstätig sind. Karl möchte zu Hause gepflegt werden. Er will wissen, ob seine Kinder verpflichtet sind, die Pflege zu übernehmen. Wie könnte seine Pflege sichergestellt werden, wenn die Kinder allenfalls einmal täglich abwechselnd bei Karl vorbeischauen könnten?
- Peter und Petra haben keine eigenen Kinder. Sie sind als Pflegefamilie beim Jugendamt registriert. Als sie die Pflegschaft für den fünfjährigen Paul übernehmen, wollen sie wissen, ob sie den bisher erhobenen Kinderlosenzuschlag zum Pflegeversicherungsbeitrag weiterhin zahlen müssen.

3. Kapitel: Leistungsrecht

Orientierungsfragen

1
- Was kennzeichnet den Leistungsfall der sozialen Pflegeversicherung? Wie lassen sich Krankheit und Pflegebedürftigkeit voneinander abgrenzen?
- Welche Unterschiede bestehen zwischen dem ursprünglichen und dem durch das PSG II neu gefassten Pflegebedürftigkeitsbegriff? Inwieweit sind durch die Reform Verbesserungen in der Versorgung pflegebedürftiger Menschen erreicht worden?
- Warum wird die Pflegeversicherung häufig als „Teil-Kasko-Versicherung" bezeichnet? Haben die jüngsten Reformen des Pflegeversicherungsrechts daran etwas geändert?
- Welche allgemeinen Grundsätze leiten das Leistungsrecht?
- Wie lassen sich häusliche und stationäre Pflege voneinander abgrenzen? Unter welchen Voraussetzungen können die verschiedenen Leistungen miteinander kombiniert werden?
- In welcher Weise werden die Angehörigen pflegebedürftiger Personen unterstützt? Welche zusätzlichen Leistungen – neben der Beratung – können sie in Anspruch nehmen? Trägt das Pflegeversicherungsrecht dem Umstand Rechnung, dass pflegende Angehörige oftmals den Umfang ihrer Beschäftigung reduzieren müssen, um ihren Aufgaben gerecht zu werden?
- Welcher Träger ist für die Gewährung von Hilfsmitteln zuständig? Kommt die Pflegeversicherung gegebenenfalls für erforderliche Umbaumaßnahmen in der Wohnung der pflegebedürftigen Person auf?
- Wann kommt die teil-, wann die vollstationäre Pflege in Betracht? Was ist zu beachten, wenn in diesem Kontext auch Maßnahmen der medizinischen Behandlungspflege erforderlich werden?

Die soziale Pflegeversicherung gewährt Leistungen, sofern sich das Risiko der Pflegebedürftigkeit materialisiert. In den §§ 14 ff. SGB XI wird der **Leistungsfall** definiert. Die §§ 36 ff. SGB XI determinieren die Voraussetzungen und den Umfang der Ansprüche der Versicherten.

A. Versicherungsfall der sozialen Pflegeversicherung

2   Nach der Legaldefinition in § 14 Abs. 1 SGB XI ist der Versicherungsfall der **Pflegebedürftigkeit** dadurch gekennzeichnet, dass eine Person gesundheitlich bedingte Beeinträchtigungen ihrer Selbständigkeit oder Fähigkeiten aufweist und deshalb der Hilfe durch andere bedarf. Nicht jede körperliche, kognitive oder psychische Beeinträchtigung führt demnach zur Pflegebedürftigkeit. Sie setzt vielmehr voraus, dass die Person ihre Beeinträchtigung, die gesundheitlich bedingten Belastungen oder Anforderungen nicht selbstständig kompensieren oder bewältigen kann, § 14 Abs. 1 S. 2 SGB XI. Zudem muss die Pflegebedürftigkeit dauerhaft, dh für voraussichtlich mindestens sechs Monate[109] bestehen und mit einem der in § 15 SGB XI festgelegten Schweregrade zuordnen lassen.

I. Pflegebedürftigkeit nach Pflegestufen

3   Bis Ende 2016 war der Begriff der Pflegebedürftigkeit noch enger gefasst und stellte allein auf **körperliche Defizite** und Einschränkungen ab. Maßgeblich war nach § 14 Abs. 1 SGB XI aF, dass die pflegebedürftige Person aufgrund einer körperlichen, geistigen oder seelischen Krankheit oder Behinderung Hilfe bei den „gewöhnlichen und regelmäßig wiederkehrenden

---

[109] Es ist insofern eine Prognose anzustellen, dh der Leistungsfall ist nicht erst nach Ablauf einer sechsmonatigen Wartefrist gegeben, Gebhardt in Krauskopf, § 14 SGB XI, Rn. 22.

Verrichtungen im Ablauf des täglichen Lebens" benötigte. § 14 Abs. 2 SGB XI aF definierte als Krankheit oder Behinderung

- Verluste, Lähmungen oder andere Funktionsstörungen am Stütz- und Bewegungsapparat (Nr. 1),
- Funktionsstörungen der inneren Organe oder der Sinnesorgane (Nr. 2),
- Störungen des Zentralnervensystems wie Antriebs-, Gedächtnis- oder Orientierungsstörungen sowie endogene Psychosen, Neurosen oder geistige Behinderungen (Nr. 3).

Im Vordergrund des Leistungsrechts standen trotz der Erwähnung geistiger und seelischer Beeinträchtigungen in Nr. 3 die körperlichen Auswirkungen, denn Pflegebedarf wurde nur im Hinblick auf solche Verrichtungen gesehen, die unter Anwendung und Anstrengung körperlicher Kräfte zu bewältigen sind. Zu diesen Verrichtungen des täglichen Lebens gehörten die Körperpflege, Ernährung, Mobilität und die hauswirtschaftliche Versorgung, § 14 Abs. 4 SGB XI aF. Je nachdem in welchem zeitlichen Umfang die pflegebedürftige Person Unterstützung und Hilfe bei diesen Verrichtungen bedurfte, wurde sie einer der drei Pflegestufen zugeordnet:

- erhebliche Pflegebedürftigkeit (Stufe I): Hilfebedarf einmal täglich bei mindestens zwei Verrichtungen im Umfang von mindestens 90 Minuten, davon mindestens 45 Minuten für die Grundpflege,
- Schwerpflegebedürftigkeit (Stufe II): Hilfebedarf dreimal täglich zu verschiedenen Tageszeiten für mindestens drei Stunden, davon mindestens zwei Stunden für die Grundpflege,
- Schwerstpflegebedürftigkeit (Stufe III): Hilfebedarf täglich rund um die Uhr, einschließlich nachts, für mindestens fünf Stunden, davon mindestens vier Stunden für die Grundpflege.

In jeder Pflegestufe musste überdies mehrmals pro Woche Bedarf an Unterstützung bei der hauswirtschaftlichen Versorgung bestehen.

II. Einbeziehung demenziell erkrankter Menschen

Die auf körperliche Defizite bei Alltagsverrichtungen vorgesehene Beschränkung des Versicherungsfalls stieß alsbald auf Kritik, bildete sie doch den Alltag der Menschen, die Unterstützung benötigen, nur unzureichend ab.[110]

Im Jahr 2002 wurde daher in §§ 45a, 45b SGB XI aF ein Anspruch auf Unterstützungsleistungen für jene Personen geschaffen, die neben ihrem Bedarf an Unterstützung bei der Grundpflege und der hauswirtschaftlichen Versorgung einen erheblichen Bedarf an allgemeiner Beaufsichtigung und Betreuung haben und häuslich gepflegt werden.[111] Ob die **Alltagskompetenzen** der pflegebedürftigen Person erheblich eingeschränkt waren, richtete sich gemäß § 45a Abs. 2 SGB XI aF danach, ob bestimmte Schädigungen oder Störungen vorlagen. Dies war der Fall, wenn die Person beispielsweise dazu neigte, unkontrolliert ihren Wohnbereich zu verlassen („Weglauftendenz"), gefährdende Situationen nicht erkennen konnte oder selbst verursachte, tätliches, verbal aggressives, ausgeprägt labiles oder unkontrolliert emotionales Verhalten zeigte, infolge von Depressionen oder Angststörungen nicht kooperationsfähig war oder wenn ihr Gedächtnis oder ihr Urteilsvermögen aufgrund von Störungen der höheren Hirnfunktionen beeinträchtigt war.

Im Jahr 2008 wurde mit dem Pflege-Weiterentwicklungsgesetz[112] eine nochmalige Ausweitung der Berechtigten vorgenommen. Seither konnten auch Menschen, die keiner Pflegestufe zuge-

---
110 Kostorz/Kernebeck, WzS 2015, 35, 38 f.
111 Gesetz zur Ergänzung der Leistungen bei häuslicher Pflege von Pflegebedürftigen mit erheblichem allgemeinen Betreuungsbedarf (Pflegeleistungs-Ergänzungsgesetz) vom 14.12.2001, BGBl. I, S. 3728.
112 Gesetz zur strukturellen Weiterentwicklung der Pflegeversicherung vom 28.5.2008, BGBl. I, S. 874.

ordnet waren, aber gleichwohl erheblichen Beaufsichtigungs- und Betreuungsbedarf hatten, ebenfalls die Unterstützungsleistungen in Anspruch nehmen, § 45a Abs. 1 S. 2 Nr. 2 SGB XI. Umgangssprachlich wurde die Leistungsberechtigung dieser Personengruppe als „**Pflegestufe 0**" bezeichnet. Mit dem Pflegeneuausrichtungsgesetz wurden im Jahr 2013 die Leistungen für Personen mit erheblich eingeschränkter Alltagskompetenz erhöht. Demenziell erkrankte Menschen konnten in der ambulanten Versorgung ein höheres Pflegegeld und Pflegesachleistungen in höherem Umfang in Anspruch nehmen als Personen, bei denen diese Beeinträchtigungen nicht vorlagen.

III. Reform des Pflegebedürftigkeitsbegriffs

7 Mit dem 2. Pflegestärkungsgesetz wurde ab 2017 ein Paradigmenwechsel in der Pflegeversicherung eingeleitet. Mit der Einführung eines neuen Pflegebedürftigkeitsbegriffs wurde einerseits die Ausrichtung auf rein körperbezogene Hilfeleistungen überwunden; stattdessen erfahren psychische und kognitive Beeinträchtigungen die gebotene Berücksichtigung bei der Feststellung der Leistungsberechtigung. Zugleich wurde die bisher recht starr am zeitlichen Aufwand des Hilfebedarfs orientierte Einstufung der Pflegebedürftigkeit aufgegeben.[113]

8 Trotz der Abkehr vom Zeitelement hatte die Reform keine Auswirkungen auf die oftmals beklagte „**Minutenpflege**", denn die veränderte Definition des Versicherungsfalls hat keine Auswirkungen auf die Zeit, die den Pflegediensten und den stationären Pflegeeinrichtungen tatsächlich für die Betreuung der Leistungsberechtigten zur Verfügung steht. Dies ist vielmehr eine betriebswirtschaftliche Frage, die mit der Verfügbarkeit und Bezahlung der professionell Pflegenden steht und fällt.

1. Pflegegrade

9 Seit dem 1.1.2017 wird das Ausmaß der Pflegebedürftigkeit nicht mehr Pflegestufen, sondern Pflegegraden zugeordnet, die sich nicht länger an Defiziten, sondern am Grad der Selbstständigkeit der pflegebedürftigen Person orientieren. Dazu hat der Gesetzgeber nach einer mehrjährigen Erprobungsphase ein neues Begutachtungsverfahren eingeführt.

10 Die Pflegebedürftigkeit wird seither nach den in § 14 Abs. 2 SGB XI aufgeführten Modulen beurteilt:

- **Mobilität**, dazu zählen Positionswechsel im Bett, die Stabilität der Sitzposition und die Fähigkeit zum Umsetzen, das Fortbewegen innerhalb des Wohnbereichs und Treppensteigen; es geht also vor allem um die Bewegung des Körpers und das Zurücklegen kurzer Strecken;
- **kognitive und kommunikative Fähigkeiten**, dies umfasst die Fähigkeit Personen wiederzuerkennen, sich örtlich und zeitlich zu orientieren, sich an wichtige Ereignisse zu erinnern, sich an Gesprächen zu beteiligen, eigene Bedürfnisse mitzuteilen oder Sachverhalte und Informationen so zu verstehen, dass im Alltag Entscheidungen getroffen und alltägliche Handlungen vorgenommen werden können;
- **Verhaltensweisen und psychische Problemlagen**, hier wird ermittelt, ob motorische Verhaltensauffälligkeiten vorliegen, aber auch Unruhe, selbstschädigendes, sozial inadäquates oder aggressives Verhalten gegenüber sich selbst oder anderen sowie Ängste, Wahnvorstellungen und depressive Stimmungslagen;
- **Selbstversorgung**, dazu zählt die Fähigkeit den eigenen Körper zu waschen und zu pflegen, sich aus- und anzukleiden, Nahrung zuzubereiten, selbstständig zu essen und zu trinken, die Toilette zu besuchen oder die Folgen von Inkontinenz zu bewältigen;

---

113 Gebhard in Krauskopf, § 14 SGB XI, Rn. 7.

- **krankheits- oder therapiebedingte Anforderungen und Belastungen,** dh der Umgang mit erforderlicher Medikation, Injektionen oder Hilfsmittel, Verbandswechsel und Wundversorgung, Besuche bei Ärzten, medizinischen oder therapeutischen Einrichtungen, das Messen und Deuten von Körperzuständen oder das Einhalten einer Diät oder anderer krankheits- oder therapiebedingter Verhaltensanforderungen;
- **Gestaltung des Alltagslebens und sozialer Kontakte,** hierzu zählt die Gestaltung des Tagesablaufs und dessen Anpassung an Veränderungen, Ruhen und Schlafen, die Fähigkeit, sich zu beschäftigen, in die Zukunft gerichtete Planungen vorzunehmen, mit Personen zu interagieren und den Kontakt zu Personen auch außerhalb des unmittelbaren Umfelds zu pflegen.

Bei allen Modulen wird berücksichtigt, ob die Beeinträchtigungen dazu führen, dass die pflegebedürftige Person ihre Haushaltsführung nicht mehr ohne Hilfe bewältigen kann, § 14 Abs. 3 SGB XI. Auch durch die Reform des Pflegebedürftigkeitsbegriffs hat sich der Gesetzgeber nicht völlig von der Anknüpfung an die Verrichtungen des Alltags gelöst.[114]

Sodann wird die Schwere der Beeinträchtigung von Selbständigkeit und Fähigkeiten ermittelt. In der Anlage 1 zu § 15 SGB XI sind den einzelnen Kriterien Punktwerte zugeordnet, die verschiedene Ausprägungen der Selbstständigkeit bzw. die Häufigkeit von notwendigen Unterstützungsmaßnahmen widerspiegeln. Die addierten Punkte werden für jedes Modul nach sogenannten **Punktbereichen** gegliedert; diese sind aus § 15 Abs. 2 S. 6, 7 iVm Anlage 2 zu § 15 SGB XI ersichtlich[115] und repräsentieren den Schweregrad der Beeinträchtigungen von 0 für keine, 1 für geringe, 2 für erhebliche, 3 für schwere bis 4 für schwerste Beeinträchtigungen. Dabei sind jeweils die besonderen Bedürfnisse pflegebedürftiger Kinder zu berücksichtigen. Die Einzelheiten der Begutachtung werden in den Richtlinien[116] des Spitzenverbandes Bund der Pflegekassen nach § 17 SGB XI bestimmt.

11

Beispiel

Im Modul „Mobilität" wird in Ziffer F 4.1.5 BRi die Schwere der Beeinträchtigungen beim Treppensteigen – unabhängig von der Wohnsituation – wie folgt umschrieben:
- Selbstständig: Die Person kann ohne Hilfe durch andere Personen in aufrechter Position eine Treppe steigen.
- Überwiegend selbstständig: Die Person kann eine Treppe alleine steigen, benötigt aber Begleitung wegen eines Sturzrisikos.
- Überwiegend unselbstständig: Treppensteigen ist nur mit Stützen oder Festhalten der Person möglich. Unselbstständig: Person muss getragen oder mit Hilfsmitteln transportiert werden, keine Eigenbeteiligung.

Im Modul „Selbstversorgung" wird in Ziffer F 4.4.8 BRi die Fähigkeit zum selbstständigen Essen wie folgt umschrieben:
- Selbstständig: Die Person kann die beschriebene Aktivität ohne personelle Hilfe durchführen.
- Überwiegend selbstständig: Die Person kann überwiegend selbstständig essen, benötigt aber punktuelle Anleitung, muss beispielsweise aufgefordert werden, mit dem Essen zu beginnen oder weiter zu essen. Es sind punktuelle Hilfen erforderlich, zB Zurücklegen aus der Hand gerutschter Speisen oder Besteck in die Hand geben.
- Überwiegend unselbstständig: Es muss ständig zur Nahrungsaufnahme motiviert werden oder die Nahrung muss größtenteils gereicht werden oder es ist ständige und unmittelbare Eingreifbereitschaft der Pflegeperson erforderlich, aufgrund von Aspirationsgefahr.

---

114 Wahl in Spickhoff, Medizinrecht, § 36 SGB XI, Rn. 3.
115 Vgl. auch die Übersichten bei Pfitzner in BeckOK SozR, § 14 SGB XI, Rn. 111 ff.
116 Richtlinien zum Verfahren der Feststellung der Pflegebedürftigkeit sowie zur pflegefachlichen Konkretisierung der Inhalte des Begutachtungsinstruments nach dem Elften Buch des Sozialgesetzbuches (Begutachtungs-Richtlinien – BRi) vom 15.4.2016, geändert durch Beschluss vom 22.3.2021, abrufbar unter https://gkv-spitzenverband.de/media/dokumente/pflegeversicherung/richtlinien__vereinbarungen__formulare/richtlinien_zur_pflegeberatung_und_pflegebeduerftigkeit/20210517_Pflege_Begutachtungs-RL.pdf.

- Unselbstständig: Die Nahrung muss (nahezu) komplett gereicht werden. Als unselbstständig zu bewerten sind auch Personen, die nicht schlucken können.

12 Wegen der unterschiedlichen Bedeutung für die alltägliche Lebensführung werden die Module gewichtet. Die Fähigkeit der Selbstversorgung fließt mit 40 %, die Mobilität mit 10 %, das Bestehen kognitiver und kommunikativer Fähigkeiten sowie auffälliger Verhaltensweisen und psychischer Problemlagen mit insgesamt 15 %, der Umgang mit krankheits- und therapiebedingten Anforderungen mit 20 % und schließlich das Alltagsleben und die Aufrechterhaltung sozialer Kontakte mit 15 % in die Beurteilung ein, vgl. § 15 Abs. 2 S. 8 SGB XI iVm Anlage 2 zu § 15 SGB XI. Die gewichteten Punkte werden wiederum addiert und lassen sich den in § 15 Abs. 3 SGB XI definierten Pflegegraden zuordnen:

- Pflegegrad 1: geringe Beeinträchtigung der Selbstständigkeit oder der Fähigkeiten,
- Pflegegrad 2: erhebliche Beeinträchtigung der Selbstständigkeit oder der Fähigkeiten,
- Pflegegrad 3: schwere Beeinträchtigung der Selbstständigkeit oder der Fähigkeiten,
- Pflegegrad 4: schwerste Beeinträchtigung der Selbstständigkeit oder der Fähigkeiten,
- Pflegegrad 5: schwerste Beeinträchtigung der Selbstständigkeit oder der Fähigkeiten mit besonderen Anforderungen an die pflegerische Versorgung.

Das Ergebnis der Begutachtung bestimmt sich damit allein mathematisch durch Addition der Punktzahlen; für eine wertende Gesamtbetrachtung bleibt kein Raum.[117] Personen mit einem spezifischen, außergewöhnlich hohen Hilfebedarf, der besondere Anforderungen an die pflegerische Versorgung nach sich zieht, können gemäß § 15 Abs. 4 S. 1 SGB XI ausnahmsweise dem Pflegegrad 5 zugeordnet werden, wenn sie die dafür erforderliche Mindestzahl gewichteter Punkte nicht erreichen, dies aber aus pflegefachlichen Gründen angezeigt ist. Dies kann etwa der Fall sein, wenn eine Person weder Arme noch Beine benutzen kann, aber keine Beeinträchtigungen der kognitiven und kommunikativen Fähigkeiten oder ihrer Verhaltensweisen und auch keine psychischen Problemlagen aufweist und allenfalls geringe Beeinträchtigungen der sozialen Kontakte zu beobachten sind. Wegen des Verlusts der Greif-, Steh- und Gehfähigkeit wird eine solche Person gleichwohl vollständig abhängig von Pflege und Betreuung sein.[118]

2. Begutachtungsverfahren

13 Mit der Begutachtung wird gemäß § 18 SGB XI der Medizinische Dienst (MD) oder ein anderer unabhängiger Gutachter von der Pflegekasse betraut. Diese haben die Antragsteller persönlich in ihrer **häuslichen Wohnumgebung** zu untersuchen, um festzustellen, ob der Versicherungsfall vorliegt. Um die besonderen Betreuungsbedarfe (vgl. §§ 45a, 45b SGB XI) zu ermitteln, ist überdies die Befragung der pflegebedürftigen Person und ihrer Angehörigen von erheblicher Bedeutung.[119]

14 Verweigert der Versicherte die Mitwirkung an der Untersuchung, ist die Pflegekasse ihrerseits zur Verweigerung der Leistungen berechtigt, § 18a Abs. 2 S. 2 SGB XI. Mit Einwilligung des Versicherten können auch dessen behandelnde Ärzte sowie pflegende Angehörige oder Pflegedienste, die diesen bereits betreuen, befragt und insbesondere ärztliche Unterlagen über Vorerkrankungen, Art, Umfang und Dauer der Hilfebedürftigkeit beigezogen werden, § 18a Abs. 2 S. 5 SGB XI. Diesen kommt die Funktion von Zeugenaussagen iSd § 21 Abs. 1 S. 2 Nr. 2 SGB X zu.[120]

15 Die Begutachtung beschränkt sich nicht auf die Ermittlung des pflegerischen Versorgungsbedarfs, sondern es soll zugleich festgestellt werden, ob und welche Maßnahmen zur Beseitigung,

---

117 Pfitzner in BeckOK SozR, § 14 SGB XI, Rn. 124.
118 BRi vom 22.3.2021 F.4.1.B.
119 Gebhard in Krauskopf, § 18 SGB XI, Rn. 8.
120 Pfitzner in BeckOK SozR, § 18 SGB XI, Rn. 16; Weber in BeckOGK, § 18 SGB XI, Rn. 5.

Minderung oder Verhütung einer Verschlimmerung der Pflegebedürftigkeit erforderlich sind. Dies schließt Leistungen zur medizinischen Rehabilitation, aber auch zur verhaltensbezogenen Prävention nach § 20 Abs. 5 SGB V ein, § 18a Abs. 4 iVm § 18b Abs. 1 S. 1 Nr. 2 SGB XI. Dafür wird eine gesonderte Präventions- und Rehabilitationsempfehlung erstellt, die die Pflegekasse dem Versicherten zusammen mit der Entscheidung über die Pflegebedürftigkeit übermitteln soll, § 18b Abs. 2 SGB XI. Ferner soll bei der Begutachtung ermittelt werden, ob der Versicherte **Hilfsmittel** oder Pflegehilfsmittel benötigt; eine entsprechende Feststellung des Gutachters gilt gemäß § 18b Abs. 3 SGB XI als Antrag auf Gewährung dieser Leistungen. Des Weiteren wird geprüft, ob und inwiefern Hilfen bei der Haushaltsführung oder Unterstützung bei außerhäuslichen Aktivitäten benötigt werden, § 18a Abs. 3 S. 3 SGB XI. Dazu zählen beispielsweise die Nutzung des ÖPNV, die Teilnahme an kulturellen Aktivitäten oder das Aufsuchen der Schule, des Arbeitsplatzes oder einer Werkstatt für Menschen mit Behinderung.

Die Begutachtung mündet folglich nicht nur in die Zuordnung zu einem Pflegegrad, sondern ist zugleich Basis für die Erstellung eines **individuellen Versorgungsplans** nach § 7a SGB XI, das Versorgungsmanagement nach § 11 Abs. 4 SGB V und eine individuelle Pflegeplanung.

Das neue Begutachtungsverfahren erlaubt es, viel stärker als die frühere zeitliche Erfassung des Pflegebedarfs, die individuelle Situation der pflegebedürftigen Menschen zu berücksichtigen. Die unbestimmten Rechtsbegriffe wie „erheblich", „schwer" oder „schwerst" lassen auf den ersten Blick zwar Einschätzungs- und Beurteilungsspielräume offen. Sie werden jedoch in den Begutachtungsrichtlinien hinreichend klar und transparent präzisiert, so dass eine einheitliche Vorgehensweise bei der Begutachtung sichergestellt ist.[121] Im Gegensatz zur Rechtslage vor 2017 dürfte sich jedoch der Begründungsaufwand für die Einstufung der pflegebedürftigen Personen erheblich erhöht haben.

B. Überblick über die Leistungen der sozialen Pflegeversicherung

Die Leistungen der sozialen Pflegeversicherung umfassen nach § 4 SGB XI **Dienst-, Sach- und Geldleistungen** für die Grundpflege und die hauswirtschaftliche Versorgung sowie Kostenerstattung in den gesetzlich vorgesehenen Fällen. Welche Leistungen in welchem Umfang erbracht werden, hängt von der Schwere der Pflegebedürftigkeit ab sowie vom Kontext, in dem die Pflege sichergestellt wird – ob häuslich, teilstationär oder vollstationär. Sämtliche Leistungen sollen die Pflege als solche sicherstellen. Anders als die Kranken-, Arbeitslosen- oder Rentenversicherung hält die soziale Pflegeversicherung – mit Ausnahme des Pflegeunterstützungsgeldes nach § 44a Abs. 3 SGB XI[122] – keine **Einkommensersatzleistungen** bereit.

Das Leistungsspektrum ist in § 28 SGB XI enumeriert. Danach ist zwischen Geld- und Sachleistungen zu unterscheiden. Während die **Sachleistungen** die durch professionelle Pflegekräfte erbrachten Pflegeleistungen – häusliche Pflege (§ 36 SGB XI), vollstationäre Pflege (§ 43 SGB XI), Tages-, Nacht- sowie Kurzzeitpflege (§§ 41, 42 SGB XI) – umfassen, werden die **Geldleistungen** (Pflegegeld, § 37 SGB XI) für die selbst organisierte Pflege durch Privatpersonen erbracht. Auch **Hilfsmittel** (§ 40 SGB XI) zählen zu den Sachleistungen.

---

121 Weber in BeckOGK, § 14 SGB XI, Rn. 4.
122 Siehe Kap. 3, Rn. 123 ff.

Sachleistungen	Geldleistungen	Kostenerstattung
Pflegesachleistung, § 36 SGB XI	Pflegegeld für selbst beschaffte Pflegehilfen, § 37 SGB XI	Kostenerstattung, § 91 SGB XI
Kombinationsleistung, § 38 SGB XI		
Pflegehilfsmittel, § 40 SGB XI	Häusliche Pflege bei Verhinderung der Pflegeperson, § 39 SGB XI	
Tages- und Nachtpflege, § 41 SGB XI	Wohnumfeldverbessernde Maßnahmen, § 40 Abs. 4 SGB XI	
Kurzzeitpflege, § 42 SGB XI	Leistungen zur sozialen Sicherung der Pflegepersonen, § 44 SGB XI	
Vollstationäre Pflege, §§ 43, 44 SGB XI	Zusätzliche Leistungen bei Pflegezeit und kurzzeitiger Arbeitsverhinderung, § 44a SGB XI	Kostenerstattung, § 91 SGB XI
Pflegekurse, § 45 SGB XI	Zusätzliche Betreuungs- und Entlastungsleistungen, § 45b SGB XI	
Pflegeberatung, § 7a SGB XI	Persönliches Budget, § 17 SGB IX	
	Zusätzliche Leistungen für Pflegebedürftige in ambulanten Wohngruppen, § 38a SGB XI	
	Anschubfinanzierung bei Gründung betreuter Wohngruppen, § 45e SGB XI	

20 Geld-, Sach- und Dienstleistungen können miteinander **kombiniert** werden. Gemäß § 28 Abs. 5 SGB XI schließt die Gewährung von Pflegeleistungen nicht nur die auf die Versorgung der Grundbedürfnisse (vgl. die in § 14 Abs. 2 SGB XI enumerierten Bereiche) gerichteten Aspekte ein, sondern erstreckt sich auch auf die **Sterbebegleitung**. Es handelt sich dabei lediglich um eine Klarstellung,[123] hat sich die Pflege doch stets auf die individuellen Bedürfnisse der pflegebedürftigen Person zu konzentrieren. Damit geht einher, dass Art und Maß der Leistungen auf geänderte Anforderungen im Lebenszyklus Rücksicht nehmen müssen. Mit dem Hospiz- und Palliativgesetz[124] wurde das Leistungsspektrum der gesetzlichen Krankenversicherung um die Versorgung am Lebensende erheblich ausgeweitet und damit korrespondierende Leistungen auch in der Pflegeversicherung verankert. Diese sind Gegenstand der Vereinbarungen nach §§ 114, 115 SGB XI.[125]

21 Versicherten mit Pflegegrad 1 steht nach § 28a SGB XI nicht das gesamte Leistungsspektrum offen: sie erhalten weder Pflegegeld noch die Pflegesachleistung und auch keine stationäre Pflege. Grund dafür ist, dass sie im Vergleich zu anderen pflegebedürftigen Personen lediglich geringe Einschränkungen der Selbstständigkeit und Fähigkeiten aufweisen und daher keinen

---

123 BT-Drs. 18/5170, S. 32.
124 Gesetz zur Verbesserung der Hospiz- und Palliativversorgung in Deutschland (Hospiz- und Palliativgesetz – HPG) vom 1.12.2015, BGBl. I, S. 2114.
125 Dazu ausführlich Kap. 4, Rn. 78 ff; vgl. auch Rixen/Marckmann/Schmitten, NJW 2016, 125; Luthe, SGb 2016, 329.

C. Grundsätze des Leistungsrechts

umfassenden Bedarf haben.[126] Insbesondere Beratungsleistungen, Pflegehilfsmittel sowie zusätzlich aktivierende Leistungen werden ihnen aber gleichwohl gewährt.

C. Grundsätze des Leistungsrechts

Der Gesetzgeber hat neben den allgemeinen Grundsätzen des Pflegeversicherungsrechts auch das Leitbild einer qualitativ hochwertigen, auf Aktivierung ausgerichteten Pflege entworfen.

22

I. Qualität der Pflege

Pflegekassen und Leistungserbringer werden in § 28 Abs. 3 SGB XI verpflichtet, die Leistungen nach dem allgemein anerkannten Stand der **medizinisch-pflegerischen Erkenntnisse** zu erbringen. Damit soll die notwendige Qualität der Leistungen sichergestellt werden. Eine **Gemeinsame Selbstverwaltung** mit einem dem Gemeinsamen Bundesausschuss nach §§ 92 f. SGB V[127] vergleichbaren Organ, welches die abrechnungsfähigen Leistungen befürwortet, existiert in der Pflegeversicherung nicht. Fragen der Qualitätssicherung der Leistungen sind jedoch Gegenstand der vertraglichen Zulassung als Leistungserbringer in der sozialen Pflegeversicherung, die sich auf die Einhaltung von Expertenstandards zu verpflichten haben.[128] Zudem finden Qualitätskontrollen auf Basis der von den Kosten- und Leistungsträgern vereinbarten Standards nach §§ 113, 114 SGB XI statt.[129]

23

II. Aktivierung der Pflegebedürftigen

Zu beachten ist nicht nur der qualitative Standard, sondern auch das Ziel der sozialen Pflegeversicherung. § 2 Abs. 2 S. 2 SGB XI betont – wie auch §§ 6, 11 SGB XI – den Gedanken der Aktivierung: Pflege soll nach Möglichkeit das **Wiedererlangen verlorener Fähigkeiten** der gepflegten Person, zumindest aber den Erhalt vorhandener Fähigkeiten bewirken.

24

Zugleich wird deutlich, dass eine angemessene Pflege auch von persönlicher Zuwendung getragen wird und sich nicht in der bloßen, gleichsam mechanischen Unterstützung bei der Befriedigung körperlicher Grundbedürfnisse erschöpft. Die Pflegenden sollen auch dem Bedürfnis nach **Kommunikation** Rechnung tragen, um einer Vereinsamung der pflegebedürftigen Personen entgegenzuwirken. Soziale Interaktion ist daher wesentlicher Bestandteil der Pflege. In § 28 Abs. 4 SGB XI aF war bis zum Inkrafttreten des SGB II den Leistungserbringern in der sozialen Pflegeversicherung eine entsprechende Rechtspflicht auferlegt, die sich auch leistungsrechtlich im Merkmal der „sozialen Betreuung" widerspiegelt.[130] Der Aspekt der Kommunikation spielte unter dem zunächst geltenden System der Pflegestufen keine herausragende Rolle und war insbesondere bei der Begutachtung der Pflegebedürftigkeit ohne Relevanz.[131] Mit der Neufassung des Leistungsfalls durch das PSG II[132] ist ein **Paradigmenwechsel** eingeleitet worden, in dessen Folge verstärkt auf die sozialen Bedürfnisse der pflegebedürftigen Personen abzustellen ist. Es reicht daher nicht aus, wenn sich die professionellen Pflegekräfte um die Herstellung von Kontakten zu Ehrenamtlichen bemühen, die Gespräche mit pflegebedürftigen Personen füh-

25

---

126 Baumeister in BeckOK, § 28a, Rn. 2.
127 Janda, Medizinrecht, S. 83.
128 Siehe Kap. 4, Rn. 78 ff.
129 Dazu mehr in Kap. 4, Rn. 72 und 78 ff.
130 Baumeister in BeckOK SozR, § 28 SGB XI, Rn. 12; nach Süsskind in BeckOGK, § 28 SGB XI, Rn. 3a handelt es sich lediglich um eine unverbindliche Vorgabe.
131 BSG, SozR 3-3300 § 14 Nr. 8.
132 Dazu ausführlich in Kap. 3, Rn. 8.

ren.¹³³ Da der Gesetzgeber Aktivierung und Kommunikation nunmehr als integrale Bestandteile der Pflege ansieht, wurde § 28 Abs. 4 SGB XI gestrichen, ohne dass damit eine inhaltliche Änderung beabsichtigt war. Explizit formuliert wird dieses Gebot im Gesetzeswortlaut jedoch nicht mehr.¹³⁴ Überdies ist die tatsächliche Sicherstellung dieses Aspekts fraglich, wenn die Zeit der professionellen Pflegekräfte weiterhin so gering bemessen ist wie bislang.

III. Sicherstellung einer Grundversorgung

26 Aus der Systematik des Gesetzes wird deutlich, dass durch die Pflegeversicherung keine Vollversorgung pflegebedürftiger Personen bewirkt wird. Geld- und Sachleistungen sind der Höhe nach begrenzt und **pauschaliert** bemessen. Darüberhinausgehende Aufwendungen zur Sicherstellung der Pflege sind durch eigenes Vermögen, Unterhaltsansprüche oder – obwohl die **Entlastung der Kommunen** tragendes Ziel der Etablierung der Pflegeversicherung war – noch immer durch die Sozialhilfe zu decken.

27 Häusliche und teilstationäre Pflege sollen die durch Familienangehörige, Nachbarn oder ehrenamtlich Tätige erbrachte Pflege folglich nur ergänzen. Stationäre Leistungen sollen die Angehörigen von den pflegebedingten Aufwendungen entlasten; namentlich sind die Kosten für **Unterkunft und Verpflegung** selbst zu tragen, § 4 Abs. 2 S. 2 SGB XI. Die Leistungsansprüche differenzieren der Höhe nach, je nachdem ob die Pflege durch privat organisierte oder professionelle Pflegekräfte erbracht wird. Da die gesetzlichen Leistungssätze die tatsächlich entstehenden Kosten nicht abdecken, wird die soziale Pflegeversicherung häufig als „**Teil-Kasko**" bezeichnet.¹³⁵

D. Ansprüche bei häuslicher Pflege

28 Werden Pflegebedürftige außerhalb voll- oder teilstationärer Einrichtungen versorgt, kann dies in verschiedenen Konstellationen erfolgen. Gemäß § 36 SGB XI können die Grundpflege und die hauswirtschaftliche Versorgung durch **professionelle Pflegekräfte** als Sachleistung erbracht werden. Alternativ leistet die soziale Pflegeversicherung nach § 37 SGB XI eine **Geldleistung** zur Finanzierung der selbst organisierten Pflege durch Angehörige, Nachbarn oder ehrenamtlich Tätige. Denkbar ist auch eine Kombination beider Modelle.

29 In jeder Konstellation wird die Leistung nur auf Antrag gewährt, § 33 Abs. 1 SGB XI. Des Weiteren muss der Versicherte in den letzten zehn Jahren vor der Antragstellung mindestens zwei Jahre als Mitglied versichert oder familienversichert gewesen sein.

I. Abgrenzung zur vollstationären Pflege

30 Die häusliche Pflege muss nicht zwingend im eigenen Haushalt der pflegebedürftigen Person erbracht werden, § 36 Abs. 4 S. 1 SGB XI. Darauf, dass der Leistungsberechtigte selbst zur **Führung eines Haushalts** in der Lage ist, kann es angesichts der mit der Pflegebedürftigkeit verbundenen Einschränkungen der täglichen Lebensführung nicht ankommen. Denkbar ist daher beispielsweise die Aufnahme in den Haushalt einer Pflegeperson.

31 Es genügt ein häuslicher, einer **Privatwohnung** vergleichbarer Rahmen, etwa in einer Einrichtung für betreutes Wohnen oder einer anderen institutionellen Wohnform, die nicht vom

---

133 So die Gesetzesbegründung BT-Drs. 12/5262, S. 18.
134 Kritisch Baumeister in BeckOK, § 28, Rn 11.
135 Geschuldet ist dies dem im Gesetzgebungsverfahren verabredeten Grundsatz, dass die Ausgaben den Beiträgen folgen, nicht die Einnahmen den Leistungen, Schütze, Sozialrecht aktuell Sonderheft 2016, 1, 4; Kostorz/Kernebeck, WzS 2015, 35, 36; kritisch zu der Bezeichnung als „Teil-Kasko" Baumeister, SGb 2/2023, 1.

pflegerischen Kontext geprägt ist. In vollstationären Einrichtungen nach § 71 Abs. 2 SGB XI sowie in Einrichtungen nach § 71 Abs. 4 SGB XI – Krankenhäuser und Rehabilitations- oder Ausbildungseinrichtungen, Wohnheime für Menschen mit Behinderung – kommen dagegen nur die Leistungen nach § 43 SGB XI in Betracht.

II. Voraussetzungen der Pflegesachleistung, § 36 SGB XI

Für die Ausgestaltung der Pflegesachleistung enthält § 36 SGB XI verschiedene Vorgaben zu Art, Umfang und Leistungserbringern. 32

1. Inhalt und Umfang der Grundpflege

Die Grundpflege dient der Deckung der grundlegenden Lebensbedürfnisse. Das Gesetz nimmt insofern Bezug auf die den **Leistungsfall der Pflegebedürftigkeit** (§ 14 Abs. 2 SGB XI) prägenden Merkmale 33

- Mobilität,
- kognitive und kommunikative Fähigkeiten, Verhaltensweisen und psychische Problemlagen,
- Selbstversorgung,
- Bewältigung von und selbstständiger Umgang mit krankheits- oder therapiebedingten Anforderungen und Belastungen sowie
- Gestaltung des Alltagslebens und sozialer Kontakte.

Die Pflegesachleistung wird nur an Pflegebedürftige mit einem **Pflegegrad** von mindestens 2 geleistet. Im Pflegegrad 1 besteht folglich kein Anspruch darauf.

Von der **häuslichen Krankenpflege** nach § 37 SGB V unterscheidet sich die Grundpflege dadurch, dass im Rahmen der gesetzlichen Krankenversicherung krankheitsspezifische Aspekte im Vordergrund stehen (vgl. § 37 Abs. 2 SGB V), die überdies mit einer Krankenhausbehandlung in Zusammenhang stehen, dh an deren Stelle treten müssen.[136] 34

Beispiel
Gegenstand der häuslichen Krankenpflege nach § 37 SGB V ist beispielsweise das An- und Ausziehen von Kompressionsstrümpfen bei Personen mit Venenleiden oder das Einreiben mit Arzneimitteln zur Behandlung von Hauterkrankungen.[137]

Die häusliche Pflege nach § 36 Abs. 1 S. 1 SGB XI beschränkt sich demgegenüber auf pflegerische Leistungen **ohne Krankheitsbezug**, dh körperbezogene Maßnahmen, die pflegerische Betreuung und darüber hinaus die Hilfe bei der Haushaltsführung. Sie dient dem Ausgleich von Einschränkungen in der Selbstständigkeit der pflegebedürftigen Person, soll diese bei der Bewältigung des Alltags in ihrer häuslichen Umgebung unterstützen und eine Verschlimmerung der Pflegebedürftigkeit verhindern. § 36 Abs. 2 S. 3 SGB XI präzisiert die **betreuerischen Aufgaben**: Diese sollen Orientierung und Struktur im Tagesablauf geben, dem Kommunikationsbedürfnis entsprechen und auf die konkrete Situation bezogene Beschäftigungsangebote machen. Darüber hinaus soll die Pflegekraft **Unterstützung** bei Problemlagen geben, Gefahren für das Wohl der betreuten Person erkennen und abwenden und schließlich die kognitive Aktivierung fördern. Der Leistungsanspruch umfasst aber nur solche Betreuungsleistungen, die „im häuslichen Bereich" erbracht werden. Dies bedeutet nicht, dass die pflegerische Betreuung ausschließlich in der eigenen Wohnung des Pflegebedürftigen zu erbringen ist; sie schließt auch andere Maßnahmen – etwa Behördengänge – ein, wenn diese das Ziel verfolgen, dass 35

---
136 Nolte in BeckOGK, § 37 SGB V, Rn. 21. Im Einzelnen zur häuslichen Krankenpflege Kap. 5, Rn. 4.
137 BT-Drs. 16/3100, S. 105.

die pflegebedürftige Person in der Wohnung verbleiben kann.[138] Diese Vorgaben, die erst mit dem PSG II in das Gesetz aufgenommen wurden, machen deutlich, dass die Pflege sich nicht auf punktuelle Maßnahmen (umgangssprachlich als „satt und sauber" bezeichnet) beschränkt, sondern vielmehr der Anspruch einer ganzheitlichen Betreuung und umfassenden individuellen Begleitung der pflegebedürftigen Personen besteht.[139]

36 Im Einzelfall können Grundpflege und häusliche Krankenpflege **kumulativ** erbracht werden.

Beispiel
Luise ist pflegebedürftig und lebt in ihrer eigenen Wohnung. Jeden Tag kommt am Morgen und am Abend eine Pflegefachkraft, um sie an- bzw. auszukleiden und sie zu waschen. Als sich Luise bei einem Sturz den Fuß verstaucht, erhält sie zusätzlich Leistungen der häuslichen Krankenpflege. Die Krankenpflegerin wechselt ihren Verband und verabreicht Luise abschwellende Medikamente.

37 Der Umfang des Anspruchs richtet sich nach dem Ausmaß der Pflegebedürftigkeit. Der **Wert der Sachleistung** beläuft sich ab 2024 auf monatlich bis zu

- 761,00 EUR für Pflegebedürftige des Pflegegrades 2,
- 1.432,00 EUR für Pflegebedürftige des Pflegegrades 3,
- 1.778,00 EUR für Pflegebedürftige des Pflegegrades 4 und
- 2.200,00 EUR für Pflegebedürftige des Pflegegrades 5.

Gemäß § 30 SGB XI werden die Leistungen dynamisiert. Diese Regelung ist 2023 durch das PUEG eingeführt worden. Die Dynamisierung beläuft sich im Jahr 2025 auf 4,5 % der Beträge; ab 2028 erfolgt eine Anpassung nach Maßgabe der Inflationsrate der letzten drei Kalenderjahre.

2. Geeignete Pflegekräfte

38 Die Pflegesachleistung wird durch geeignete Pflegekräfte erbracht. Diese können ausweislich § 36 Abs. 4 S. 2 SGB XI bei der Pflegekasse angestellt sein. In aller Regel sind sie aber als **Arbeitnehmer** bei privaten Pflegediensten tätig, die einen Versorgungsvertrag mit den Pflegekassen abgeschlossen haben. Auch Einzelpersonen können als **Selbstständige** Leistungen der häuslichen Pflege erbringen. Voraussetzung ist wiederum, dass sie einen Versorgungsvertrag nach § 77 SGB XI mit der Pflegekasse abschließen.

39 Die Eignung der Pflegekraft wird nicht gesondert geprüft. Sie ergibt sich vielmehr daraus, dass Leistungen nach Maßgabe des § 29 Abs. 2 SGB XI ohnehin nur von Leistungserbringern erbracht werden dürfen, die mit der Pflegekasse einen **Versorgungsvertrag** abgeschlossen haben.[140] Ausbildung und Qualifikation der selbstständigen oder angestellten Pflegekräfte werden folglich bereits im Rahmen dieses Vertragsschlusses überprüft.

III. Pflegegeld für selbst beschaffte Pflege, § 37 SGB XI

40 Statt professionelle Pflegekräfte mit der Versorgung zu betrauen, können pflegebedürftige Personen die Pflege auch selbst organisieren und durch Familienangehörige, Freunde oder Nachbarn sicherstellen lassen. Solche Pflegepersonen sind **nicht erwerbsmäßig** tätig, erbringen die Leistungen also typischerweise unentgeltlich, § 19 SGB XI. Die sogenannte 24-Stunden-Pflege[141] ist nach dem gesetzgeberischen Konzept folglich nicht aus dem Pflegegeld zu vergüten.

---

138 Wahl in Spickhoff, Medizinrecht, § 36 SGB XI, Rn. 6.
139 Richter, Die neue soziale Pflegeversicherung, Rn. 233.
140 Wiese, Pflegerecht, Rn. 811.
141 Dazu Kap. 4, Rn. 29.

D. Ansprüche bei häuslicher Pflege

1. Anspruchsvoraussetzungen

Der Anspruch auf Pflegegeld hängt nicht von konkreten, im Detail determinierten Voraussetzungen ab, sondern das Gesetz stellt darauf ab, dass der Pflegebedürftige die körperbezogenen Pflegemaßnahmen, pflegerischen Betreuungsleistungen und Hilfen zur Haushaltsführung selbst „**in geeigneter Weise**" sicherstellt. 41

Ob dies der Fall ist, obliegt der Prüfung durch den MD, § 18b Abs. 1 S. 2 SGB XI, der den gesundheitlichen Zustand des Pflegebedürftigen ebenso zu berücksichtigen hat wie dessen Wohnsituation, die Bereitschaft, Belastungen und Belastbarkeit der Pflegeperson sowie das allgemeine soziale Umfeld.[142] Basis der Einschätzung ist der individuelle **Versorgungsplan**, der nach § 7a Abs. 1 S. 3 Nr. 2, S. 4 SGB XI im Rahmen der Pflegeberatung zu erstellen ist.[143] Auf dessen Grundlage ist zu ermitteln, ob überhaupt Pflegepersonen zur Verfügung stehen und ob diese bereit und in der Lage sind, die mit der Pflege verbundenen Aufgaben zu übernehmen. Bei Anzeichen für eine **Überforderung der Pflegeperson** oder unzureichende Pflege bis hin zur drohenden **Verwahrlosung** des Pflegebedürftigen wird die Inanspruchnahme der Pflegesachleistung empfohlen. 42

Beispiel
Solche Anzeichen können in unzureichender Nahrungs- und Flüssigkeitszufuhr, mangelnder Körperhygiene, unzureichender Versorgung von Wunden, der unzulässigen Fixierung oder Sedierung des Pflegebedürftigen liegen.[144]

Von der häuslichen Pflege wird weiterhin abgeraten, wenn die Wohnung räumlich nicht so beschaffen ist, dass eine angemessene Pflege ermöglicht wird und wenn dies auch durch **wohnumfeldverbessernde Maßnahmen** (§ 40 Abs. 4 SGB XI) nicht erreicht werden kann.[145] Schließlich muss der Rhythmus der Pflegetätigkeit bestimmten Mindestanforderungen genügen und darf sich nicht in zufälligen Kontakten erschöpfen. Die **Begutachtungsrichtlinie** sieht insofern vor, dass der Pflegeaufwand einen Umfang von mindestens zehn Stunden verteilt auf mindestens zwei Tage pro Woche erreichen muss.[146] 43

Die Leistung wird auf **Antrag** gewährt. Bei der Bewilligung handelt es sich um einen Verwaltungsakt mit Dauerwirkung iSv § 48 SGB X.[147] 44

2. Umfang der Leistung

Der Anspruch auf **Pflegegeld** hängt seinem Umfang nach vom Grad der Pflegebedürftigkeit ab, der mindestens Grad 2 erreichen muss. Er beläuft sich auf monatlich 45

- 332,00 EUR für Pflegebedürftige des Pflegegrades 2,
- 573,00 EUR für Pflegebedürftige des Pflegegrades 3,
- 765,00 EUR für Pflegebedürftige des Pflegegrades 4,
- 947,00 EUR für Pflegebedürftige des Pflegegrades 5.

Die Beträge sind **pauschaliert** bemessen und daher unabhängig vom tatsächlichen Pflegeaufwand. Der Leistungssatz ist geringer als der für die Pflegesachleistung. Hintergrund ist, dass die Pflege von nichtprofessionellen Kräften erbracht wird, denen kein Entgelt, sondern ein **Anreiz**

---

142 BRi vom 22.3.2021, Punkt 4.10.3.
143 Siehe Kap. 3, Rn. 64.
144 Giesbert in BeckOK SozR, § 37 SGB XI, Rn. 14.
145 BRi vom 22.3.2021, Punkt 4.10.3.
146 BRi vom 22.3.2021, Punkt 4.10.2.
147 BSGE 95, 57.

zur Erhaltung der Pflegebereitschaft gegeben werden soll.[148] Dies gilt selbst dann, wenn die selbst organisierte Pflege durch einen Angehörigen durchgeführt wird, der beruflich in der Pflege tätig ist. Dass dieser seine Aufgaben womöglich in höherer Qualität und mit mehr Umsicht wahrnimmt als ein Laie, schlägt sich in der Höhe des Pflegegeldes nicht nieder.

Ebenso wie die Pflegesachleistung wird das Pflegegeld gemäß § 30 SGB XI dynamisiert: im Jahr 2025 um 4,5 %; ab 2028 angepasst an die Inflationsrate der letzten drei Kalenderjahre.

46 Leistungsberechtigt ist nicht die Pflegeperson, sondern der Pflegebedürftige selbst. Da es sich beim Pflegegeld um ein Surrogat der Sachleistung handelt, ist es zweckgebunden zu verwenden. Auch in diesem Kontext gilt der Grundsatz der **Eigenverantwortung** nach §§ 2, 6 SGB XI. Wie der Pflegebedürftige das Pflegegeld konkret einsetzt, wird folglich nicht überprüft.

3. Ersatzpflegekraft, § 39 SGB XI

47 Gemäß § 39 SGB XI übernimmt die Pflegekasse die Kosten einer **Ersatzpflegekraft** für längstens acht Wochen pro Jahr, wenn die Pflegeperson wegen Urlaubs, Krankheit oder aus anderen Gründen an der Ausübung der Pflege gehindert ist. Sinn und Zweck der Ersatzpflege ist der Ausgleich der besonderen Belastungen, die mit der häuslichen Pflege einhergehen. Dementsprechend wird sie nur erbracht, wenn der Leistungsberechtigte Pflegegeld nach § 37 SGB XI bezieht;[149] es muss also zumindest Pflegegrad 2 vorliegen. Wird hingegen die Pflegesachleistung nach § 36 SGB XI durch gewerblich tätige Pflegedienste erbracht, kommt eine Verhinderung der Pflegeperson wegen Urlaubs oder Erkrankung nicht in Betracht: In diesen Fällen ist der Träger des Pflegedienstes gehalten, die Betreuung und Pflege durch **geeignete Vertretungsregeln** sicherzustellen.[150]

48 Der Anspruch setzt voraus, dass die Pflegeperson den Pflegebedürftigen in seiner **häuslichen Umgebung** betreut hat, § 39 Abs. 1 S. 2 SGB XI. Die vormalige Wartezeit von sechs Monaten ist mit dem PUEG gestrichen worden. Erforderlich ist zudem ein tatsächliches Erholungsbedürfnis. Neben Krankheit oder Urlaub kann sich dieses auch auf „andere Gründe" stützen. Diese müssen aber erheblich und mit dem Bedürfnis nach Erholungsurlaub oder dem Eintritt einer Erkrankung vergleichbar sein.[151] Das Erholungsbedürfnis muss **kausal** zur Unmöglichkeit der Pflege durch die Pflegeperson führen.[152]

Es kommt nicht darauf an, dass die Ersatzpflege in der häuslichen Umgebung angeboten wird. sie kann auch in einer **Einrichtung** erfolgen und darf im **häuslichen Umfeld** sowohl von Angehörigen als auch von professionellen Pflegekräften durchgeführt werden.

49 Der Umfang der Kostenübernahme ist begrenzt. In § 42a SGB XI hat der Gesetzgeber mit dem PUEG einen gemeinsamen Jahresbetrag für die Verhinderungs- und die Kurzzeitpflege geschaffen. Dieser beläuft sich auf 3.539,00 EUR. Mit der Reform ist das vormalige recht komplexe Geflecht aus starren zeitlichen und finanziellen Höchstgrenzen für beide Pflegeformen aufgebrochen worden. Dies hat den Vorteil, dass Verhinderungs- und Kurzzeitpflege flexibler miteinander kombiniert werden können. So kann nunmehr – etwa bei fehlender Verfügbarkeit von Plätzen in der Kurzzeitpflege – weiterhin eine Verhinderungspflege in der häuslichen Umgebung stattfinden. Vor Inkrafttreten des PUEG konnte es dagegen passieren, dass nach Ausschöpfung des damaligen Budgets von 1.612,00 EUR weitere Verhinderungspflegetage vom

---

148 BT-Drs. 12/5262, S. 112.
149 LSG Baden-Württemberg 11.5.2007 – L 4 P 2828/06 (juris); LSG Baden-Württemberg 11.5.2007 – L 4 P 2963/06 (juris).
150 Hußmann, FPR 2012, 44 (45); Giesbert in BeckOK SozR, § 39 SGB XI, Rn. 4; Wahl in Udsching/Schütze, SGB XI, § 39, Rn. 5; Leitherer in BeckOGK, § 39 SGB XI, Rn. 9.
151 Wahl in Udsching/Schütze, SGB XI, § 39, Rn. 6; Giesbert in BeckOK SozR, § 39 SGB XI, Rn. 6.
152 Zur Exportpflicht, wenn sich der Leistungsberechtigte im Ausland aufhält Janda, ZESAR 2016, 307 ff.

D. Ansprüche bei häuslicher Pflege

Versicherten selbst zu finanzieren waren oder dass nach Erreichen der Höchstdauer von damals sechs Wochen das bis dahin nicht verbrauchte Budget nicht mehr ausgeschöpft werden konnte.[153]

Ist die Ersatzpflegeperson mit dem Pflegebedürftigen verwandt oder verschwägert und übt sie die Pflege nicht erwerbsmäßig aus, wird für die Verhinderungspflege ein geringerer Geldbetrag gewährt, der der Höhe des Pflegegeldes entspricht, § 39 Abs. 3 SGB XI.

IV. Kombinationsleistung, § 38 SGB XI

Wer die Pflegesachleistung nur teilweise in Anspruch nimmt, hat nach § 38 SGB XI einen Anspruch auf ergänzende **anteilige Auszahlung** des Pflegegeldes. Auf diese Weise wird eine flexible, an die individuellen Möglichkeiten und Bedürfnisse angepasste Pflege ermöglicht.

Beispiel:
Die 80jährige Alma ist aufgrund ihrer Demenzerkrankung und verschiedener Altersgebrechen pflegebedürftig im Pflegegrad 2. Sie lebt mit ihrer Tochter Martina und deren Familie in einem gemeinsamen Haushalt. Martina ist bereit, die Pflege ihrer Mutter zu übernehmen, möchte aber ihre Teilzeitbeschäftigung, die sie als Ausgleich zu ihren familiären Verpflichtungen sieht, nicht aufgeben.
Die Familie kommt überein, dass Alma am Morgen von einem professionellen Pflegedienst gewaschen, angekleidet und mit Frühstück versorgt wird sowie ihre Medikamente erhält. Wenn Martina am Mittag wieder nach Hause kommt, kümmert sie sich um die Pflege.
In ihrem Pflegegrad hat Alma die Wahl zwischen zwei Leistungsarten der sozialen Pflegeversicherung: Sie kann Pflegegeld iHv 332,00 EUR beziehen (§ 37 Abs. 1 S. 3 Nr. 1 SGB XI) oder die Pflegesachleistung iHv 761,00 EUR in Anspruch nehmen (§ 36 Abs. 3 Nr. 1 SGB XI).
Entscheidet sich die Familie für eine Kombination aus beiden Leistungsarten nach § 38 SGB XI, wird das Pflegegeld prozentual um den Anteil gekürzt, der von den Sachleistungen verbraucht wird. Der Pflegedienst rechnet gegenüber der Pflegekasse 30 % der Sachleistung ab, da er Alma nur am Vormittag betreut. Für die verbleibende Pflege am Nachmittag, am Abend und in der Nacht kann Alma das anteilige Pflegegeld im Umfang von 70 % beanspruchen, das sind 232,40 EUR.

Über die konkrete Ausgestaltung der Kombinationsleistung entscheidet der Versicherte selbst; er unterliegt gegenüber der Pflegekasse keiner **Begründungspflicht**.[154] An die Entscheidung über die Aufteilung des Pflegegeldes und der Pflegesachleistung ist der Versicherte für sechs Monate gebunden, § 38 S. 3 SGB XI. Erst nach Ablauf dieser Frist kann er seine Entscheidung also revidieren und seine Pflege neu organisieren.

V. Leistungen zur Unterstützung der häuslichen Pflege

Pflegebedürftige und Pflegepersonen werden in vielfältiger Weise unterstützt. Insbesondere die häusliche Pflege wird durch verschiedene Angebote flankiert. Diese sollen auch dazu beitragen, den **Vorrang der häuslichen Pflege** sicherzustellen, indem sie Angehörigen und anderen Personen die Entscheidung für die Betreuung und Versorgung im häuslichen Umfeld erleichtern.

1. Pflegekurse, § 45 SGB XI

Pflegepersonen – egal ob Angehörige oder ehrenamtlich tätige Personen – können an unentgeltlichen[155] **Pflegekursen** teilnehmen. Die Pflegekassen sind nach § 45 Abs. 2 SGB XI verpflichtet, diese selbst oder gemeinsam mit anderen Pflegekassen anzubieten, können dies aber auch an geeignete Einrichtungen delegieren. Diese müssen die Gewähr für eine sachgerechte, die Rechte und Interessen des Betroffenen wahrende Erfüllung der Aufgaben bieten, vgl. § 97 SGB X.

---

153 Wiegand in jurisPK-SGB XI, § 39 SGB XI, Rn. 32.
154 Griep/Renn, Pflegesozialrecht, Rn. 133.
155 Eine Anrechnung der Kurskosten auf die Pflegesachleistung oder das Pflegegeld ist unzulässig, BT-Drs. 12/5952, S. 40.

54 Um ein einheitliches **Curriculum** und hinreichende **Qualität** sicherzustellen, können die Landesverbände der Pflegekassen gemäß § 45 Abs. 3 SGB XI Rahmenvereinbarungen mit den Einrichtungen und Trägern schließen, die solche Schulungen anbieten. Der Gesetzgeber macht hierzu keine näheren Angaben. Ziel der Kurse ist die Vermittlung von Kenntnissen und Fertigkeiten für die angemessene Durchführung der häuslichen Pflege. Sie dienen damit der **Qualitätssicherung**, sollen aber auch die Bereitschaft zur häuslichen Pflege fördern und zur körperlichen wie seelischen Entlastung der Pflegepersonen beitragen. In den **Rahmenvereinbarungen** sind daher notwendig Absprachen über die erforderliche Qualifikation der Kursleiter zu treffen und sicherzustellen, dass die Schulungen auch einen angemessenen zeitlichen Umfang erreichen. Einmalige Veranstaltungen über wenige Stunden werden nicht als ausreichend erachtet.[156]

55 Die Kurse können auch im **häuslichen Umfeld** des Pflegebedürftigen wahrgenommen werden, so dass den individuellen Bedürfnissen und Umständen ausreichend Rechnung getragen wird.

2. Angebote zur Unterstützung im Alltag, § 45a SGB XI

56 In § 45 a SGB XI sind verschiedene Leistungen zusammengefasst, mithilfe derer die häusliche Pflege erleichtert werden soll. Unterschieden werden drei verschiedene Bereiche, die auch gebündelt durch eine einheitliche Leistung abgedeckt werden können:

- **Betreuungsangebote**, § 45a Abs. 1 S. 2 Nr. 1 SGB XI. Ehrenamtliche Helfer sollen pflegebedürftige Personen in ihrem häuslichen Umfeld oder in Gruppenangeboten betreuen. Sie werden dabei von Pflegefachkräften angeleitet.
- Angebote zur **Entlastung** und beratenden Unterstützung **der Pflegenden**, § 45a Abs. 1 S. 2 Nr. 2 SGB XI.
- Angebote zur **Entlastung im Alltag**, § 45a Abs. 1 S. 2 Nr. 3 SGB XI. Im Fokus dieser Leistung steht die Bewältigung von pflegebedingten Anforderungen im Alltag, etwa bei der Haushaltsführung oder bei der eigenverantwortlichen Organisation der häuslichen Pflege.

Das Gesetz zählt exemplarisch Betreuungsgruppen für demenziell Erkrankte, die stundenweise Entlastung pflegender Angehöriger, Alltags- und Pflegebegleiter, haushaltsnahe Dienstleistungen sowie die Vermittlung solcher Angebote auf. Auch Ansprechpartner für pflegende Angehörige in **Notsituationen** gehören dazu.[157]

57 Die Pflegekassen tragen die Kosten solcher Leistungen nur, wenn die Anbieter durch eine nach Landesrecht zu bestimmende Behörde anerkannt worden sind, § 45a Abs. 1 S. 3 SGB XI. Sie müssen geeignet sein für die **Betreuung oder Beaufsichtigung** der pflegebedürftigen Personen oder für die Unterstützung der Pflegenden. Im Rahmen der Entscheidung über die Anerkennung ist das dem Angebot zugrunde liegende Konzept zu prüfen. Dieses muss gemäß § 45a Abs. 2 S. 2 und 3 SGB XI neben einem Überblick über das konkrete **Leistungsangebot** Angaben zur **Qualifikation und Weiterbildung** der Helfenden, zur fachlichen Begleitung ehrenamtlicher Helfer, zur Qualitätssicherung und über die **Kosten** der Leistung enthalten.[158] Das Konzept ist regelmäßig zu aktualisieren und fortzuschreiben. Näheres regeln die Landesregierungen durch Rechtsverordnung.

58 Vor dem Inkrafttreten des PSG II waren solche Leistungen Pflegebedürftigen vorbehalten, bei denen eine erheblich **eingeschränkte Alltagskompetenz** festgestellt worden war. Nunmehr können alle Pflegebedürftigen davon profitieren, zumal die Fähigkeit zur selbstständigen Bewältigung

---

156 Koch in BeckOGK, § 45 SGB XI, Rn. 18 ff.
157 BT-Drs. 18/5926, S. 131.
158 Diese Informationen sollen auch Eingang in die nach § 7 Abs. 3 SGB XI anzulegenden Preisvergleichslisten finden, BT-Drs. 18/5926, S. 131.

des Alltags inzwischen Eingang in die Beurteilung der Pflegebedürftigkeit insgesamt gefunden hat. Es war daher zwingend geboten, von den vormals strikt auf körperliche Verrichtungen bezogenen Leistungen abzukehren und die Betreuungsleistungen in den Leistungsanspruch der Versicherten einzubeziehen.[159]

Die ambulante Pflegesachleistung nach § 36 SGB XI kann nach Maßgabe des § 45a Abs. 4 SGB XI teilweise in einen **Kostenerstattungsanspruch** umgewandelt werden. Dies setzt voraus, dass pflegebedürftige Personen, die mindestens den Pflegegrad 2 aufweisen, zu Hause gepflegt werden und die ihnen zustehende Pflegesachleistung im jeweiligen Kalendermonat nicht ausgeschöpft haben. In Betracht kommt dies auch bei Inanspruchnahme der **Kombinationsleistung**. Der Umwandlungsanspruch ist auf maximal 40 % des monatlich zu gewährenden Höchstbetrags der Sachleistung beschränkt; die Vergütung der Sachleistung hat insofern Vorrang, § 45a Abs. 4 S. 4 SGB XI. Die Umwandlung erfolgt nur auf **Antrag**. Dabei sind Belege über die Inanspruchnahme von Unterstützungs- und Betreuungsleistungen iSv § 45a Abs. 1 SGB XI vorzulegen, § 45a Abs. 4 S. 3 SGB XI. 59

3. Beratung der Pflegebedürftigen, § 37 Abs. 3–8 SGB XI

Die Bezieher von Pflegegeld haben einen Anspruch auf umfassende Pflegeberatung. Der Gesetzgeber hat zugleich eine Pflicht zur Inanspruchnahme der Beratungsleistungen etabliert, deren Rhythmus je nach Pflegegrad variiert. Personen, die Pflegegeld im Pflegegrad 2 und 3 in Anspruch nehmen, haben nach § 37 Abs. 3 SGB XI einmal pro Halbjahr, im Pflegegrad 4 und 5 einmal im Vierteljahr Beratungsleistungen abzurufen. Personen im Pflegegrad 1 haben einen Anspruch auf halbjährliche Pflegeberatung, sind aber nicht verpflichtet, diese in Anspruch zu nehmen, § 37 Abs. 3 S. 9 SGB XI. Gleiches gilt für die Bezieher der Pflegesachleistung, § 37 Abs. 3 S. 10 SGB XI – auch bei der Versorgung durch professionelle Pflegekräfte besteht folglich ein Recht auf unabhängige Beratung. 60

Inhaltlich bezieht sich die Pflegeberatung auf pflegefachliche Hilfe und praktische Unterstützung der Pflegenden. Auf diese Weise soll die Qualität der von diesen erbrachten Pflegeleistungen gesichert werden. Zugleich sollen sie auf die Auskunfts-, Beratungs- und Unterstützungsangebote der Pflegestützpunkte hingewiesen werden. 61

Die Beratung muss in der eigenen Wohnung der pflegebedürftigen Person durchgeführt werden. Als Beratende kommen sowohl zugelassene Pflegedienste als auch anerkannte Beratungsstellen oder eine von der Pflegekasse beauftragte Fachkraft in Betracht – letzterer jedoch nur, sofern andere Anbieter nicht verfügbar sind. Die Vergütung der Beratungspersonen wird in den Verträgen nach § 89 SGB XI geregelt;[160] ihre Höhe darf nach Pflegegraden gestaffelt werden. Die Standards für die Qualität der Beratung, die erforderliche Qualifikation der Beratenden und die infolge einer Beratung einzuleitenden Maßnahmen im Einzelfall sind Gegenstand einer Empfehlung des Spitzenverbandes Bund der Pflegekassen, der Bundesarbeitsgemeinschaft der überörtlichen Träger der Sozialhilfe, der kommunalen Spitzenverbände und der Vereinigungen der Träger der Pflegeeinrichtungen, § 37 Abs. 5 SGB XI.[161] 62

Beispiel
Die Beratenden sollen nach den Empfehlungen spezifische Kenntnisse über das Krankheits- oder Behinderungsbild der pflegebedürftigen Person haben. Sie müssen also im Einzelfall über besondere Kenntnisse

---

159 Plantholz, Sozialrecht aktuell Sonderheft 2016, 30, 31.
160 Zu diesen ausführlich Kap. 4, Rn. 59 f.
161 Empfehlungen nach § 37 Absatz 5 SGB XI zur Qualitätssicherung der Beratungsbesuche nach § 37 Abs. 3 SGB XI vom 13.8.2019, abrufbar unter https://www.gkv-spitzenverband.de/media/dokumente/pflegeversicherung/richtlinien__vereinbarungen__formulare/richtlinien_zur_pflegeberatung_und_pflegebeduerftigkeit/2019_08_13_Pflege_Empfehlungen_QS_37Abs.5_21_05_2019.pdf.

über die Versorgung von pflegebedürftigen Kindern oder demenziell Erkrankten verfügen. Die Beratung soll offen, kooperativ, respektvoll, wertfrei und empathisch erfolgen und das Selbstbestimmungsrecht der pflegebedürftigen Person achten. Gegebenenfalls sollen geeignete Maßnahmen zur Verbesserung der Pflegesituation empfohlen werden.

63 Wird das Beratungsangebot nicht genutzt, kann das Pflegegeld gemäß § 37 Abs. 6 SGB XI in angemessenem Umfang gekürzt bzw. im Wiederholungsfall sogar ganz entzogen werden. Die Inanspruchnahme der Beratungsleistungen erweist sich damit als **Mitwirkungsobliegenheit** iSd §§ 60 ff. SGB I.

64 Die Beratung der Pflegebedürftigen nach § 37 Abs. 3 SGB XI ist abzugrenzen von der **allgemeinen Pflegeberatung** durch die Pflegekassen nach § 7a SGB XI. Es handelt sich dabei um eine Beratung iSv § 14 SGB I.[162] Diese richtet sich auf alle Sozialleistungen und andere Hilfsangebote, auf die die Person möglicherweise Anspruch hat, sowie deren Anspruchsvoraussetzungen und ist nicht auf Leistungen nach dem SGB XI beschränkt. Anspruchsinhaber ist allein die leistungsberechtigte Person.[163] In der Beratung soll – unter Bezugnahme auf das Ergebnis der Begutachtung durch den MD – der individuelle Hilfebedarf systematisch erfasst und analysiert werden. Dabei ist auch auf besondere komplexe Fallgestaltungen Rücksicht zu nehmen. Die Ergebnisse der häuslichen Pflegeberatung nach § 37 Abs. 3 SGB XI können ebenfalls herangezogen werden. Auf dieser Grundlage wird sodann ein **individueller Versorgungsplan** erstellt, in dem die erforderlichen Sozialleistungen, Hilfen zur Gesundheitsförderung, Prävention, Rehabilitation oder sonstige pflegerische wie soziale Hilfen sowie schließlich Maßnahmen zur Entlastung der Pflegepersonen festgehalten werden. Dessen Durchführung ist zu überwachen und an veränderte Bedarfslagen anzupassen; gegebenenfalls muss der Pflegeberater auf die Genehmigung der erforderlichen Leistungen durch den zuständigen Träger hinwirken. Die Pflegeberatung verfolgt damit einen Fallmanagement-Ansatz.[164] Für den Versicherten hat der individuelle Versorgungsplan jedoch lediglich empfehlenden Charakter,[165] zumal auch die Inanspruchnahme der Pflegeberatung nach § 7a SGB XI – im Unterschied zu § 37 Abs. 3 SGB XI – freiwillig ist. Anders als im Kontext des § 7a SGB XI liegt der Fokus der Beratung nach § 37 Abs. 3 SGB XI auf der Qualität der der pflegebedürftigen Person konkret zuteilwerdenden Pflege.

VI. Versorgung mit Hilfsmitteln

65 Sofern Bedarf besteht, leistet die soziale Pflegeversicherung gemäß § 40 SGB XI notwendige Hilfsmittel zur Pflege.

1. Begriff des Hilfsmittels

66 Der Begriff des Hilfsmittels ist gesetzlich nicht definiert. Nach allgemeiner Auffassung handelt es sich dabei um **Gegenstände**, welche die Deckung der Grundbedürfnisse wie Ernährung, Mobilität oder Hygiene ermöglichen. Sie können einerseits die Pflege erleichtern, andererseits geboten sein, um die Beschwerden des Pflegebedürftigen zu lindern oder ihm eine **selbstständigere Lebensführung** zu ermöglichen.[166] Erforderlich ist ein unmittelbarer Bezug zur Pflege.

---

162 Baierl in jurisPK-SGB XI, § 7a, Rn. 17 f.; Shafaei in Udsching/Schütze, § 7a SGB XI, Rn. 6.
163 Philipp in Knickrehm/Kreikebohm/Waltermann, § 7a SGB XI, Rn. 2.
164 Koch in BeckOGK, § 7a SGB XI, Rn. 9; Gebhardt in Krauskopf, § 7a SGB XI, Rn. 2; Philipp in Knickrehm/Kreikebohm/Waltermann, § 7a SGB XI, Rn. 1, der den Terminus Managed Care verwendet.
165 Pfitzner in BeckOK SozR, § 7a SGB XI, Rn. 3; Koch in BeckOGK, § 7a SGB XI, Rn. 10; Gebhardt in Krauskopf, § 7a SGB XI, Rn. 6.
166 Griep/Renn, Pflegesozialrecht, Rn. 149.

D. Ansprüche bei häuslicher Pflege

Beispiel
Die Pflegekasse ist nicht verpflichtet, für die Kosten eines schwenkbaren Autositzes aufzukommen, den eine querschnittsgelähmte Person für die Autofahrt zu einer Einrichtung der Tagespflege nutzen möchte. Der Autositz dient nicht dem unmittelbaren Ausgleich grundlegender Körperfunktionen, sondern lediglich dem mittelbaren Ziel, das Leben mit einer Behinderung zu erleichtern.[167]

Nicht von der Leistungspflicht umfasst sind Gegenstände des täglichen Gebrauchs – selbst wenn sie die gleiche Zweckrichtung wie ein Pflegehilfsmittel verfolgen. Eine entsprechende Regelung wird für das **Krankenversicherungsrecht** in § 33 Abs. 1 S. 1 SGB V getroffen.[168] Im SGB XI nicht explizit enthalten, hat das BSG diesen Grundsatz auf das Pflegeversicherungsrecht übertragen, weil die Solidargemeinschaft der Versicherten nicht für die Kosten der allgemeinen Lebensführung aufkommen soll.[169]

67

Als **Gebrauchsgegenstand des täglichen Lebens** gelten Sachen, die in vielen Haushalten verbreitet sind und von einer großen Zahl von Personen unabhängig vom Bestehen einer Pflegebedürftigkeit verwendet werden. Es kommt nicht darauf an, ob diese im Fachhandel für Pflege- und Rehabilitationsbedarf zu erwerben sind, sondern nur auf die Gruppe der potenziellen Nutzer. Weisen in der Pflege verwendete Gegenstände Ähnlichkeit zu **Alltagsgegenständen** auf, ist darauf abzustellen, ob sie speziell für Pflegezwecke entwickelt und gestaltet sind oder ob sie auch sonst im Alltag üblicherweise Verwendung finden.

68

Beispiele
Gebrauchsgegenstände des täglichen Lebens sind Einmalwaschlappen[170] oder elektrisch verstellbare Liegesessel.[171]

Um Pflegehilfsmittel handelt es sich dagegen bei einer Deckenliftanlage, mit der den Pflegenden das Umsetzen einer querschnittsgelähmten Person erleichtert wird[172] oder bei Schutzservietten, die Flüssigkeiten und Speisereste aufnehmen.[173]

Der Anspruch ist nicht auf die Gewährung des Hilfsmittels als solches begrenzt, sondern erstreckt sich auf notwendige Anpassungen, die Kosten der Instandhaltung oder ggf. die Beschaffung von **Ersatzhilfsmitteln**. Auch die **Ausbildung** und Einweisung des Pflegebedürftigen oder der Pflegeperson in den Gebrauch des Hilfsmittels ist von der Pflegekasse zu erbringen, § 40 Abs. 3 S. 2 SGB XI.

69

Die Hilfsmittel – mit Ausnahme der zum Verbrauch bestimmten Sachen, für die Kostenerstattung vereinbart werden kann, § 40 Abs. 2 S. 2 SGB XI[174] – werden als Sachleistung erbracht. Die Versicherten beschaffen diese folglich bei den **Vertragspartnern** der Pflegekassen. § 40 Abs. 1 S. 4 SGB XI verweist insofern auf § 33 Abs. 6 und 7 SGB V. Die Pflegekassen schließen daher ebenso wie die Krankenkassen Versorgungsverträge mit Herstellern von Hilfsmitteln. Sofern und soweit es für die Sicherung einer wirtschaftlichen, qualitativ hochwertigen Versorgung geboten ist, kann zwischen den Kassen, ihren Landesverbänden oder Arbeitsgemeinschaften und den Leistungserbringern die Lieferung einer bestimmten Menge von Hilfsmitteln, die Durchführung einer bestimmten Anzahl von Versorgungen oder die Versorgung für einen bestimmten Zeitraum **vereinbart** werden.[175] Die Versicherten sind in diesem Fall gehalten, Hilfsmittel nur von dem Vertragspartner zu beziehen, den die Kasse konkret benannt hat. Die Inanspruchnahme anderer

70

---

167 BSG, SozR 4-2500 § 33 Nr. 44.
168 Janda, Medizinrecht, S. 295.
169 BSG, NZS 2002, 153 zum Einbau einer Gegensprechanlage als Leistung zur Verbesserung des Wohnumfeldes.
170 BSG Urt. v. 24.9.2002 – B 3 P 15/01 R.
171 BSG, NZS 2002, 374.
172 BSGE 101, 22.
173 BSG, SozR 4-3300 § 40 Nr. 7.
174 Dieses Verfahren hat sich in der Praxis bewährt und ermöglicht überdies den kostengünstigen Erwerb solcher zum Verbrauch bestimmten Hilfsmittel im Einzelhandel, BT-Drs. 16/7439, S. 56.
175 Näheres zum vertraglichen Versorgungssystem in Kap. 4, Rn. 11.

Leistungserbringer setzt den Nachweis eines **berechtigten Grundes** voraus. Die Versicherten haben in diesem Fall jedoch die damit verbundenen **Mehrkosten** selbst zu tragen. In jedem Fall beschränkt sich die Leistungspflicht der Pflegekasse auf den vertraglich vereinbarten Preis bzw. Festbetrag.

2. Verhältnis zu Hilfsmitteln in anderen Sozialleistungszweigen

71 Die Gewährung von Hilfsmitteln durch die Pflegeversicherung setzt voraus, dass diese nicht aufgrund einer Krankheit oder Behinderung von den **Krankenkassen** oder anderen Trägern, etwa der **Unfallversicherung** oder einem Träger der sozialen Entschädigung, erbracht werden. Hier kann es im Einzelfall zu Abgrenzungsschwierigkeiten kommen, denn Hilfsmittel können einerseits Krankheitsschäden, andererseits aber auch allgemeine Einschränkungen der Grundfähigkeiten ausgleichen.

72 Für die Abgrenzung ist im Wesentlichen auf die Zweckbestimmung des Hilfsmittels abzustellen. Dient es dazu, den Erfolg einer **Krankenbehandlung** zu sichern, ist die Zuständigkeit der Krankenversicherung begründet. Soll das Hilfsmittel die Folgen einer **Behinderung** ausgleichen, fällt dieses ebenfalls in die Leistungspflicht der gesetzlichen Krankenversicherung. Nur wenn der Behinderungsausgleich im Verhältnis zur Erleichterung der Pflege gänzlich in den Hintergrund tritt, trägt die Pflegeversicherung die Kosten.[176]

73 Die Kosten für (Pflege-)Hilfsmittel mit einer **Doppelfunktion**, die sowohl die Vorbeugung oder Behandlung von Krankheiten unterstützen als auch pflegebezogene Erleichterungen mit sich bringen, werden nach § 40 Abs. 5 S. 2 SGB XI anteilig zwischen Kranken- und Pflegekasse aufgeteilt. Näheres bestimmen die Richtlinien des Spitzenverbands Bund der Krankenkassen. Der angegangene Träger prüft eigenverantwortlich, ob die Leistungsvoraussetzungen nach dem SGB V oder dem SGB XI erfüllt sind und trifft eine abschließende und verbindliche Entscheidung darüber, welcher Träger das Hilfsmittel zu gewähren hat.

74 In der **vollstationären Pflege** werden die zur Durchführung der Pflege[177] erforderlichen Hilfsmittel dagegen von der Pflegekasse allein getragen, da sie zur Ausstattung der Einrichtung zählen. Nur wenn die Hilfsmittel – etwa wie orthopädische Schuhe – individuell angepasst werden oder der Befriedigung von **Grundbedürfnissen** außerhalb der Pflegeeinrichtung dienen, ist die Leistungspflicht der Krankenkasse begründet.

Beispiel

Benötigt ein in einem Pflegeheim lebender Versicherter einen Rollstuhl, um mehrmals wöchentlich mit seinen Besuchern Spaziergänge außerhalb des Heimgeländes zu unternehmen, zählt der Rollstuhl nicht als Pflegehilfsmittel, sondern ist von der Krankenkasse nach § 33 SGB V zu gewähren.[178]

Ebenfalls von der Krankenkasse zu erbringen sind Dekubitus-Matratzen. Diese sollen das Auftreten von Druckgeschwüren durch „Wundliegen" verhindern und dienen folglich nicht der Pflege selbst, sondern der Prävention von Krankheiten.[179]

75 Wird ein Bezieher von **Leistungen nach dem BVG** pflegebedürftig, bleibt der Träger auch für die Gewährung von Pflegehilfsmitteln zuständig.[180] Die Unfallversicherung tritt immer dann ein, wenn die Pflegebedürftigkeit Folge eines Arbeitsunfalls oder einer Berufskrankheit ist.[181]

---

176 BSGE 101, 22 für eine Deckenliftanlage, mit der den Pflegepersonen das Aufrichten der pflegebedürftigen Person erleichtert wird.
177 Nicht aber der Behandlungspflege, vgl. BSGE 89, 271 zur Leistungspflicht für eine Ernährungspumpe, die für die Zuführung von Nahrung durch eine Magensonde benötigt wird, um Erbrechen vorzubeugen.
178 BSGE 85, 287.
179 BSG, SozR 3-2500 § 33 Nr. 47.
180 Lungstras in Udsching/Schütze, § 40 SGB XI, Rn. 22; Leitherer in BeckOGK, § 40 SGB XI, Rn. 13.
181 BSGE 91, 78.

D. Ansprüche bei häuslicher Pflege

3. Inhalt des Leistungsanspruchs

Ob der Einsatz des Hilfsmittels notwendig ist, prüft die Pflegekasse im Einzelfall. Sie hat eine Pflegefachkraft oder den MD an der Entscheidungsfindung zu beteiligen, die dies in aller Regel während einer **Untersuchung des Pflegebedürftigen** in dessen häuslichem Umfeld (§ 18 Abs. 2 SGB XI) zu überprüfen haben.[182] Hintergrund dieser Prüfungspflicht ist, dass im Gegensatz zur Krankenversicherung keine ärztliche Verordnung der Hilfsmittel erforderlich ist.[183] 76

Die **Notwendigkeit** bemisst sich danach, ob das Hilfsmittel unerlässlich ist, um die in § 40 Abs. 1 S. 1 SGB XI genannten Ziele – Erleichterung der Pflege, Linderung der Beschwerden, Erleichterung der selbstständigen Lebensführung – zu erreichen. Ist dies auf anderem Wege möglich, scheidet die Leistung des Hilfsmittels aus. Auch die **Mehr- und Folgekosten** für die Anschaffung einer nicht erforderlichen Ausstattung eines Hilfsmittels haben die Versicherten selbst zu tragen.[184] 77

a) Verbrauchbare Hilfsmittel

Für zum **Verbrauch bestimmte Hilfsmittel** – dies sind solche, die aus hygienischen oder anderen Gründen nicht mehrfach verwendet werden können – hat der Gesetzgeber eine Obergrenze von monatlich 40,00 EUR festgelegt, § 40 Abs. 2 SGB XI. Damit soll ein Anreiz zur Verwendung möglichst preisgünstiger Hilfsmittel gesetzt werden.[185] 78

Beispiel

Um verbrauchbare Hilfsmittel handelt es sich bei Windeln, Einmalhandschuhen, Einlagen oder Desinfektionsmitteln.[186]

Für alle anderen Hilfsmittel haben volljährige Versicherte eine Zuzahlung in Höhe von 10 % des Wertes, maximal aber 25,00 EUR zu leisten. Eine Befreiung von der **Zuzahlungspflicht** kann nach Maßgabe des § 62 SGB V bewilligt werden, wenn die Zuzahlungen zu einer wirtschaftlichen Überlastung des Versicherten führen, § 40 Abs. 3 S. 5 SGB XI. 79

b) Technische Hilfsmittel

Technische Hilfsmittel sollen nach Möglichkeit leihweise überlassen werden. Die Leistungserbringung steht unter der Voraussetzung, dass das Hilfsmittel individuell angepasst wird und/oder dass sich der Versicherte bzw. die Pflegepersonen in den Gebrauch des Hilfsmittels einweisen lassen. Diese **Einweisung** ist ebenfalls Bestandteil des Sachleistungsanspruchs. Unter den Begriff des technischen Hilfsmittels sind alle nicht zum Verbrauch bestimmten Hilfsmittel zu fassen. 80

Beispiele

Um technische Hilfsmittel handelt es sich bei Pflegebetten, Therapieliegen, Rollstühlen oder Hausnotrufanlagen. Sie müssen der Deckung der vitalen Grundbedürfnisse im häuslichen Umfeld dienen.

Lehnt der Versicherte die leihweise Überlassung ohne zwingenden Grund ab, muss er die Kosten des Hilfsmittels in vollem Umfang selbst tragen. Auf diese Weise wird dem **Wirtschaftlichkeitsprinzip** Rechnung getragen, vor allem wenn die Anschaffungskosten im Vergleich zur vorgesehenen Nutzungsdauer unverhältnismäßig hoch sind. Zu berücksichtigen ist jedoch auch, dass sich Wert und Einsatzmöglichkeiten technischer Hilfsmittel durch Abnutzung und 81

---

182 Leitherer in BeckOGK, § 40 SGB XI, Rn. 19 f.
183 BT-Drs. 12/5262, S. 113.
184 BSG, SozR 4-3100 § 18 Nr. 2 zum Anspruch auf Gewährung eines Rollstuhls mit einer über das normale Maß hinausgehenden Höchstgeschwindigkeit.
185 BT-Drs. 12/5262, S. 113.
186 Leitherer in BeckOGK, § 40 SGB XI, Rn. 10; Knorr in jurisPK-SGB XI, § 40, Rn. 37.

Verschleiß reduzieren, so dass die Weiternutzung nach Ende der **Leihzeit** unter Umständen nicht oder nur eingeschränkt möglich ist. Der bloße Umstand, dass ein Hilfsmittel gebraucht ist, stellt aber keinen zwingenden Grund dar, der den Versicherten zur Ablehnung der leihweisen Überlassung berechtigt.[187]

c) Maßnahmen zur Verbesserung des Wohnumfelds

82 Können die Folgen der Pflegebedürftigkeit durch Hilfsmittel nicht hinreichend bewältigt werden, kann die Pflegekasse gemäß § 40 Abs. 4 SGB XI Zuschüsse zur **Verbesserung des Wohnumfeldes** leisten. Damit können notwendige Umbauten finanziert werden; beispielhaft werden im Gesetz technische Hilfen im Haushalt genannt. Der Anspruch auf Leistungen zur Verbesserung des Wohnumfelds beschränkt sich nicht auf die Grenzen der Wohnung, so dass beispielsweise auch Maßnahmen zur Verbesserung der Erreichbarkeit von Garten und Terrasse zuschussfähig sind.[188]

83 Ziel der Maßnahmen muss die Ermöglichung oder die erhebliche **Erleichterung der häuslichen Pflege** oder der selbstständigen Lebensführung des Versicherten sein. In dieser konkreten Ausgestaltung dient der Leistungsanspruch nicht zuletzt der Vermeidung der stationären Pflege und ermöglicht den Pflegebedürftigen den Verbleib in ihrer gewohnten Umgebung. Die Erheblichkeit der Erleichterung der Pflege bemisst sich danach, ob sie eine spürbare **Vereinfachung** der pflegerischen Leistungen mit sich bringt; dies kann sich auch in der Entlastung bzw. der Abwehr drohender Überforderung der Pflegeperson manifestieren.[189]

84 Da sich der Anspruch auf Hilfsmittel nicht auf allgemeine Gebrauchsgegenstände des täglichen Lebens erstreckt, ist auch bei den baulichen Maßnahmen zur Verbesserung des Wohnumfelds entsprechend zu differenzieren. Die Pflegekasse hat nicht für die Kosten von **gewöhnlichen Modernisierungsmaßnahmen** aufzukommen, mit denen lediglich der Wohnstandard verbessert werden soll. Erforderlich ist vielmehr, dass die Umbauten einen behinderungsbedingten Mehraufwand mit sich bringen und so von nicht pflegebedürftigen Personen üblicherweise nicht genutzt werden.[190]

Beispiel

Als wohnumfeldverbessernde Maßnahme dient der Einbau einer Gegensprech- und Türöffneranlage, die vom Bett aus bedient werden kann. Diese erleichtert einer Person, die ohne fremde Hilfe nicht aufstehen und auch keine kurzen Strecken in der Wohnung zurücklegen kann, die eigenständige Lebensführung. Sie wird dadurch in die Lage versetzt, selbst zu prüfen, wem sie die Tür öffnen möchte und muss nicht mehr allen Personen, denen sie grundsätzlich Zutritt zu ihrer Wohnung gewähren möchte, einen eigenen Schlüssel aushändigen.

Der Einbau einer solchen Anlage ist zwar auch für Personen denkbar, die nicht pflegebedürftig sind. Bei diesen dient sie aber allein der Bequemlichkeit, wohingegen sie bei einer bettlägerigen Person für notwendige soziale Kontakte unerlässlich ist.[191]

85 Der Höhe nach sind die Zuschüsse gedeckelt: Sie dürfen **4.000,00 EUR je Maßnahme** nicht übersteigen. Wenn mehrere pflegebedürftige Personen in einer gemeinsamen Wohnung zusammenleben, gilt dieser Betrag pro Person, ist aber insgesamt auf 16.000,00 EUR begrenzt. Leben mehr als vier Personen zusammen, werden die Kosten der Maßnahme anteilig auf die jeweils zuständigen Versicherungsträger umgelegt.

---

187 Leitherer in BeckOGK, § 40 SGB XI, Rn. 33.
188 SG Dortmund, NZS 2015, 909.
189 BSG, NZS 2016, 268 für den behindertengerechten Umbau einer Dusche.
190 BSGE 101, 22.
191 BSG, NZS 2002, 153.

d) Digitale Pflegeanwendungen

Nach § 40a SGB XI haben Pflegebedürftige Anspruch auf Anwendungen, die wesentlich auf digitalen Technologien beruhen, sogenannte Pflege-Apps. Die Anwendungen müssen dazu dienen, die geminderte Selbstständigkeit bzw. geminderten Fähigkeiten auszugleichen, einer Verschlimmerung der Pflegebedürftigkeit vorzubeugen oder die häusliche Versorgungssituation zu stabilisieren. Dies umfasst nicht nur Anwendungen, die die pflegebedürftige Person selbst nutzt, sondern auch solche, mit denen die Interaktion mit Angehörigen, ehrenamtlich Pflegenden oder ambulanten Pflegediensten unterstützt wird. Darüber hinaus haben Pflegebedürftige Anspruch auf ergänzende Unterstützung bei der Nutzung solcher Apps, § 39a SGB XI, zB Hilfe bei deren erstmaligen Einsatz.[192] Der Höhe nach ist der Anspruch auf monatlich 50,00 EUR beschränkt, § 40b SGB XI.

86

Näheres vereinbart der Spitzenverband Bund der Pflegekassen mit den Herstellern und Entwicklern solcher Anwendungen, § 78a SGB XI. Konstitutive Voraussetzung der Gewährung einer Pflege-App ist deren Aufnahme in ein Verzeichnis digitaler Pflegeanwendungen, das beim BfArM geführt wird.[193] Sie erfolgt gemäß § 78a Abs. 3, Abs. 5 SGB XI auf elektronischen Antrag der Hersteller, wenn das BfArm die Sicherheit, Funktionstauglichkeit, Qualität, Datensicherheit und den pflegerischen Nutzen positiv bewertet hat. Apps, die zugleich Medizinprodukte sind, müssen zudem der niedrigsten Risikoklasse zugeordnet sein, § 40a Abs. 1b SGB XI.

87

Ausgeschlossen vom Leistungsanspruch sind nach § 40a Abs. 1a S. 2 SGB XI Anwendungen, deren Zweck dem allgemeinen Lebensbedarf oder der allgemeinen Lebensführung dient. Gleiches gilt für Anwendungen zur Arbeitsorganisation von ambulanten Pflegeeinrichtungen, zur Wissensvermittlung, Information oder Kommunikation, zur Beantragung oder Verwaltung von Leistungen oder solche, die ausschließlich auf Auskunft oder Beratung ausgerichtet sind. Diese haben keinen pflegerischen Mehrwert, sodass ihre Kostenübernahme durch die Pflegekasse nicht geboten ist. Dies betrifft etwa Fitness-Armbänder.[194]

88

E. Teilstationäre Pflege und Kurzzeitpflege

§§ 41, 42 SGB XI regeln die Ansprüche auf teilstationäre Pflege und Kurzzeitpflege. Diese dienen der **Ergänzung der häuslichen Pflege** und sichern zugleich den Nachrang der vollstationären Pflege.

89

I. Teilstationäre Pflege

Der Begriff der teilstationären Pflege umschreibt Arrangements, bei denen die pflegebedürftige Person nur für einen Teil des Tages oder während der Nacht in einer Einrichtung versorgt wird. Damit sollen Lücken in der häuslichen Pflege ausgeglichen werden. Die **teilstationäre Pflege** kann mit allen anderen Leistungen der sozialen Pflegeversicherung – ausgenommen ist aufgrund der Natur der Sache die vollstationäre Pflege – kombiniert werden, ohne dass diese aufeinander angerechnet werden, § 41 Abs. 3 SGB XI.

90

Anspruch auf teilstationäre Pflege haben nach § 41 Abs. 1 SGB XI nur Pflegebedürftige im Pflegegrad 2 bis 5. Im Pflegegrad 1 ist folglich im Fall der Erwerbstätigkeit pflegender Angehöriger auf die **Kombinationsleistung** nach § 38 SGB XI zurückzugreifen, um die ergänzende Pflege durch professionelle Kräfte zu ermöglichen. Anspruchsvoraussetzung ist ferner, dass

91

---
192 BT-Drs. 19/27652, S. 142.
193 Dazu Luthe, SGb 2022, 29.
194 BT-Drs. 19/27652, S. 143.

- die häusliche Pflege nicht in ausreichendem Umfang sichergestellt werden kann *oder*
- die teilstationäre Pflege zur Ergänzung oder Stärkung der häuslichen Pflege erforderlich ist.

Diese Kriterien sind erfüllt, wenn beispielsweise die **Pflegeperson erwerbstätig** ist und somit während eines Teils des Tages für die Betreuung und Versorgung des Pflegebedürftigen nicht zur Verfügung steht. Teilstationäre Pflege kommt überdies in Betracht, wenn der Pflegebedürftige zu bestimmten Tageszeiten der dauerhaften Beaufsichtigung bedarf oder wenn er in der betreffenden Einrichtung zugleich **Rehabilitationsmaßnahmen** in Anspruch nehmen kann. Auch die zeitweilige Entlastung der Pflegeperson von ihren Aufgaben kann der Stärkung der häuslichen Pflege dienen.[195]

92 Der Anspruch umfasst nicht nur die pflegebedingten Aufwendungen der Einrichtung, sondern auch die Betreuung und die medizinische **Behandlungspflege** – dies stellt einen Bruch mit dem Grundsatz der strikten Abgrenzung zwischen Grund- und Behandlungspflege nach SGB XI bzw. SGB V dar – und schließt den **Transport** des Pflegebedürftigen zu und von der Einrichtung ein. Der monatliche Leistungssatz – der ebenso wie Pflegegeld, Pflegesachleistung und vollstationäre Pflege nach Maßgabe des § 30 SGB XI dynamisiert wird – beläuft sich auf

- bis zu 689,00 EUR im Pflegegrad 2,
- bis zu 1.298,00 EUR im Pflegegrad 3,
- bis zu 1.612,00 EUR im Pflegegrad 4 und
- bis zu 1.995,00 EUR im Pflegegrad 5.

II. Kurzzeitpflege

93 Auch die Kurzzeitpflege nach § 42 SGB XI ermöglicht eine flexible, an den individuellen Bedürfnissen ausgerichtete Organisation der häuslichen Pflege. Sie beinhaltet eine **vorübergehende vollstationäre Pflege**, wobei mindestens der Pflegegrad 2 vorliegen muss. Die Kurzzeitpflege wird erbracht, wenn die häusliche Pflege zeitweise nicht, noch nicht oder nicht im erforderlichen Umfang erbracht wird und teilstationäre Pflege zur angemessenen Versorgung der pflegebedürftigen Person nicht ausreicht.

94 Die Kurzzeitpflege kann im Anschluss an eine stationäre Krankenbehandlung der pflegebedürftigen Person erbracht werden, § 42 Abs. 1 S. 2 Nr. 1 SGB XI. Dies erfordert eine **Übergangssituation**, geschieht also nicht regelhaft. Eine solche Übergangssituation liegt beispielsweise vor, wenn die häusliche Pflege nach einem Krankenhaus- oder Reha-Aufenthalt noch nicht organisiert ist, etwa weil noch keine Entscheidung über die Inanspruchnahme der Pflegesachleistung oder des Pflegegeldes getroffen worden ist.[196]

95 Alternativ kommt die Kurzzeitpflege bei sonstigen Krisensituationen oder anderen Situationen in Betracht, in denen die häusliche oder teilstationäre Pflege vorübergehend nicht möglich ist. Der Begriff „**Krisensituation**" ist nicht so eng zu verstehen, dass eine Gefahrensituation vorliegen muss. Der Gesetzgeber nennt den unvorhersehbaren Ausfall der Pflegeperson wegen Krankheit oder eine unvorhergesehene erhebliche Verschlechterung des Gesundheitszustands des Pflegebedürftigen ebenso wie die Abwesenheit der Pflegeperson aufgrund von Urlaub oder den Umbau der Wohnung der pflegebedürftigen Person.[197]

96 Die Kurzzeitpflege ist **subsidiär** zur teilstationären Pflege, kommt also nur dann in Betracht, wenn die pflegebedürftige Person der Betreuung rund um die Uhr bedarf. Erbracht wird sie typischerweise in vollstationären Einrichtungen.

---

195 BT-Drs. 12/5262, S. 114.
196 Wahl in Udsching/Schütze, § 42 SGB XI, Rn. 3.
197 BT-Drs. 12/5262, S. 115.

E. Teilstationäre Pflege und Kurzzeitpflege

Beispiel
Der zehnjährige Paul hat das Down-Syndrom, welches mit einer tiefgreifenden Entwicklungsstörung, Autismus sowie Inkontinenz einhergeht. Er begleitet seine Mutter in eine Kur, jedoch muss sein Aufenthalt in einer auf Kinder spezialisierten Betreuungseinrichtung schon nach einem Tag abgebrochen werden, da er sich in der fremden Umgebung nicht zurechtfindet. Die Familie hat ihren Anspruch auf Verhinderungspflege im betreffenden Jahr bereits ausgeschöpft. Pauls Mutter beantragt daher die Umwandlung des für die Kurzzeitpflege vorgesehenen Geldbetrags in zusätzliche Leistungen der Verhinderungspflege. Sie möchte damit erreichen, dass Paul während ihrer Kur weiter in der vertrauten häuslichen Umgebung gepflegt wird.

Prägendes Merkmal der Kurzzeitpflege ist jedoch die vollstationäre Pflege in einer Einrichtung. Der Verbleib in der häuslichen Umgebung steht dem entgegen, da dafür mit der Verhinderungspflege eine spezielle Leistung geschaffen worden ist. Dass es sich bei dem Pflegebedürftigen um ein Kind handelt, bei dem der Wechsel aus der vertrauten häuslichen Umgebung in eine Einrichtung schwierig ist, ändert nichts an dieser grundlegenden Trennung zwischen häuslicher und stationärer Pflege. Die zeitliche Begrenzung des Anspruchs auf Verhinderungspflege mag zwar im Einzelfall den Bedürfnissen der Familie zuwiderlaufen; sie ist aber vom Gestaltungsspielraum des Gesetzgebers gedeckt. Durch die verschiedenen Kombinationsmöglichkeiten zwischen den Leistungen nach dem SGB XI werden Familien hinreichend entlastet.[198]

Ausnahmsweise kann die Kurzzeitpflege auch in **Vorsorge- oder Reha-Einrichtungen** erbracht werden, jedoch nur, wenn die Pflegeperson dort eine Maßnahme der medizinischen Vorsorge oder Rehabilitation in Anspruch nimmt, § 42 Abs. 4 SGB XI. Der Pflegebedürftige kann die Pflegeperson in diesem Fall begleiten.

Ist die Betreuung in einer zugelassenen[199] Einrichtung der Kurzzeitpflege nicht möglich oder zumutbar, kann die Leistung im begründeten Einzelfall zudem in einer anderen geeigneten Einrichtung, namentlich einer **Einrichtung der Hilfe für behinderte Menschen** erbracht werden, wenn der Pflegebedürftige sonst zu Hause gepflegt wird, § 42 Abs. 3 SGB XI. Die Ruhensvorschrift des § 34 Abs. 2 SGB XI[200] gilt in diesem Fall nicht. Um zu verhindern, dass die Pflegeversicherung mittelbar die Investitionskosten für Einrichtungen oder die Kosten für Unterkunft und Verpflegung bezuschusst, ermöglicht der Gesetzgeber pauschale Abschläge vom Entgelt für die Kurzzeitpflege, sofern diese Kosten in der Abrechnung nicht gesondert ausgewiesen sind.

Über das Kalenderjahr verteilt kann Kurzzeitpflege für **maximal acht Wochen** in Anspruch genommen werden. Der Leistungssatz beläuft sich auf bis zu 1.612,00 EUR jährlich, und zwar unabhängig vom Pflegegrad; er umfasst die Aufwendungen für Pflege und Betreuung sowie gegebenenfalls die medizinische Behandlungspflege. Auch dieser Erhöhungsbetrag wird nach Maßgabe des § 30 SGB XI dynamisiert. Die Kosten für Unterkunft und Verpflegung sind vom Versicherten selbst zu tragen.

Da für den Fall der Verhinderung der Pflegeperson alternativ auch die Leistungen der **Verhinderungspflege** nach § 39 SGB XI erbracht werden könnten, sieht das Gesetz eine Sonderregelung für die **Kombination** dieser Leistungen vor. Nach § 42 Abs. 2 S. 3 SGB XI erhöht sich der Leistungssatz der Kurzzeitpflege auf bis zu 3.224,00 EUR im Jahr, wenn insofern die Mittel der Verhinderungspflege nicht in Anspruch genommen worden sind. Der auf diese Weise erhöhte Betrag wird auf den Anspruch auf Verhinderungspflege angerechnet. Mit dem PUEG hat der Gesetzgeber die Kombination von Verhinderungs- und Kurzzeitpflege flexibilisiert. In § 42a SGB XI ist daher ein gemeinsamer Jahresbetrag für beide Pflegeformen iHv 3.539,00 EUR vorgesehen; die Zeitspanne wurde für beide Leistungen auf jeweils acht Wochen vereinheitlicht.

---

198 BSG, SozR 4-3300 § 42 Nr. 1.
199 § 72 SGB XI, dazu ausführlich Kap. 4, Rn. 9 ff.
200 Dazu Kap. 3, Rn. 129.

F. Ansprüche bei vollstationärer Pflege

101 Kann die Betreuung der pflegebedürftigen Person durch die häusliche oder eine teilstationäre Pflege nicht adäquat sichergestellt werden, besteht Anspruch auf **vollstationäre Pflege**, § 43 SGB XI. Gleiches gilt, wenn die häusliche oder teilstationäre Pflege aufgrund besonderer Umstände des Einzelfalls von vornherein ausgeschlossen ist. Die vollstationäre Pflege ist also allen anderen Leistungsformen nachrangig.

I. Voraussetzungen der vollstationären Pflege

102 Umstände, die die Notwendigkeit der vollstationären Pflege begründen, können sowohl im Ausmaß der **Pflegebedürftigkeit** ihre Ursache haben als auch in der fehlenden Verfügbarkeit oder Bereitschaft von Pflegepersonen.[201] Auch die Überforderung der Pflegeperson oder eine drohende Verwahrlosung des Pflegebedürftigen sprechen für die vollstationäre Pflege. Insofern besteht ein enger Zusammenhang zur Sicherstellung der häuslichen Pflege „**in geeigneter Weise**", vgl. § 37 SGB XI.[202] Schließlich kann der bauliche Zustand der Wohnung des Pflegebedürftigen die vollstationäre Pflege gebieten, wenn die Defizite nicht durch Maßnahmen zur Verbesserung des individuellen Wohnumfelds nach § 40 Abs. 4 SGB XI ausgeglichen werden können.

II. Leistungsumfang

103 Die vollstationäre Pflege umfasst alle pflegebedingten Aufwendungen, im Bedarfsfall auch die **medizinische Behandlungspflege** und die **soziale Betreuung**.[203] Steht aber das Bedürfnis nach medizinischer Behandlung und die diese ergänzende Krankenpflege im Vordergrund, sind nicht die Pflegekassen, sondern die Krankenkassen zuständig.[204]

104 **Unterkunft und Verpflegung** sind vom Leistungsanspruch nicht umfasst, zählen diese doch zu den allgemeinen Lebenshaltungskosten, die jedermann unabhängig von der Pflegebedürftigkeit entstehen. Die Entgelte für Unterkunft und Verpflegung werden zwar nach § 87 SGB XI im Rahmen der Pflegesatzvereinbarungen zwischen Pflegekassen und Einrichtungen vereinbart; sie sind aber von den Versicherten selbst zu tragen. Die Bereitstellung und Finanzierung der Pflegeinfrastruktur obliegt demgegenüber den Ländern.[205]

1. Höhe der Leistung

105 Die Höhe der Leistung richtet sich nach dem **Pflegegrad**. Sie beläuft sich auf

- 770,00 EUR für Pflegebedürftige des Pflegegrades 2,
- 1.262,00 EUR für Pflegebedürftige des Pflegegrades 3,
- 1.775,00 EUR für Pflegebedürftige des Pflegegrades 4 sowie
- 2.005,00 EUR für Pflegebedürftige des Pflegegrades 5.

Mit dem PUEG werden die Leistungen zum 1.1.2025 um 4,5% erhöht; zum 1.1.2028 erfolgt eine weitere Dynamisierung nach Maßgabe der Inflationsrate der letzten drei Jahre, § 30 SGB XI. Die Leistungen zur vollstationären Pflege wurden auch in der Vergangenheit bereits regelmäßig

---

201 BT-Drs. 12/5262, S. 115.
202 Giesbert in BeckOK SozR, § 43 SGB XI, Rn. 24.
203 Wahl in Spickhoff, Medizinrecht, § 36 SGB XI, Rn. 4. Dies führt zu einer Spaltung der Finanzierungsverantwortung für die Behandlungspflege, je nachdem ob die Pflege ambulant oder stationär erfolgt; kritisch Opolony, NZS 2017, 409, 410 f.
204 Zur vollstationären Versorgung im Krankenversicherungsrecht Kap. 5, Rn. 47.
205 Faktisch werden die ungedeckten Investitionskosten jedoch auf den Eigenanteil der Versicherten umgelegt, Schütze, Sozialrecht aktuell Sonderheft 2016, 1, 6.

F. Ansprüche bei vollstationärer Pflege

erhöht, wenngleich nicht im gleichen Maße wie das Pflegegeld und die Pflegesachleistung, und auch nicht stets in allen Pflegestufen.

Pflegebedürftige im Pflegegrad 1, die vollstationär gepflegt werden, erhalten lediglich einen **Zuschuss** zu den pflegebedingten Ausgaben in Höhe von 125,00 EUR pro Monat, § 43 Abs. 3 SGB XI. Die Leistungen der Pflegeversicherung sind insofern **pauschaliert** und decken die tatsächlich anfallenden Kosten regelmäßig nicht. Den Versicherten bleibt damit ein erheblicher Eigenanteil.

106

Beispiel
Nach Berechnungen des statistischen Bundesamtes belaufen sich die Pflegekosten im Pflegegrad 2 auf 1.549,50 EUR, im Pflegegrad 3 auf 2.033,10 EUR, im Pflegegrad 4 auf 2.536,50 EUR und im Pflegegrad 5 auf 2.765,40 EUR monatlich.[206] Die Differenz zu den Leistungssätzen des SGB XI tragen die Versicherten selbst.

2. Zusatzleistungen

Über die vollstationäre Pflege hinaus können die pflegebedürftigen Personen mit den Einrichtungen die **Erbringung von Zusatzleistungen** nach § 88 SGB XI vereinbaren. Diese beinhalten beispielsweise besonderen Komfort bei Unterkunft und Verpflegung, wie die Unterbringung in einem Einzelzimmer oder das Anbieten von Wahlessen. Daneben können zusätzliche pflegerische Leistungen vereinbart werden. Diese müssen aber über das **ohnehin gebotene Maß** der Pflege hinausgehen, das durch die Pflegesätze abgegolten ist. Dies schließt insbesondere die soziale Betreuung der pflegebedürftigen Personen ein. Auch wenn diese besonders aufwändig ist, darf sie nicht als Zusatzleistung abgerechnet werden.[207]

107

Beispiel
Denkbare Zusatzleistungen sind eine besondere kosmetische Pflege, Friseurbesuche oder das Vorlesen von Büchern.[208]

3. Zusätzliche Betreuungs- und Aktivierungsleistungen

Gemäß § 43b SGB XI haben Pflegebedürftige in vollstationären Einrichtungen Anspruch auf **zusätzliche Betreuung und Aktivierung**, die über die nach Art und Schwere der Pflegebedürftigkeit notwendige Versorgung von Grundbedürfnissen hinausgeht. Die Regelung vermittelt den Versicherten einen individuellen Rechtsanspruch auf diese Leistungen.[209] Bis dahin waren diese lediglich Gegenstand besonderer **Zuschläge zur Vergütung** der Pflegeeinrichtungen nach § 87b SGB XI. Zur Bewilligung dieser Zuschläge durch die Pflegekasse ist der Anspruch auf zusätzliche Leistungen akzessorisch; er besteht also nicht isoliert.[210] Der Gehalt der Leistung liegt vor allem in der Finanzierung zusätzlichen Personals, mit dem das erweiterte Betreuungsangebot sichergestellt werden kann. Dies betrifft insbesondere die Betreuung von Pflegebedürftigen, die **demenziell erkrankt** sind.

108

4. Kurzzeitige Abwesenheit des Pflegebedürftigen

Die vollstationäre Pflege wird auch im Falle der **kurzzeitigen Abwesenheit** des Pflegebedürftigen erbracht. Als kurzzeitig gelten gemäß §§ 43 Abs. 4, 87a Abs. 1 S. 5 SGB XI Aufenthalte außerhalb

109

---

206 Statistisches Bundesamt, Pflegestatistik 2019, S. 36.
207 BT-Drs. 12/5262, S. 147. Vgl. BSGE 85, 287, wonach Ausfahrten mit dem Rollstuhl auf dem Heimgelände der Sphäre der Einrichtungspflege zuzuordnen sind; Wilcken in BeckOK SozR, § 88 SGB XI, Rn 2.
208 Wilcken in BeckOK SozR, § 88 SGB XI, Rn. 3.
209 Richter, Die neue soziale Pflegeversicherung, Rn. 317.
210 BT-Drs. 18/5926, S. 128.

des Pflegeheims von bis zu 42 Tagen im Kalenderjahr. Ist die Abwesenheit durch den Aufenthalt in einem Krankenhaus oder einer Rehabilitationseinrichtung bedingt, wird die vollstationäre Pflegeleistung für die gesamte Dauer dieses Aufenthalts erbracht. Die Pflegesätze können während der Abwesenheit unter bestimmten Voraussetzungen abgesenkt werden.[211]

5. Pflege in vollstationären Einrichtungen der Hilfe für Menschen mit Behinderung

110 § 43a SGB XI enthält eine Sonderregelung zur **Abgeltung der pflegebedingten Aufwendungen** für Pflegebedürftige, die in vollstationären Einrichtungen der Eingliederungshilfe untergebracht werden. Die Pflegekasse trägt insoweit eine **Pauschale** in Höhe von 15 % des Pflegesatzes, den der Einrichtungsträger nach § 75 Abs. 3 SGB XI mit dem Sozialhilfeträger vereinbart hat. Der Betrag ist auf monatlich 266,00 EUR gedeckelt.

111 Voraussetzung der Beteiligung ist, dass es sich um eine **vollstationäre Einrichtung** handelt. Auf Werkstätten für behinderte Menschen ist die Norm folglich nicht anwendbar.[212] Zudem muss in der Einrichtung die Teilhabe am Arbeitsleben und am Leben in der Gemeinschaft, die schulische Ausbildung oder die Erziehung behinderter Menschen im Vordergrund stehen. Die Regelung soll den Ausschluss dieser Einrichtungen aus dem Kreis der Leistungserbringer nach dem SGB XI zumindest teilweise kompensieren.[213]

112 Leistungsberechtigt ist nicht die **Einrichtung**, sondern die pflegebedürftige Person. In der Praxis wird die Leistung gleichwohl direkt an den Einrichtungsträger gezahlt.[214]

G. Soziale Sicherung der Pflegeperson

113 Neben den Leistungen, die den Pflegebedürftigen unmittelbar zugutekommen, sieht das Recht der sozialen Pflegeversicherung **Leistungen zugunsten der Pflegeperson** vor.

I. Beiträge zur Rentenversicherung

114 Gemäß § 44 SGB XI tragen die Pflegekassen Beiträge für die **Rentenversicherung**[215] der Pflegeperson. Damit sollen Lücken in der Erwerbsbiografie ausgeglichen werden, wenn um der Pflege willen eine Erwerbstätigkeit unterbrochen oder reduziert wird, denn dies wirkt sich auf die Höhe der **Anwartschaften** in der gesetzlichen Rentenversicherung aus. Damit wird zugleich ein Anreiz für die häusliche Pflege durch Familienangehörige gesetzt.[216]

115 Voraussetzung ist, dass es sich

- um eine **nicht erwerbsmäßige Pflegeperson** iSv § 19 SGB XI handelt,[217]
- die weniger als **30 Stunden** pro Woche erwerbstätig ist und
- eine oder mehrere pflegebedürftige Personen mindestens im **Pflegegrad 2**
- für wenigstens **zehn Stunden wöchentlich** pflegt, und zwar verteilt auf regelmäßig **mindestens zwei Tage** in der Woche, § 19 S. 2 SGB XI.

---

211 Dazu ausführlich Kap. 4, Rn. 55.
212 Giesbert in BeckOK SozR, § 43a SGB XI, Rn. 2; Luik in jurisPK-SGB XI, § 43a, Rn. 51.
213 Rasch in Udsching/Schütze, § 43a SGB XI, Rn. 5.
214 Leitherer in BeckOGK, § 43a SGB XI, Rn. 5 und 11; GKV-Spitzenverband/Verbände der Pflegekassen auf Bundesebene, Gemeinsames Rundschreiben zu den leistungsrechtlichen Vorschriften vom 20.12.2022, S. 277 zu § 43a SGB XI.
215 Bzw. nach Maßgabe des § 44 Abs. 2 SGB XI auch zu einem berufsständischen Versorgungswerk.
216 BT-Drs. 12/5262, S. 82.
217 Professionelle Pflegekräfte, die Arbeitnehmer eines Pflegedienstes sind, sind aufgrund ihrer Beschäftigung sozialversichert, § 7 SGB IV.

G. Soziale Sicherung der Pflegeperson

Ob dieser Umfang erreicht wird, kann vom MD oder einem anderen, von der Pflegekasse bestellten unabhängigen Gutachter überprüft werden, § 44 Abs. 1 S. 2 SGB XI. Die Pflegeperson unterliegt einer **Mitwirkungspflicht** und hat alle für die Feststellung des Pflegeaufwands notwendigen Angaben zu machen. Tut sie dies nicht, kann die Beitragsentrichtung wegen § 66 SGB I versagt werden.[218] Wird die Pflege von mehreren Pflegepersonen geleistet, erfolgt eine anteilsmäßige Aufteilung nach dem Einzel- im Vergleich zum Gesamtpflegeaufwand.

Für die Bemessung der Höhe der Beiträge werden nach § 166 Abs. 2 SGB VI beitragspflichtige **Einkommen** zugrunde gelegt, deren Höhe sich am Grad der Pflegebedürftigkeit sowie daran orientiert, ob der Versicherte Pflegegeld, die Pflegesachleistung oder die Kombinationsleistung bezieht. Diese mit dem PSG II überarbeitete Regelung führt zu einer erheblichen **Verbesserung der Alterssicherung** von Pflegepersonen, vor allem wenn sie Pflegebedürftige mit hohem Unterstützungsbedarf pflegen.[219]

Wurde die Pflegebedürftigkeit durch eine **unerlaubte Handlung** eines Dritten verursacht, hat die Pflegekasse wegen ihrer Beitragsaufwendungen einen Ersatzanspruch nach Maßgabe des § 116 SGB X gegen den Schädiger.

Beispiel

Franziska wurde bei einem von Franz verursachten Verkehrsunfall schwer verletzt. Sie ist seither pflegebedürftig im Pflegegrad 5 und bezieht Pflegegeld. Ihre Mutter Frieda ist Hausfrau. Sie pflegt Franziska zu Hause im Umfang von mehr als 28 Stunden pro Woche. Die zuständige Pflegekasse führt für Frieda Beiträge zur Rentenversicherung ab. Sie macht gegenüber Franz die Erstattung dieser Beiträge nach § 116 SGB X geltend.

§ 116 SGB X knüpft den Übergang von Schadenersatzansprüchen auf einen Sozialleistungsträger an die Kongruenz zwischen dem Schadenersatzanspruch und den vom Träger zu erbringenden Leistungen: Diese müssen der Behebung eines Schadens der gleichen Art dienen und sich auf denselben Zeitraum beziehen. Die Beiträge zur Rentenversicherung der Pflegeperson sind zwar auch sozialpolitisch motiviert, denn sie sollen durch die Kompensation von Lücken in der Erwerbsbiografie einen Anreiz zur Übernahme häuslicher Pflegetätigkeiten setzen. Gleichwohl stellen die Beiträge einen normativen Schaden des Pflegebedürftigen dar. Würde dieser eine professionelle Pflegekraft einstellen, hätte er als Arbeitgeber Sozialversicherungsbeiträge für diese zu entrichten. Die Beiträge sind somit Teil des Aufwands, der zum Ausgleich der pflegebedingten Bedürfnisse erforderlich ist. Der Umstand, dass die Pflege von Familienangehörigen übernommen wird, kann dem Schädiger nicht zugutekommen. Auch die Abwicklung der Beitragszahlung durch die Pflegekasse – anstatt durch den geschädigten Pflegebedürftigen selbst – steht der Zurechnung des Schadens nicht entgegen, vgl. auch § 843 Abs. 4 BGB.[220]

II. Einbeziehung in die gesetzliche Unfallversicherung

Während der Pflegetätigkeit unterliegen die Pflegepersonen nach § 44 Abs. 3 SGB XI, § 2 Abs. 1 Nr. 17 SGB VII dem Schutz der **gesetzlichen Unfallversicherung**. Dies setzt voraus, dass der Pflegebedürftige mindestens den Pflegegrad 2 aufweist. Die Aufwendungen sind von den Gemeinden und Gemeindeverbänden zu tragen, §§ 106 Abs. 2, 104 f., 129 Abs. 1 Nr. 7, 185 Abs. 2 SGB VII.

III. Einbeziehung in das Arbeitsförderungsrecht

Da die Pflegezeiten wie Zeiten einer Beschäftigung gewertet werden, sind die Pflegepersonen gemäß § 44 SGB XI, § 26 Abs. 2b SGB III überdies in die Arbeitsförderung einbezogen, dh gegen das **Risiko der Arbeitslosigkeit** versichert. Auch diese Pflichtversicherung setzt voraus, dass der Pflegebedürftige mindestens den Pflegegrad 2 aufweist. Zudem muss die Pflegeperson

---

218 Rasch in Udsching/Schütze, § 44 SGB XI, Rn. 16.
219 Schölkopf, Sozialrecht aktuell Sonderheft 2016, 14, 15; Richter, Die neue soziale Pflegeversicherung, Rn. 392.
220 BGHZ 140, 39.

unmittelbar vor Beginn der Pflegetätigkeit versicherungspflichtig gewesen sein oder Anspruch auf eine laufende **Entgeltersatzleistung** nach dem SGB III – namentlich Arbeitslosengeld – gehabt haben.

120 Der Beitragsentrichtung an die Bundesagentur für Arbeit wird gemäß § 345 Nr. 8 SGB III ein fiktives **versicherungspflichtiges Arbeitsentgelt** in Höhe von 50 % der monatlichen Bezugsgröße zugrunde gelegt. Finanziert werden die Beiträge ebenfalls von den Trägern der Pflegeversicherung, und zwar für die gesamte Dauer ihrer Pflegetätigkeit. Finden sie nach deren Beendigung nicht unmittelbar eine versicherungspflichtige Beschäftigung, haben die Pflegepersonen daher Anspruch auf Arbeitslosengeld.[221]

IV. Zusätzliche Leistungen bei Pflegezeit

121 Beschäftigte, die aufgrund der Inanspruchnahme von Pflegezeit vollständig von der Arbeit freigestellt sind oder die infolge der Reduzierung ihrer Arbeitszeit lediglich geringfügig beschäftigt sind, können gemäß § 44a SGB XI **Zuschüsse zu ihrer Kranken- und Pflegeversicherung** beantragen. Der Anspruch auf Gewährung der Pflegezeit nach § 3 PflegeZG[222] ist arbeitsrechtlicher Natur. Sowohl die vollständige Freistellung als auch eine so umfangreiche Freistellung, dass nur noch der Umfang einer geringfügigen Beschäftigung (§ 8 SGB IV) erreicht wird, führen zum Verlust des Versicherungsschutzes in der Kranken- und Pflegeversicherung – sofern die Pflegenden nicht anderweitig, beispielsweise über die **Familienversicherung** oder als Bezieher von Leistungen der Grundsicherung oder der Rentenversicherung abgesichert sind. Sie sind dann gehalten, nach § 5 Abs. 1 Nr. 13 SGB V den Versicherungsschutz in der Krankenversicherung zu begründen und haben dafür die in § 240 Abs. 4 SGB V und § 57 Abs. 4 SGB XI vorgesehenen Mindestbeiträge zu entrichten. Verfügen die betroffenen Pflegepersonen über kein oder nur ein geringes Einkommen, kann die Beitragspflicht eine erhebliche wirtschaftliche Belastung mit sich bringen. Diese wird durch die Zuschüsse nach § 44a SGB XI in vollem Umfang ausgeglichen, vgl. § 44a Abs. 1 S. 3 SGB XI.

122 Während der **Pflegezeit** besteht eine Pflichtversicherung in der **Arbeitslosenversicherung** nach § 26 Abs. 2b SGB III.

V. Leistungen im Fall der kurzzeitigen Arbeitsverhinderung

123 Im Falle einer kurzzeitigen Arbeitsverhinderung wird Pflegeunterstützungsgeld nach § 44a Abs. 3 SGB XI gewährt. Eine **kurzzeitige Arbeitsverhinderung** liegt nach § 2 PflegeZG vor, wenn ein Arbeitnehmer für bis zu zehn Arbeitstage pro Kalenderjahr der Arbeit fernbleibt, um in einer akut aufgetretenen Pflegesituation für einen nahen Angehörigen eine bedarfsgerechte Pflege zu organisieren oder eine pflegerische Versorgung in dieser Zeit sicherzustellen.

124 Das Pflegeunterstützungsgeld stellt eine **Einkommensersatzleistung** dar. Sie steht folglich unter der Voraussetzung, dass der Arbeitnehmer in dem betreffenden Zeitraum keine Entgeltfortzahlung erhält. Ein Anspruch auf Entgeltfortzahlung kann sich aus § 616 BGB oder aus einer entsprechenden individualarbeitsrechtlichen Abrede zwischen Arbeitgeber und Arbeitnehmer oder aus einem Tarifvertrag ergeben. Im Rahmen von § 616 BGB wird der Anspruch auf Arbeitsentgelt aber üblicherweise nur für wenige Tage aufrechterhalten und erreicht üblicherweise nicht den Zehntageszeitraum nach § 3 Abs. 1 PflegeZG.

---

221 Schölkopf, Sozialrecht aktuell Sonderheft 2016, 14, 15. Die Beitragszeiten müssen aber hinreichen, um die Anwartschaftszeit nach § 142 SGB III zu erfüllen, d h in den letzten 30 Monaten vor Eintritt der Arbeitslosigkeit müssen während mindestens zwölf Monaten Beiträge entrichtet worden sein.
222 Ausführlich Brose, NZS 2012, 499; Stüben/Schwanenflügel, NJW 2015, 577.

H. Ruhen der Ansprüche

Auf Antrag können gemäß § 44a Abs. 4 SGB XI auch in den Fällen der kurzzeitigen Arbeitsverhinderung Zuschüsse zur Krankenversicherung geleistet werden. 125

H. Ruhen der Ansprüche

Kommt ein Anspruch auf Sozialleistungen zum Ruhen, tangiert dies diesen nicht in seinem Bestand. Das **Ruhen** hat lediglich zur Folge, dass der Anspruch vorübergehend nicht geltend gemacht werden kann. 126

I. Ruhen bei Auslandsaufenthalt

Die Ansprüche aus der sozialen Pflegeversicherung ruhen, solange sich der Versicherte im Ausland aufhält, § 34 Abs. 1 Nr. 1 SGB XI. Für Aufenthalte in einem **Mitgliedstaat der Europäischen Union**, des Europäischen Wirtschaftsraums oder der Schweiz wird diese Ruhensvorschrift durch das europäische koordinierende Sozialrecht überlagert, vgl. § 34 Abs. 1a SGB XI.[223] Dieses ist Gegenstand der VO (EG) 883/2004. Die Verordnung enthält keine gesonderten Bestimmungen zu Pflegeleistungen. Diese werden aber nach ständiger Rechtsprechung des EuGH als **Leistungen bei Krankheit** qualifiziert: Pflegeleistungen ergänzten die Leistungen der Krankenversicherung, seien organisatorisch mit dieser verknüpft und bezweckten schließlich, den Gesundheitszustand und die Lebensbedingungen der Pflegebedürftigen zu verbessern.[224] 127

Geldleistungen wie das Pflegegeld werden nach Art. 21 VO (EG) 883/2004 **uneingeschränkt exportiert**, also auch im Ausland erbracht. Für Sachleistungen kommt dies gemäß Art. 17 VO (EG) 883/2004 nur in Betracht, wenn und soweit entsprechende Leistungen im Leistungskatalog des Aufenthaltsstaates vorgesehen sind. Diese sogenannte **Sachleistungsaushilfe** am Aufenthaltsort erfolgt auf Kosten des zuständigen Trägers, wird aber vom Träger des Aufenthaltsortes nach den für diesen geltenden Regeln erbracht. Sieht das Recht des Aufenthaltsstaats keine kongruenten Sachleistungen – und dies betrifft eine große Zahl von Mitgliedstaaten[225] – vor, können diese auch nicht erbracht werden.[226] 128

II. Ruhen des Anspruchs auf häusliche Pflege

Der Anspruch auf Leistungen bei häuslicher Pflege ruht gemäß § 34 Abs. 2 SGB XI, sofern Grundpflege und hauswirtschaftliche Versorgung im Rahmen der **häuslichen Krankenpflege** nach § 37 SGB V erbracht werden. 129

Gleiches gilt, wenn sich der Versicherte stationär in einer Pflegeeinrichtung aufhält. Wird der Versicherte aufgrund einer Erkrankung **stationär** behandelt, wird das Pflegegeld jedoch zumindest in den ersten vier Wochen des Krankenhausaufenthalts bzw. des Aufenthalts in einer Vorsorge- oder Rehabilitationseinrichtung weitergezahlt. Damit soll sichergestellt werden, dass die Bereitschaft der Pflegepersonen, die den Pflegebedürftigen üblicherweise zu Hause versorgen, fortbesteht.[227] 130

---

223 Ausführlich Eichenhofer, Sozialrecht der Europäischen Union, S. 73 ff.
224 EuGH, Slg 1998, I-843 (Molenaar); Slg 2004, I-6483 (Gaumain-Cerri und Barth); EuGH, Slg 2009, I-6095 (Chamier-Glisczinski); Slg 2011, I-5737 (da Silva Martins); vgl. den Überblick bei Bokeloh, ZESAR 2020, 165.
225 Vgl. den Überblick bei Udsching in Devetzi/Janda, Freiheit – Gerechtigkeit – Sozial(es) Recht, S. 672.
226 EuGH, Slg 2009, I-6095 (Chamier-Glisczinski).
227 BT-Drs. 13/3696, S. 12.

Wiederholungs- und Vertiefungsfragen

- Welche Leistungen umfasst der Leistungskatalog des SGB XI? Wie lassen sich diese systematisieren? Können die Leistungen miteinander kombiniert werden?
- Erläutern Sie den Grundsatz der Subsidiarität der vollstationären Pflege.
- Edgar steht vor der Frage, ob er seinen pflegebedürftigen Vater pflegen soll. Einerseits fühlt er sich aus familiärer Verbundenheit dazu verpflichtet, andererseits möchte er nur ungern seine Erwerbstätigkeit aufgeben. Welche Möglichkeiten sieht das Leistungsrecht des SGB XI vor, um dem Anliegen der Vereinbarkeit von Beruf und Pflege gerecht zu werden?
- Franka ist Hausfrau. Sie pflegt ihren Vater, der in ihrem Haushalt wohnt. Im Sommer will Franka für zwei Wochen in den Urlaub nach Rhodos fliegen. Sie fragt, wie die Pflege während ihrer Abwesenheit organisiert werden kann. Welche Auswirkungen hätte es auf den Leistungsanspruch ihres Vaters, wenn dieser Franka auf ihrer Reise begleiten würde?
- Giovanni ist pflegebedürftig. Er lebt in einem Pflegeheim. Bei einem Sturz verletzt er sich so schwer, dass er fortan auf einen Rollstuhl angewiesen ist. Wer muss für die Kosten des Rollstuhls aufkommen?
- Nach einem Schlaganfall ist Evrims Mutter schwerstpflegebedürftig. Evrim nimmt sich zehn Tage frei, um einen Platz im Pflegeheim zu organisieren. Ihr Arbeitgeber möchte ihr nur für drei Tage Entgeltfortzahlung gewähren. Sie fragt nun, wie der Einkommensausfall für die übrigen Tage kompensiert wird.
- Tobias lebt in einem Pflegeheim. Er ist an Demenz erkrankt und verlässt tags und nachts immer wieder sein Zimmer. Welche Ansprüche hat der Heimträger gegen die Pflegekasse, wenn der Betreuungsaufwand für Tobias so hoch ist, dass er mit den üblichen, in der vollstationären Pflege geltenden Sätzen nicht abgegolten wird?
- Jamal wird bei einem von Klaus verursachten Verkehrsunfall so schwer verletzt, dass er pflegebedürftig ist. Er wird von seinem Vater versorgt, der dafür seine Erwerbstätigkeit aufgibt. Die Pflegekasse kommt für dessen Beiträge zur Rentenversicherung auf. Erläutern Sie, auf welche Weise die Beiträge berechnet werden. Kann die Pflegekasse die Aufwendungen für die Beiträge gegenüber Klaus als Schadenersatz geltend machen?

4. Kapitel: Leistungserbringungsrecht

Orientierungsfragen

- Wem obliegt die Sicherstellung der flächendeckenden Versorgung der Bevölkerung mit Pflegeleistungen? Wie wird dieser Sicherstellungsauftrag erfüllt? Welche Unterschiede bestehen zwischen gesetzlich und privat gegen das Risiko der Pflegebedürftigkeit abgesicherten Personen?
- Wer kann als Leistungserbringer in der sozialen Pflegeversicherung zugelassen werden? Unter welchen Voraussetzungen wird die Zulassung erteilt?
- Welche Rechtsbeziehungen kennzeichnen das sogenannte Dreiecksverhältnis in der Pflegeversicherung?
- Wie werden die Leistungen der Pflegeversicherung vergütet? Welche Besonderheiten bestehen bei der vollstationären Pflege? Wie werden Versicherte versorgt, die aufgrund einer Erkrankung an einem Programm zur Integrierten Versorgung nach § 140a SGB V teilnehmen?
- Auf welche Weise wird die Qualität der Pflege sichergestellt? Wie wird die Einhaltung der qualitativen Standards überwacht? Welche Unterschiede bestehen zwischen ambulanten und stationären Pflegeeinrichtungen?

A. Der Sicherstellungsauftrag der Pflegekassen

Die Pflegekassen haben gemäß § 69 SGB XI die pflegerische Versorgung der Versicherten nach dem allgemeinen Stand der medizinisch-pflegerischen Erkenntnisse sicherzustellen. Dabei gilt in der sozialen Pflegeversicherung gemäß § 36 SGB XI das **Sachleistungsprinzip**. Die Versicherten erhalten die Sach- und Dienstleistungen also kostenfrei. Das Pflegegeld, welches nach § 37 SGB XI anstelle der professionellen häuslichen Pflege gewährt wird, stellt ein Sachleistungssurrogat dar.

Die Leistungserbringung für diejenigen, die sich bei einem privaten Versicherungsunternehmen gegen das Risiko der Pflegebedürftigkeit versichert haben, richtet sich dagegen nach dem **Kostenerstattungsprinzip**. Sie haben also zunächst selbst für die Kosten der Pflege aufzukommen und können anschließend deren Übernahme bei ihrem Versicherungsunternehmen geltend machen. Die Höhe der Kostenerstattung entspricht dem Umfang der in der sozialen Pflegeversicherung gewährten Sachleistungen, § 23 Abs. 1 S. 3 SGB XI.

Die Pflegekassen erbringen die notwendigen Leistungen jedoch nicht selbst, sondern bedienen sich hierzu der auf dem freien Markt agierenden Anbieter. Um ihrem Sicherstellungsauftrag zu genügen und auch die kostenfreie Versorgung der Versicherten nach dem Sachleistungsprinzip zu gewährleisten, müssen die gesetzlichen Pflegekassen **Versorgungsverträge** mit einer hinreichenden Zahl von Leistungserbringern schließen, §§ 69, 71 SGB XI.[228] Eine Bedarfsplanung findet jedoch – anders als im Krankenhausrecht – nicht statt.[229] Bei den Versorgungsverträgen handelt es sich um öffentlich-rechtliche Verträge,[230] in denen der Inhalt und die Vergütung der Pflegeleistungen geregelt sind. Die Pflege selbst wird hingegen aufgrund eines **privatrechtlichen Vertrags** zwischen Leistungserbringern und Pflegebedürftigen erbracht.[231]

---

228 Deren Umfang erreicht freilich nicht das Ausmaß des vertraglichen Versorgungssystems in der gesetzlichen Krankenversicherung, Welti, Sozialrecht aktuell Sonderheft 2016, 54, 55.
229 BT-Drs. 12/5262, S. 136.
230 Kaeding, NJW 2018, 1430, 1431; Wahl in Spickhoff, Medizinrecht, § 75 SGB XI, Rn. 1; Wilcken in BeckOK, § 75 SGB XI, Rn. 4.
231 Dazu ausführlich Kap. 7, Rn. 2 ff.

I. Leistungserbringer

5 Welche Leistungserbringer Vertragspartner der Pflegekassen sein können, richtet sich nach der Art der pflegerischen Versorgung. Die **professionelle häusliche Pflege** wird von ambulanten Pflegediensten erbracht. Dabei handelt es sich um selbstständig wirtschaftende Einrichtungen, die unter ständiger Verantwortung einer ausgebildeten Pflegefachkraft Pflegebedürftige in deren Wohnung mit Leistungen der häuslichen Pflegehilfe nach § 36 SGB XI versorgen, § 71 Abs. 1 SGB XI. Betreuungsdienste, dh ambulante Betreuungseinrichtungen, die für Pflegebedürftige dauerhaft pflegerische Betreuungsmaßnahmen und Hilfen bei der Haushaltsführung erbringen, sind den Pflegediensten gleichgestellt, § 71 Abs. 1a SGB XI.

Die **teil- und vollstationäre Pflege** wird dagegen in Pflegeeinrichtungen erbracht. Dies sind ebenfalls selbstständig wirtschaftende Einrichtungen, in denen Pflegebedürftige unter ständiger Verantwortung einer ausgebildeten Pflegefachkraft gepflegt werden und ganztägig bzw. tagsüber oder nachts untergebracht und verpflegt werden können, § 71 Abs. 2 SGB XI.

6 Erbringt eine stationäre Einrichtung Leistungen zur medizinischen Vorsorge, zur medizinischen Rehabilitation oder zur Teilhabe von Menschen mit Behinderung, ist sie nicht als Pflegeeinrichtung im Sinne der Norm zu qualifizieren. Gleiches gilt für Krankenhäuser oder Einrichtungen, bei deren Leistungen die schulische Ausbildung oder die Erziehung kranker oder behinderter Menschen im Vordergrund stehen. Einzelheiten der Abgrenzung verschiedener stationärer Einrichtungen regelt der Spitzenverband Bund der Pflegekassen in einer Richtlinie, § 71 Abs. 5 SGB XI.[232] Dadurch sollen insbesondere die Kosten ambulant gewährter Eingliederungshilfen dem zuständigen Träger sicher zugeordnet werden.

7 Pflegedienste und Pflegeheime werden unter dem Begriff der **Pflegeeinrichtungen** zusammengefasst, vgl. § 71 SGB XI. Bei der Auswahl der Vertragspartner haben die Pflegekassen dem **Gebot der Trägervielfalt** und der Unabhängigkeit der Leistungserbringer Rechnung zu tragen, § 69 S. 3 SGB XI. Ist eine Auswahl unter verschiedenen Trägern zu treffen, genießen die freien und gemeinnützigen Träger Vorrang vor öffentlich-rechtlichen Trägern, § 72 Abs. 3 S. 2 SGB XI.

8 Die Vereinbarungen müssen gemäß § 70 Abs. 1 SGB XI dem Prinzip der **Beitragssatzstabilität** genügen, dh die Leistungsausgaben dürfen nicht höher sein als die Beitragseinnahmen. Eine Vereinbarung über höhere Leistungsausgaben ist nichtig, §§ 70 Abs. 2, § 58 SGB XI iVm § 134 BGB. Die Verfassungsmäßigkeit der Regelung wird bezweifelt, da sie das Gebot der Beitragsstabilität über die Interessen der Leistungserbringer stelle, die ihrerseits ein Recht auf eine leistungsgerechte Vergütung haben. Die Norm sei zumindest insoweit zu reduzieren, dass die Nichtigkeit der Vereinbarung voraussetzt, dass die Vertragspartner gleichsam „sehenden Auges" unangemessen hohe Vergütungssätze vereinbart haben.[233]

II. Voraussetzungen der Zulassung als Leistungserbringer

9 Der Abschluss eines Versorgungsvertrags ist Voraussetzung für die Teilnahme der Pflegeeinrichtung an der pflegerischen Versorgung gesetzlich versicherter Pflegebedürftiger, § 72 SGB XI. Der

---

232 Richtlinien des GKV-Spitzenverbandes nach § 71 Abs. 5 S. 1 SGB XI zur näheren Abgrenzung der in § 71 Abs. 4 Nr. 3 Buchstabe c SGB XI genannten Merkmale vom 11.11.2019, abrufbar unter https://www.gkv-sp itzenverband.de/media/dokumente/pflegeversicherung/richtlinien_vereinbarungen_formulare/rahme nvertraege_richtlinien_und_bundesempfehlungen/2019_12_18_Richtlinien_71_Abs._5_Genehmigung. pdf.
233 Wilcken in BeckOK, § 70 SGB XI, Rn. 4.

B. Vertragliches Versorgungssystem

Vertragsschluss erweist sich folglich als Akt der **Zulassung als Leistungserbringer**, § 72 Abs. 4 SGB XI.[234] Er steht unter folgenden Voraussetzungen:

- **selbstständiges Wirtschaften** des Leistungserbringers, § 71 Abs. 1 SGB XI,
- **ständige Verantwortung** einer ausgebildeten Pflegefachkraft. Dies setzt voraus, dass diese eine Ausbildung als Gesundheits- oder Krankenpfleger oder Altenpfleger absolviert hat und innerhalb der letzten acht Jahre mindestens zwei Jahre praktische Erfahrung im erlernten Ausbildungsberuf erworben hat, § 71 Abs. 3 SGB XI.
- Gewähr für die **leistungsfähige und wirtschaftliche pflegerische Versorgung**. Diese unbestimmten Rechtsbegriffe unterliegen der vollständigen gerichtlichen Überprüfung. Die Bedeutung dieses Kriteriums ist gering, da bereits § 71 SGB XI Anforderungen an die Leistungsfähigkeit der Leistungserbringer etabliert.[235]
- Leistung der **ortsüblichen Vergütung** an die Arbeitnehmer der Einrichtung – im Regelfall ist dies die tariflich vereinbarte Vergütung sowie
- die Durchführung eines internen **Qualitätsmanagements** nach § 113 SGB XI[236].

Sobald und solange eine Einrichtung diese Anforderungen erfüllt, hat sie einen Rechtsanspruch auf Zulassung zur Versorgung, § 72 Abs. 3 S. 1 Hs. 2 SGB XI. Die Pflegekassen unterliegen folglich einem Kontrahierungszwang.[237]

Versorgungsverträge dürfen nur mit Einrichtungen geschlossen werden, die ihren Beschäftigten Tariflöhne zahlen, § 72 Abs. 3a SGB XI. Auch in Einrichtungen, die nicht tarifgebunden sind, darf die Entlohnung nicht unterhalb der geltenden Tariflöhne liegen, § 72 Abs. 3b SGB XI.

Für den Fall, dass eine Auswahl unter verschiedenen in Betracht kommenden Vertragspartnern zu treffen ist, statuiert § 72 Abs. 3 S. 2 SGB XI einen Vorrang der freigemeinnützigen und privaten Träger. Verweigert der Landesverband der Pflegekasse den Vertragsschluss, steht der Einrichtung gemäß § 73 Abs. 2 SGB XI der Rechtsweg zu den Sozialgerichten offen, ohne dass zuvor Widerspruch einzulegen ist. Der Klage kommt keine aufschiebende Wirkung zu, dh eine vorübergehende Zulassung bis zur Beendigung des Rechtsstreits ist nicht möglich.

B. Vertragliches Versorgungssystem

Die Pflegekassen haben nicht nur Versorgungsverträge mit den Pflegeeinrichtungen zu schließen. Sie können darüber hinaus Vereinbarungen über die häusliche Pflege durch Einzelpersonen sowie über Pflegehilfsmittel abschließen. Auf Landesebene werden Rahmenverträge abgeschlossen, die eine einheitliche, wirksame und wirtschaftliche pflegerische Versorgung der Versicherten sicherstellen sollen.

I. Versorgungsverträge mit Pflegeeinrichtungen, § 72 SGB XI

Zwischen den Landesverbänden der Pflegekassen und dem Träger der Pflegeeinrichtung bzw. einer Vereinigung gleicher Träger werden Versorgungsverträge abgeschlossen. Dabei ist das Einvernehmen mit den überörtlichen[238] Trägern der Sozialhilfe herzustellen. In diesen sind Art, Umfang und Vergütung der allgemeinen Pflegeleistungen zu regeln, die die jeweilige

---

234 Udsching, NZS 1999, 473, 474; Kaeding, NJW 2018, 1430, 1431; Knittel in Krauskopf, § 72 SGB XI, Rn. 1a; Wahl in Spickhoff, Medizinrecht, § 72 SGB XI, Rn. 2.
235 Knittel in Krauskopf, § 72 SGB XI, Rn. 16; Udsching in Spickhoff, Medizinrecht, § 75 SGB XI, Rn. 10.
236 Zu den Anforderungen an das Qualitätsmanagement siehe Kap. 4, Rn. 68 ff.
237 Udsching in Spickhoff, Medizinrecht, § 72 SGB XI, Rn. 3.
238 Sofern nach Landesrecht die Zuständigkeit der örtlichen Träger der Sozialhilfe vorgesehen ist, ist das Einvernehmen mit diesen zu erzielen.

Pflegeeinrichtung während der Vertragslaufzeit an die Versicherten zu erbringen hat. Sie erhalten damit einen entsprechenden **Versorgungsauftrag**, § 72 Abs. 1 S. 2 SGB XI.

1. Gesamtversorgungsverträge

13 Darüber hinaus können sogenannte **Gesamtversorgungsverträge** nach § 72 Abs. 2 S. 1 Hs. 2 SGB XI abgeschlossen werden. Vertragspartner der Pflegekassen sind hier mehrere oder alle Pflegeeinrichtungen eines Trägers, die vor Ort organisatorisch miteinander verbunden sind. Es kann sich dabei auch um „einzelne, eingestreute Pflegeplätze" des Trägers handeln. Mit solchen einheitlichen Gesamtversorgungsverträgen kann beispielsweise eine quartiersnahe Unterstützung zwischen verschiedenen Versorgungsbereichen erzielt werden.[239] Die Vereinbarungen sind für die Pflegeeinrichtung und für alle Pflegekassen im Inland unmittelbar verbindlich. Dies wirkt sich insbesondere für kleinere Pflegekassen positiv aus, deren Wirkungsbereich sich lediglich auf bestimmte Regionen erstreckt. Wegen der bundesweiten Verbindlichkeit der Gesamtversorgungsverträge müssen sie daher keine gesonderten Vereinbarungen mit Einrichtungen in anderen Bundesländern eingehen. Folglich können Versicherte aus allen Bundesländern Leistungen von zugelassenen Einrichtungen in Anspruch nehmen, auch wenn der Landesverband ihrer Pflegekasse keinen Versorgungsvertrag mit dieser geschlossen hat.[240]

14 Damit ergibt sich ein Dreiecksverhältnis zwischen Versicherten, Pflegekassen und Leistungserbringern:

Dreiecksverhältnis in der Pflegeversicherung

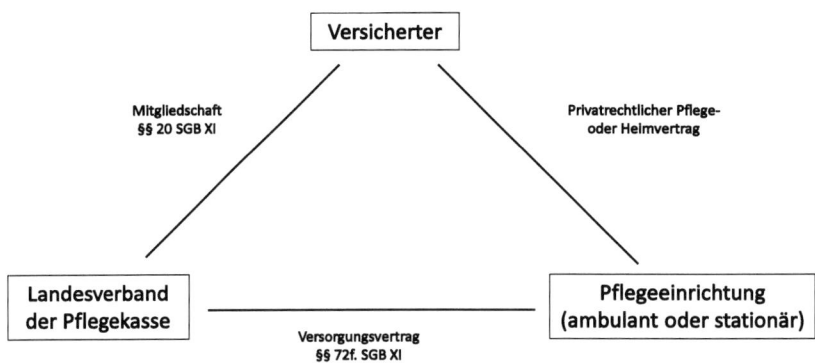

2. Pflichten aus dem Versorgungsvertrag

15 Der Abschluss des Versorgungsvertrages hat zur Folge, dass die Pflegeeinrichtung für die gesamte Vertragslaufzeit zur pflegerischen Versorgung der Versicherten zugelassen ist. Damit geht nicht nur das Recht, sondern auch die **Pflicht zur Versorgung** der Versicherten einher. Die Pflegekassen wiederum werden aufgrund der Vereinbarung verpflichtet, die Leistungen

---

239 Wahl in jurisPK-SGB XI, § 72, Rn. 3.
240 Groth in Hauck/Noftz, § 72 SGB XI, Rn. 31; kritisch aufgrund der mangelnden Repräsentation dieser Einrichtungen im Rahmen der Vertragsverhandlungen Wilcken in BeckOK, § 75 SGB XI, Rn. 5; Udsching in Spickhoff, Medizinrecht, § 75 SGB XI, Rn. 5.

B. Vertragliches Versorgungssystem

der Pflegeeinrichtungen zu vergüten.[241] Der Vertragsschluss bedarf nach § 73 Abs. 1 SGB XI der Schriftform.

Beide Vertragspartner können den Versorgungsvertrag gemäß § 74 Abs. 1 SGB XI mit Jahresfrist **kündigen**. Für die Landesverbände der Pflegekassen gilt dies jedoch nur, wenn der Leistungserbringer die Voraussetzungen der Zulassung nach § 72 Abs. 3 S. 1 SGB XI dauerhaft nicht mehr erfüllt oder wenn er wiederholt seine Pflichten aus dem Versorgungsvertrag „gröblich" verletzt hat. Das Gesetz nennt insofern die Missachtung des Selbstbestimmungsrechts, die fehlende Ausrichtung der Pflege auf die Wiedererlangung oder Erhaltung der körperlichen, geistigen und seelischen Kräfte der pflegebedürftigen Person oder die Missachtung ihrer angemessenen Wünsche zur Ausgestaltung der Hilfeleistungen. Um die Kündigung zu vermeiden, kann der Pflegeeinrichtung die Pflicht zur zeitnahen erfolgreichen Fort- und Weiterbildung der verantwortlichen Pflegefachkräfte oder anderer Leitungskräfte auferlegt werden. Bis zur Beseitigung der Kündigungsgründe darf zudem die Betreuung, Versorgung und Pflege weiterer pflegebedürftiger Personen vorläufig untersagt werden. Grundlage ist jeweils eine Vereinbarung zwischen dem Landesverband der Pflegekasse und dem Träger der jeweiligen Einrichtung, § 74 Abs. 1 S. 3 SGB XI.

Ist der Pflegekasse aufgrund der Verletzung der gesetzlichen oder vertraglichen Pflichten ein Festhalten an dem Versorgungsvertrag nicht **zumutbar**, kann die Kündigung auch fristlos erfolgen. Beispielhaft nennt der Gesetzgeber die Schädigung pflegebedürftiger Personen infolge der Pflichtverletzung, die Abrechnung nicht erbrachter Leistungen durch die Einrichtung oder den Entzug der Betriebserlaubnis nach Maßgabe des Heimordnungsrechts, § 74 Abs. 2 SGB XI.

Ebenso wie der Vertragsschluss bedarf auch die Kündigung des Einvernehmens mit dem zuständigen Sozialhilfeträger (§ 74 Abs. 1 S. 2 SGB XI) sowie der Schriftform (§ 74 Abs. 3 SGB XI).

II. Rahmenverträge, § 75 SGB XI

Um eine einheitliche, wirksame und wirtschaftliche pflegerische Versorgung der Versicherten sicherzustellen, sieht § 75 SGB XI auf Landesebene den Abschluss von Rahmenverträgen vor. Vertragspartner sind die Landesverbände der Pflegekassen und die Vereinigungen der Träger der Pflegeeinrichtungen. Wird eine Pflegeeinrichtung von einer Kirche oder einer öffentlich-rechtlichen Religionsgemeinschaft bzw. einem freigemeinnützigen Träger getragen, kann auch die jeweilige Kirche, Religionsgemeinschaft bzw. der Wohlfahrtsverband als Vertragspartner agieren. Der Medizinische Dienst ist an den Rahmenverträgen ebenso zu beteiligen wie der Verband der privaten Krankenversicherung. Im Hinblick auf die ambulante Pflege müssen überdies die Arbeitsgemeinschaften der örtlichen Sozialhilfeträger, im Hinblick auf die stationäre Pflege zusätzlich die überörtlichen Sozialhilfeträger, am Vertragsschluss beteiligt werden.

Es handelt sich um öffentlich-rechtliche Verträge, denen aufgrund ihrer Verbindlichkeit Rechtsnormcharakter zukommt.[242]

1. Vertragsgegenstände

Die möglichen **Vertragsgegenstände** zählt das Gesetz in § 75 Abs. 2 SGB XI beispielhaft auf; dazu gehören:
- der Inhalt der Pflegeleistungen einschließlich der Sterbebegleitung,
- die Abgrenzung zwischen den allgemeinen Pflegeleistungen, den Leistungen bei Unterkunft und Verpflegung und den Zusatzleistungen im Rahmen der stationären Pflege,

---
241 Dazu ausführlich Kap. 4, Rn. 33 ff.
242 Udsching in Spickhoff, Medizinrecht, § 75 SGB XI, Rn. 1; Wilcken in BeckOK, § 75 SGB XI, Rn. 4.

- der Inhalt der ergänzenden Unterstützung bei Nutzung von digitalen Pflegeanwendungen in der häuslichen Pflege,
- die allgemeinen Bedingungen der Pflege einschließlich der Anforderungen an den Abschluss und die Erfüllung der Versorgungsverträge,
- die Anforderungen an die erforderliche personelle und sächliche Ausstattung der Pflegeeinrichtungen,
- die Überprüfung der Notwendigkeit und Dauer der Pflege,
- Verfahren und Grundsätze für die Prüfung der Wirtschaftlichkeit und der Abrechnungen der Einrichtungen einschließlich des Zugangs des Medizinischen Dienstes oder anderer von den Pflegekassen beauftragter Prüfer,
- die Beteiligung der Mitglieder von Selbsthilfegruppen, ehrenamtlich tätiger Pflegepersonen oder zur ehrenamtlichen Tätigkeit bereiter Personen und Organisationen oder
- das Verfahren für die Bestimmung der ortsüblichen Vergütung für die Beschäftigten in den Pflegeeinrichtungen und deren Überprüfung.

Im Hinblick auf die **personelle Ausstattung** der Pflegeeinrichtungen sind entweder landesweite Personalrichtwerte oder aber Verfahren zu vereinbaren, mit denen der Personalbedarf oder die Pflegezeiten ermittelt werden, § 75 Abs. 3 SGB XI. Dabei sind die besonderen Pflege- und Betreuungsbedarfe von Menschen mit geistigen Behinderungen, psychischen Erkrankungen, demenzbedingten Fähigkeitsstörungen und anderen Leiden des Nervensystems zu berücksichtigen. Zudem sollen die Träger Personalpools oder andere Konzepte entwickeln, mit denen bei kurzfristigen Personalausfällen die erforderliche Mindestbesetzung der Einrichtung sichergestellt wird.

22 Für den Inhalt der Rahmenverträge geben auf Bundesebene der Spitzenverband Bund der Pflegekassen und die Bundesvereinigungen der Träger der Pflegedienste **Empfehlungen**, § 75 Abs. 6 SGB XI. Diese werden unter Beteiligung des Medizinischen Dienstes des Spitzenverbandes Bund der Krankenkassen, des Verbandes der privaten Krankenversicherung eV sowie unabhängiger Sachverständiger gemeinsam mit der Bundesvereinigung der kommunalen Spitzenverbände und der Bundesarbeitsgemeinschaft der überörtlichen Träger der Sozialhilfe erarbeitet, die dabei mit den Verbänden der Pflegeberufe wie auch mit den Verbänden der behinderten und pflegebedürftigen Menschen eng zusammenarbeiten sollen. Desgleichen werden auf Bundesebene gemeinsam und einheitlich die Grundsätze der ordnungsgemäßen Pflegebuchführung vereinbart, § 75 Abs. 7 SGB XI.

23 Die Rahmenverträge sind für die Pflegekassen und die zugelassenen Pflegeeinrichtungen im Inland gleichermaßen unmittelbar verbindlich, § 75 Abs. 1 S. 4 SGB XI. Sie können von jeder Partei binnen Jahresfrist ganz oder teilweise gekündigt werden.

2. Schiedsstelle

24 Fordert ein potenzieller Vertragspartner schriftlich die Aufnahme von Verhandlungen zum Abschluss eines Rahmenvertrags und kommt innerhalb von sechs Monaten keine Einigung zustande, wird eine **Schiedsstelle** eingesetzt, die den Inhalt der Rahmenvereinbarung festsetzt. Die Schiedsstelle wird nach § 76 SGB XI gemeinsam von den Landesverbänden der Pflegekassen und den Vereinigungen der Träger der Pflegeeinrichtungen gebildet. Sie besteht in gleicher Zahl aus Vertretern der Pflegekassen und Pflegeeinrichtungen, einem unparteiischen Vorsitzenden und zwei weiteren unparteiischen Mitgliedern sowie jeweils einem Vertreter des Verbandes der privaten Krankenversicherung und der örtlichen bzw. überörtlichen Sozialhilfeträger des Landes.

B. Vertragliches Versorgungssystem

Näheres zur Besetzung, dem Schiedsstellenverfahren und der Beschlussfähigkeit der Schiedsstellen regeln gemäß § 76 Abs. 5 SGB XI die Landesregierungen durch Rechtsverordnung. Die von der Schiedsstelle getroffene Regelung gilt gemäß § 75 Abs. 5 S. 3 SGB XI so lange, bis sie durch eine vertragliche Vereinbarung ersetzt wird.[243]

III. Verträge mit einzelnen Pflegekräften in der häuslichen Pflege, § 77 SGB XI

Auch mit einzelnen Pflegekräften können die Pflegekassen Verträge abschließen. § 77 SGB XI sieht dies zur Sicherstellung der häuslichen Pflege vor; die Verträge sollen dazu beitragen, den Pflegebedürftigen ein selbstständiges und selbstbestimmtes Leben zu ermöglichen und ihren Wünschen zur Ausgestaltung der Pflege Rechnung zu tragen.

Vertragspartner können nur **professionelle Pflegekräfte** sein. Verwandte und Verschwägerte der pflegebedürftigen Person bis zum dritten Grad sind vom Vertragsschluss ausgeschlossen; desgleichen Personen, die mit dem zu Pflegenden in häuslicher Gemeinschaft leben. Auf diese Weise wird ausgeschlossen, dass in Konstellationen, in denen wegen informeller Pflege lediglich ein Anspruch auf Pflegegeld besteht, die häusliche Pflege als Sachleistung zu erbringen ist.[244]

Die Verträge sollen Regelungen über Inhalt, Umfang, Qualität und Qualitätssicherung sowie die Vergütung und die Prüfung der Qualität und Wirtschaftlichkeit der vereinbarten Leistungen treffen. Zudem ist das Eingehen eines Beschäftigungsverhältnisses zwischen der pflegebedürftigen Person und der Pflegekraft zu untersagen. Das sogenannte **Arbeitgebermodell** ist damit in der sozialen Pflegeversicherung ausgeschlossen. Der Gesetzgeber will auch damit sicherstellen, dass bei selbst organisierter Pflege ausschließlich Pflegegeld bezogen wird.[245]

Die Gesetzessystematik lässt damit deutlich erkennen, dass die sogenannte 24-Stunden-Pflege im Pflegeversicherungsrecht keine hinreichende Verankerung findet. Diese ist dadurch gekennzeichnet, dass eine Pflegekraft in den Haushalt der pflegebedürftigen Person aufgenommen wird und gleichsam rund um die Uhr für deren Versorgung zur Verfügung stehen muss. Dabei handelt es sich um – mehr oder weniger umfassend – ausgebildete Pflegekräfte aus dem Ausland, zumeist aus osteuropäischen Staaten. Sie werden üblicherweise (auch) aus dem Pflegegeld nach § 37 SGB XI vergütet. Der Rahmen der informellen Pflege wird in diesen Modellen jedoch verlassen, so dass der mit dem Pflegegeld verfolgte Zweck nicht erfüllt ist.[246] Der Abschluss von Versorgungsverträgen scheitert an der Haushaltsaufnahme der betreffenden Person.

Darüber hinaus wirft die 24-Stunden-Pflege eine Vielzahl von arbeits- und sozialversicherungsrechtlichen Fragen auf und erweist sich im Falle drittstaatsangehöriger Pflegekräfte auch aufenthaltsrechtlich als problematisch. Eine rechtskonforme und rechtssichere Ausgestaltung ist de lege lata kaum möglich;[247] die Modelle werden daher auch als „geduldeter Rechtsmissbrauch"[248] bezeichnet. Sie werden in der bisher praktizierten Form nicht aufrechterhalten werden können, hat doch das BAG 2021 entschieden, dass die Pflegekraft für die gesamten von ihr geleisteten Arbeitsstunden – einschließlich der Bereitschaftszeiten – einen Anspruch auf Vergütung in Höhe des Mindestlohns hat.[249]

---

243 Ausführlich zu den Befugnissen der Schiedsstellen Renn/Griep, Pflegesozialrecht 2000, 2 ff.
244 Piepenstock in Hauck/Noftz, § 77 SGB XI, Rn. 2.
245 BT-Drs. 13/3696, S. 16.
246 Knopp, NZS 2016, 445, 447.
247 Ausführlich Janda, VSSAR 2020, 297, 309 ff.; Thüsing/Beden/Denzer/Bleckmann/Pöschke, NZS 2021, 321, 324 ff.
248 Brors/Böning, NZA 2015, 846, 846.
249 BAGE 175, 192; so auch die Vorinstanz LArbG Berlin-Brandenburg Urt. v. 17.8.2020 – 21 Sa 1900/19.

IV. Verträge über Pflegehilfsmittel, § 78 SGB XI

30 Soweit spezifische Hilfsmittel für die Pflege benötigt werden, werden auch diese von den Pflegekassen erbracht, sofern sie nicht der medizinischen Behandlung im Rahmen des SGB V zuzuordnen sind.[250] Zur Sicherstellung der Versorgung schließt der Spitzenverband Bund der Pflegekassen nach § 78 SGB XI mit den Leistungserbringern oder deren Verbänden ebenfalls Verträge. Auch die einzelnen Pflegekassen können Verträge über die Hilfsmittelversorgung schließen, um deren Wirtschaftlichkeit zu verbessern.

31 Basis der Verträge ist ein vom Spitzenverband Bund der Pflegekassen erstelltes **Pflegehilfsmittelverzeichnis**. Dieses ist als Anlage zum Hilfsmittelverzeichnis nach § 139 SGB V ausgestaltet und erfasst all jene Hilfsmittel, die nicht bereits der Behandlungspflege zugeordnet sind. § 78 Abs. 2 SGB XI verweist für die Einzelheiten auf die Vorgaben des Krankenversicherungsrechts.[251]

32 Eignen sich Hilfsmittel für die **leihweise Überlassung**, sind sie in dem Verzeichnis gesondert auszuweisen. Die Landesverbände der Pflegekassen vereinbaren dazu entweder untereinander oder mit Pflegeeinrichtungen Einzelheiten, insbesondere zur Beschaffung, Lagerung, Wartung und Kontrolle dieser Hilfsmittel.

C. Vergütung der Leistungen

33 Aufgrund der Versorgungsverträge sind die Pflegekassen zur Vergütung der Leistungserbringer verpflichtet. Diese Gegenleistung für die erbrachten pflegerischen Leistungen wird nicht frei ausgehandelt, sondern ist zahlreichen gesetzlichen Anforderungen unterworfen.

I. Berücksichtigungsfähige Aufwendungen

34 Gemäß § 82 Abs. 1 SGB XI erhalten Pflegeheime und Pflegedienste eine Pflegevergütung, mit welcher die allgemeinen Pflegeleistungen **leistungsgerecht** vergütet werden. Die Pflegevergütung umfasst neben den pflegerischen Leistungen auch die Betreuung und die medizinische Behandlungspflege, soweit sie im stationären Sektor nicht über § 37 SGB V von den Krankenkassen getragen wird. Betriebskostenzuschüsse, also öffentliche Zuwendungen, mit denen die laufenden Aufwendungen der Einrichtung bezuschusst werden, sind nach § 82 Abs. 5 SGB XI von der Pflegevergütung abzuziehen.

35 Im Falle der stationären Pflege ist zusätzlich ein angemessenes Entgelt für **Unterkunft und Verpflegung** zu entrichten. Die Kosten für Unterkunft und Verpflegung bei stationärer Pflege muss die pflegebedürftige Person selbst tragen. Grund dafür ist, dass diese Art von Aufwendungen auch ohne Pflegebedürftigkeit anfallen, so dass sich damit kein pflegespezifisches Risiko verwirklicht.

36 Für beide Entgeltarten gibt § 82 SGB XI vor, dass bei ihrer Bestimmung die **Investitions- und Instandhaltungskosten** der für den Betrieb der Pflegeeinrichtung erforderlichen Grundstücke, Gebäude und abschreibungsfähigen Anlagegüter nicht in Ansatz gebracht werden dürfen. Die Finanzierung von derlei Aufwendungen unterliegt gemäß § 9 SGB XI dem Landesrecht. Nur soweit diese Zuschüsse nicht kostendeckend sind oder lediglich im Darlehenswege erbracht werden, steht es den Einrichtungen frei, diese mit Zustimmung der zuständigen Landesbehörde den pflegebedürftigen Personen gesondert in Rechnung zu stellen, § 82 Abs. 3 SGB XI. Die Investitions- und Instandhaltungskosten dürfen in diesem Fall pauschaliert werden, müssen jedoch in angemessenem Verhältnis zu den tatsächlich entstandenen Kosten stehen. Wird eine Pflegeeinrichtung nicht nach Landesrecht gefördert, darf sie ihre notwendigen Investiti-

---

250 Dazu ausführlich Kap. 3, Rn. 73 ff.
251 Dazu Janda, Medizinrecht, S. 302.

onsaufwendungen auch ohne behördliche Zustimmung den pflegebedürftigen Personen in Rechnung stellen.

II. Vergütung stationärer Pflegeleistungen, §§ 84 ff. SGB XI

Die Vergütung der Pflege und Betreuung sowie ggf. der medizinischen Behandlungspflege in stationären Pflegeeinrichtungen wird im Rahmen der sogenannten Pflegesätze erbracht.

1. Pflegesatzvereinbarungen

Das Verfahren zur Bestimmung der Pflegesätze ist in §§ 85, 86 SGB XI festgelegt. Die Pflegekassen, die zuständigen Sozialhilfeträger oder deren Arbeitsgemeinschaften einerseits und die Träger der Pflegeheime andererseits sind verpflichtet, Art, Höhe und Laufzeit der Pflegesätze gesondert für jedes zugelassene Pflegeheim in einer **schriftlichen Pflegesatzvereinbarung** festzulegen. An den Verhandlungen nehmen stets nur die Kostenträger teil, die im Jahr vor Beginn der Pflegesatzverhandlungen mehr als 5 % der relevanten Berechnungstage für dieses Pflegeheim getragen haben, § 85 Abs. 2 S. 1 SGB XI.

Die Vereinbarung ist stets vor Beginn der jeweiligen Wirtschaftsperiode für einen bestimmten, in der Zukunft liegenden Pflegesatzzeitraum abzuschließen; eine rückwirkende Vereinbarung ist unzulässig. Die Leistungen, für die die Einrichtung eine Vergütung beansprucht, muss diese im Hinblick auf Art, Inhalt und Umfang substantiiert darlegen; dies gilt insbesondere für die Personalkosten, bei denen namentlich Änderungen im Vergleich zu vorangegangenen Zeiträumen zu begründen sind. Die Einrichtung hat dazu rechtzeitig vor Beginn der Verhandlungen Nachweise aus der Pflegedokumentation und eine schriftliche Stellungnahme der Interessenvertreter der Heimbewohnerinnen und -bewohner vorzulegen.

Können sich die Beteiligten nicht innerhalb von sechs Wochen auf eine Pflegesatzvereinbarung einigen oder widerspricht der zuständige Sozialhilfeträger der Vereinbarung, werden die Pflegesätze auf Antrag eines der Verhandlungspartner durch die **Schiedsstelle** (vgl. § 76 SGB XI) festgelegt, § 85 Abs. 5 SGB XI. Die Schiedsstelle muss unverzüglich agieren und die Pflegesätze in der Regel spätestens nach drei Monaten bestimmen. Gegen den Beschluss der Schiedsstelle steht der Rechtsweg zu den Sozialgerichten offen, ohne dass ein Vorverfahren durchzuführen ist.[252] Die Klage hat keine aufschiebende Wirkung, so dass die Pflegesätze der Schiedsstelle zur Anwendung kommen, solange das gerichtliche Verfahren nicht rechtskräftig abgeschlossen ist.

Sowohl die im Verhandlungswege erzielten Pflegesatzvereinbarungen als auch die von der Schiedsstelle festgelegten Pflegesätze sind für das Pflegeheim, die dort versorgten pflegebedürftigen Personen und die Kostenträger unmittelbar **verbindlich**. Ändern sich die der Vereinbarung oder der Schiedsstellenentscheidung zugrunde liegenden Umstände wesentlich, beispielsweise weil die tatsächliche Bewohnerstruktur erheblich von der angenommenen abweicht, müssen die Pflegesätze für den laufenden Pflegesatzzeitraum erneut verhandelt werden, sofern eine der Vertragsparteien dies verlangt. Auch hier kann die Schiedsstelle auf Antrag einer Partei entscheiden, wenn eine Einigung nicht rechtzeitig zustande kommt.

Anstelle der in § 85 Abs. 2 SGB XI genannten Vertragspartner können die Pflegesätze gemäß § 86 SGB XI auch durch sogenannte **Pflegesatzkommissionen** mit Zustimmung der Heimträger vereinbart werden. Diese werden durch die Landesverbände der Pflegekassen, den Verband der privaten Krankenversicherung e.V., die überörtlichen oder ggf. örtlichen Träger der Sozialhilfe und die Vereinigungen der Pflegeheimträger gebildet. Sie können regional oder landesweit agieren. Dabei können einheitliche Pflegesätze für gleiche Leistungen aller Pflegeheime innerhalb

---

252 Ausführlich zum Rechtsschutz gegen Entscheidungen der Schiedsstelle Philipp, NZS 2003, 456.

der gleichen kreisfreien Stadt bzw. des gleichen Landkreises vereinbart werden, welche die Pflegeeinrichtungen jedoch unterschreiten dürfen, § 86 Abs. 2 SGB XI.

2. Anforderungen an die Bestimmung der Pflegesätze

43 Für die Pflegesätze macht der Gesetzgeber umfassende Vorgaben, durch die nicht zuletzt die pflegebedürftigen Personen vor übermäßigen finanziellen Belastungen geschützt werden sollen. Einerseits dürfen nur solche Aufwendungen berücksichtigt werden, die in die Zuständigkeit der sozialen Pflegeversicherung fallen, um das Prinzip der **Beitragssatzstabilität** zu wahren; andererseits ist die **Leistungsgerechtigkeit** der Pflegesätze sicherzustellen. Das heißt, dass der mit der Pflege verbundene Aufwand sich in den Pflegesätzen adäquat widerspiegeln muss. Die Vergütung muss zudem so bemessen sein, dass der wirtschaftliche Betrieb der Einrichtung möglich ist, die Aufwendungen des Trägers gedeckt werden und das unternehmerische Risiko angemessen vergütet wird. Die Vorgaben suchen folglich nach einem angemessenen Ausgleich zwischen Kosteneinsparung und hinreichender finanzieller Ausstattung der Einrichtungen.

44 Im Hinblick auf die Vergütung des Personals deckelt der Gesetzgeber die ansatzfähigen Aufwendungen insofern, als grundsätzlich nur **Tariflöhne** als wirtschaftlich gelten; darüber hinausgehende Gehälter bedürfen der sachlichen Rechtfertigung, § 84 Abs. 2 S. 6 SGB XI. Der Einrichtungsträger muss nachweisen, dass er das Personal jederzeit entsprechend den in der Pflegesatzvereinbarung vorgesehenen Löhnen vergütet, § 84 Abs. 7 SGB XI.

45 Mit den Pflegesätzen sind die allgemeinen Pflegeleistungen, also die Leistungen, die im Hinblick auf Art und Schwere der Pflegebedürftigkeit erforderlich sind, abgegolten, § 84 Abs. 4 SGB XI. § 84 Abs. 2 SGB XI ordnet an, dass die Pflegesätze entsprechend der fünf Pflegegrade einzuteilen sind. Dies bildet die Basis für den sogenannten einrichtungseinheitlichen Eigenanteil, der in den Pflegestufen 2 bis 5 erhoben wird. Sie haben einheitlichen Grundsätzen zu folgen, insbesondere darf nicht danach differenziert werden, welcher Träger für die Kosten der Pflege aufkommt, § 84 Abs. 3 SGB XI.

46 In den Pflegesatzvereinbarungen wird jedoch nicht nur die Höhe der Vergütung für die Pflegeleistungen definiert, sondern auch deren **Leistungs- und Qualitätsmerkmale** bestimmt. § 84 Abs. 5 SGB XI zählt insofern beispielhaft folgende Merkmale auf:
- den zu versorgenden Personenkreis,
- Art, Inhalt und Umfang der Leistungen, die von der Einrichtung während des Geltungszeitraums der Pflegesatzvereinbarung zu erbringen sind,
- die individuell vorzuhaltende personelle Ausstattung, die nach Berufsgruppen aufzugliedern ist, sowie
- Art und Umfang der Ausstattung mit Verbrauchsgütern.

Der Träger der Einrichtung muss sicherstellen, dass das vereinbarte Personal jederzeit zur Verfügung steht; bei Ausfällen oder Engpässen hat er geeignete Maßnahmen zu ergreifen, um die Versorgung der pflegebedürftigen Personen sicherzustellen.

47 Führen Maßnahmen der Qualitätssicherung, insbesondere der Pflegedokumentation zu zeitlichen Einsparungen in den Pflegeeinrichtungen, dürfen diese nach § 113 Abs. 1 S. 6 SGB XI keine Absenkung der Pflegevergütung nach sich ziehen, sondern dienen vielmehr dem Abbau der Arbeitsverdichtung.

48 Über die genannten Aufwendungen hinaus können Vergütungszuschläge für **zusätzliche Leistungen zur Betreuung und Aktivierung** von Pflegebedürftigen nach § 43b SGB XI vereinbart werden, die ausschließlich von der Pflegekasse, nicht aber von den pflegebedürftigen Personen zu tragen sind, § 84 Abs. 8 SGB XI. Solche Vergütungszuschläge setzen voraus, dass die Einrichtung

C. Vergütung der Leistungen

über zusätzliches, in Vollzeit versicherungspflichtig beschäftigtes Personal verfügt, dessen Kosten weder in den allgemeinen Pflegesätzen noch im Rahmen der Zusatzleistungen nach § 88 SGB XI berücksichtigt worden sind, § 85 Abs. 8 SGB XI. Für jeden Pflegebedürftigen müssen in der Regel 5 % der Personalaufwendungen für diese zusätzlichen Kräfte finanziert werden. Der Zuschlag darf zudem nur gezahlt werden, wenn die zusätzlichen Betreuungs- und Aktivierungsaufgaben tatsächlich erbracht werden; die Heimbewohner und ihre Angehörigen sind deutlich auf dieses zusätzliche Angebot hinzuweisen.

3. Kosten für Unterkunft und Verpflegung und Eigenanteil der Versicherten

Die Kosten für Unterkunft und Verpflegung bei stationärer Pflege sind von der pflegebedürftigen Person selbst zu tragen. Die Höhe dieser Aufwendungen wird ebenfalls von den Parteien der Pflegesatzvereinbarungen, allerdings separat von diesen, vereinbart. Sie müssen im angemessenen Verhältnis zu den Leistungen stehen, § 87 SGB XI. 49

Darüber hinaus haben die Versicherten mit dem sogenannten **einrichtungseinheitlichen Eigenanteil** einen Teil der Pflegesätze unabhängig von ihrem Pflegegrad selbst zu tragen. Dies ist mit dem PSG II in § 84 Abs. 2 S. 3 SGB XI eingeführt worden. Zuvor richtete sich die Höhe des Eigenanteils nach der Pflegestufe. Personen mit Pflegestufe I wurde daher ein geringerer Betrag für die pflegebedingten Aufwendungen in Rechnung gestellt als jenen mit Pflegestufe III. Mit der Reform wollte der Gesetzgeber erreichen, dass die Pflegesätze und der Eigenanteil dem tatsächlichen Versorgungsaufwand der Einrichtungen entsprechen.[253] 50

Da die damit einhergehenden finanziellen Belastungen der Versicherten erheblich sind, hat der Gesetzgeber mit der Pflegereform 2021 zusätzliche Erleichterungen beschlossen. Nach dem neuen § 43c SGB XI erhalten Leistungsberechtigte ab Pflegegrad 2 Leistungszuschläge, mit denen die Eigenanteile der stationären Pflegeleistungen stufenweise abgesenkt werden. Die Zuschläge sind nach der Zeit des Bezugs von Leistungen der vollstationären Pflege gestaffelt. Für Aufenthalte von 0 bis 12 Monate beträgt der Zuschlag 15 %, von 12 bis 24 Monaten 30 %, von 24 bis 36 Monaten 50 % und bei noch längeren Aufenthalten 75 %. Damit werden nicht zuletzt auch die Sozialhilfeträger entlastet, die Hilfe zur Pflege an all jene erbringen, die den Eigenanteil nicht mit eigenen Mitteln finanzieren können.[254] Den Zuschlag stellt die Pflegeeinrichtung unmittelbar der Pflegekasse in Rechnung, § 43c S. 6 SGB XI. Damit werden Vorauszahlungen und spätere Erstattungsanträge der pflegebedürftigen Menschen vermieden. 51

4. Zusatzleistungen

Über die Pflegesätze und die Kosten für Unterkunft und Verpflegung hinaus darf eine stationäre Pflegeeinrichtung Zuschläge für Zusatzleistungen verlangen. Diese sind mit dem Pflegebedürftigen im Voraus individuell auszuhandeln; erforderlich ist insofern eine schriftliche Vereinbarung über Art, Umfang, Dauer und Zeitabfolge, die Höhe der Zuschläge und die Zahlungsbedingungen, § 88 Abs. 2 Nr. 2 SGB XI. Die Zusatzleistungen umfassen gemäß § 88 SGB XI **besondere Komfortleistungen** bei Unterkunft und Verpflegung sowie zusätzliche pflegerisch-betreuende Leistungen. Der zulässige Inhalt solcher Zusatzleistungen ist in den Rahmenverträgen nach § 75 SGB XI festzulegen. 52

Beispiel

Ein Zuschlag darf für ein besonders großes Einzelzimmer erhoben werden, dessen Ausstattung über die normalerweise in der Einrichtung übliche hinausgeht, etwa weil es über einen Balkon oder eine

---

253 BT-Drs. 18/5926, S. 127.
254 BT-Drs. 20/6544, S. 38. Ausführlich zur Hilfe zur Pflege Kap. 6, Rn. 12 ff.

eigene Kochnische verfügt. Erforderlich ist aber, dass diese besondere Ausstattung individuell von den Heimbewohnern gewählt werden kann.[255] Keine Zusatzleistung ist dagegen die Zubereitung spezieller, aus gesundheitlichen Gründen erforderlicher Diätnahrung.[256]

53 Die Gewährung und Berechnung dieser besonderen Komfortleistungen setzt voraus, dass dadurch die notwendigen Leistungen des Pflegeheims nicht beeinträchtigt werden. Zudem müssen Leistungsangebot und -bedingungen vorab schriftlich den Landesverbänden der Pflegekassen und den überörtlichen Sozialhilfeträgern mitgeteilt werden.

5. Berechnung und Zahlung des Heimentgelts

54 Die Pflegesätze, die Kosten für Unterkunft und Verpflegung und die gesondert berechenbaren Investitionskosten werden als **Gesamtheimentgelt** bezeichnet. Sie werden tageweise berechnet, beginnend mit dem Tag der Aufnahme der pflegebedürftigen Person in die Einrichtung bis zu dem Tag, an dem diese entlassen wird oder verstirbt, § 87a Abs. 1 SGB XI. Wird die betreffende Person in eine andere Einrichtung verlegt, darf nur die aufnehmende Einrichtung die für den Tag der Verlegung anfallenden Kosten in Rechnung stellen. Die gesetzlichen Regelungen sind nicht dispositiv, dh abweichende Vereinbarungen über die Berechnung und Zahlungsweise sind unwirksam.

55 Das Heimentgelt wird gemäß § 87a Abs. 3 SGB XI zum 15. jeden Monats mit befreiender Wirkung von der Pflegekasse an den Heimträger geleistet.

56 Ist die pflegebedürftige Person **vorübergehend abwesend** – etwa wegen eines Urlaubs – muss der Pflegeplatz für bis zu 42 Tage pro Kalenderjahr freigehalten werden. Im Falle des Aufenthalts in einem Krankenhaus oder einer Rehabilitationseinrichtung muss der Platz über den gesamten Abwesenheitszeitraum freigehalten werden. Dauert die Abwesenheit länger als drei Tage, ist das Gesamtheimentgelt zu mindern. Der Gesetzgeber sieht Abschläge von mindestens 25 % der Pflegevergütung, der Entgelte für Unterkunft und Verpflegung sowie der Entgelte für die Integrierte Versorgung (IV) nach § 92b SGB XI vor; Einzelheiten sind in den Rahmenvereinbarungen nach § 75 SGB XI zu regeln.[257]

> **Beispiel**
> David lebt im Pflegeheim „Sonnenblick". Dreimal im Jahr – Ostern, Weihnachten und anlässlich seines Geburtstags – besucht er für jeweils 10 Tage seinen Sohn und seine Schwiegertochter. Spätestens in der Sommerhitze werden die beiden zu Belastungen, die über ein barrierefrei ausgestattetes Haus verfügen und David auch versorgen. Die Pflegekasse möchte ab dem vierten Tag des Osterurlaubs das Heimentgelt für alle weiteren Tage der Abwesenheit im Kalenderjahr mindern. Der Träger des Heims „Sonnenblick" ist jedoch der Auffassung, dass die Pflegekasse stets während der ersten drei Abwesenheitstage von David – insgesamt also während neun Tagen pro Kalenderjahr – den vollen Pflegesatz zu entrichten hat.
> Nach der Rechtsprechung des BSG sind die Vorgaben im Rahmenvertrag über die Vergütung von Heimleistungen während Abwesenheitszeiten als Mindestvorgabe zu verstehen. Spätestens ab dem vierten Abwesenheitstag ist die Zahlung einer verringerten Vergütung vorgesehen; die Vertragsparteien können die Verringerung aber auch bereits ab dem ersten Abwesenheitstag vereinbaren. Kommen sie zu keiner Einigung, gilt der Rahmenvertrag. Die dort vorgesehene Verminderung des Heimentgelts bezieht sich auf den einzelnen Abwesenheitsfall. Die Aufrechterhaltung der vollen Vergütung ist also nicht lediglich für drei Abwesenheitstage pro Kalenderjahr, sondern für die ersten drei Tage jeder Abwesenheit geboten; anderenfalls hätte der Gesetzgeber dies durch eine entsprechende Formulierung klarstellen müssen.[258]

57 Da die Pflegesätze Bezug auf die Pflegegrade nehmen, darf der Heimträger pflegebedürftige Personen dazu auffordern, bei der Pflegekasse die **Zuordnung zu einem höheren Pflegegrad** zu beantragen, wenn aufgrund ihres Zustands Anhaltspunkte dafür bestehen, dass sich das Ausmaß

---

255 VGH Mannheim 22.6.2006 – Az. 6 S 2993/04.
256 O´Sullivan in jurisPK-SGB XI, § 88, Rn. 15; dort auch weitere Beispiele.
257 Griep, Sozialrecht aktuell 2009, 81, 84.
258 BSGE 122, 248.

der Pflegebedürftigkeit erhöht hat. Verweigert der Heimbewohner die Antragstellung, darf der Heimträger vorläufig den Pflegesatz nach dem nächsthöheren Grad in Rechnung stellen, und zwar ab dem ersten Tag des zweiten auf die Aufforderung folgenden Monats, § 87a Abs. 2 SGB XI. Stellt sich im Nachhinein heraus, dass kein höherer Pflegegrad vorliegt, ist der Heimträger zur Rückzahlung der zu Unrecht erhobenen Kosten nebst 5 % Zinsen verpflichtet.

Reduziert sich der Grad der Pflegebedürftigkeit durch aktivierende und rehabilitative Maßnahmen oder entfällt die Pflegebedürftigkeit ganz, erhält die Pflegeeinrichtung von der Pflegekasse zusätzlich 2.952 Euro. Dieser sogenannte **Anerkennungsbeitrag**, mit dem die Anstrengungen der Pflegeeinrichtung honoriert werden sollen, wird in der Praxis kaum genutzt.[259] Seine Gewährung setzt voraus, dass die Einrichtung eine über das ohnehin gesetzlich geschuldete Maß hinausgehende Pflege erbracht, sich also überobligatorisch bemüht hat. Auf die Kausalität zwischen den zusätzlichen aktivierenden und rehabilitativen Leistungen für die Reduktion des Pflegegrades kommt es aber nicht an.[260] Die Summe ist zurückzuzahlen, wenn die pflegebedürftige Person innerhalb von sechs Monaten wieder einem höheren Pflegegrad zugeordnet bzw. erneut als pflegebedürftig eingestuft wird, § 87a Abs. 4 SGB XI.

III. Vergütungsvereinbarungen über ambulante Pflegeleistungen, § 89 SGB XI

Auch die Vergütung für die ambulanten Leistungen der häuslichen Pflege ist Gegenstand von Vereinbarungen. Ebenso wie bei den stationären Leistungen muss die Vergütung leistungsgerecht bestimmt werden und einen wirtschaftlichen Betrieb des Pflegedienstes ermöglichen, dessen zur Erfüllung des Versorgungsauftrags erforderlichen Aufwendungen finanzieren und das unternehmerische Risiko angemessen vergüten. Als **wirtschaftlich** gelten wiederum alle Gehälter bis zur Höhe einschlägiger Tariflöhne; darüber hinausgehende Bezahlungen bedürfen der sachlichen Rechtfertigung, § 89 Abs. 1 SGB XI.

Vertragspartner sind die Träger des Pflegedienstes auf der einen Seite und die Pflegekassen, die Sozialhilfeträger oder deren Arbeitsgemeinschaften auf der anderen Seite. Die Beteiligung der Kostenträger richtet sich danach, ob sie im Jahr vor Beginn der Vergütungsverhandlungen die Kosten der Pflege für mehr als 5 % der von dem jeweiligen Pflegedienst betreuten Personen zu tragen hatten.

Die Vergütung wird für jeden Pflegedienst gesondert vereinbart, ist dabei jedoch einheitlich zu bestimmen, darf also nicht nach Kostenträgern differenzieren. Im Übrigen macht das Gesetz nur wenige Vorgaben. Zulässig ist nach § 89 Abs. 3 SGB XI beispielsweise die Vereinbarung der Vergütung nach Art und Umfang der Pflegeleistung, nach zeitlichem Aufwand oder nach Leistungsinhalt des einzelnen Pflegeeinsatzes, nach Komplexleistungen oder nach Einzelleistungen. Pauschalen dürfen für die hauswirtschaftliche Versorgung, für Behördengänge oder Fahrtkosten vereinbart werden; im ländlichen Raum sind ggf. längere Anfahrtswege zu berücksichtigen. Qualitative Aspekte der Pflege spielen dagegen keine Rolle.[261] Werden Leistungen von mehreren Pflegebedürftigen gemeinsam in Anspruch genommen, muss sich die damit einhergehende Ersparnis von Zeit und Kosten auf die Vergütungshöhe auswirken.

Das Bundesministerium für Gesundheit darf gemäß § 90 SGB XI im Einvernehmen mit dem BMFSFJ und dem BMAS mit Zustimmung des Bundesrates eine **Gebührenordnung** für die Vergütung der ambulanten Leistungen der häuslichen Pflegehilfe erlassen. Dabei handelt es sich um eine Rechtsverordnung. Auch diese muss sich an den Vergütungsgrundsätzen des § 89 SGB XI orientieren, also eine leistungsgerechte Vergütung finden; sie soll regionalen Unterschieden

---

259 O´Sullivan in jurisPK-SGB XI, § 87a, Rn. 157.
260 BSGE 120, 1.
261 Kaeding, NJW 2018, 1430, 1431.

Rechnung tragen und auch Regelungen zur Abrechnung der Vergütung zwischen Pflegediensten und Kostenträgern enthalten. Leistungen der häuslichen Pflege, die durch Familienangehörige oder Personen erbracht werden, die mit der pflegebedürftigen Person in häuslicher Gemeinschaft leben, dürfen nicht Gegenstand der Gebührenordnung sein. Das BMG hat von der Ermächtigung bislang keinen Gebrauch gemacht.

IV. Verträge zur Integrierten Versorgung, § 92b SGB XI

63   Um die Vernetzung von ambulanter und stationärer Versorgung von Patienten zu fördern, hat der Gesetzgeber in § 140a SGB V mit der Integrierten Versorgung ein Instrument zur sektorenübergreifenden bzw. **interdisziplinär-fachübergreifenden Versorgung** geschaffen.[262] Dazu schließen die Krankenkassen Versorgungsverträge mit den in der gesetzlichen Krankenversicherung zugelassenen Leistungserbringern, beispielsweise Ärzten, Heil- und Hilfsmittelerbringern oder Krankenhäusern. Auch Pflegekassen und zugelassene Pflegeeinrichtungen können sich nach § 140a Abs. 3 Nr. 3 SGB V, § 92b SGB XI an diesen Verträgen beteiligen. Dies bedarf der Zustimmung aller an dem jeweiligen IV-Vertrag beteiligten Vertragspartner.

64   Die Versicherten können freiwillig an den Programmen zur Integrierten Versorgung teilnehmen. Einzelheiten über Art, Inhalt und Umfang der zu erbringenden Leistungen und der dafür zu entrichtenden Vergütung sind in den Verträgen zu regeln. Dabei kann auch von den Vorgaben der §§ 75, 85, 89 SGB XI abgewichen werden, wenn dies erforderlich für die Durchführung der IV ist oder - ausgehend vom Sinn der integrierten Versorgung - deren Qualität, Wirksamkeit und Wirtschaftlichkeit verbessert. Gleichwohl dürfen im Hinblick auf die Pflegekassen nur solche Aufwendungen vorgesehen werden, die sich der Zuständigkeit der sozialen Pflegeversicherung zuordnen lassen.

65   Entsteht den Pflegeeinrichtungen durch die IV ein höherer Aufwand für die von ihnen erbrachten Pflegeleistungen, sind leistungsgerechte **Zuschläge** zur Pflegevergütung nach §§ 85, 89 SGB XI zu vereinbaren.

V. Kostenerstattung bei fehlender Vereinbarung, § 91 SGB XI

66   Mit der Zulassung zur Versorgung gesetzlich versicherter Pflegebedürftiger geht nicht automatisch ein Anspruch auf oder eine Verpflichtung zum Abschluss einer Vergütungsvereinbarung einher.[263] Scheitern darauf gerichtete Verhandlungen oder möchte die Pflegeeinrichtung auf den Abschluss einer Pflegesatz- oder Vergütungsvereinbarung oder eine Entscheidung der Schiedsstelle verzichten, kann sie die Kosten der pflegerischen Leistungen gemäß § 91 SGB XI **individuell** mit der pflegebedürftigen Person vereinbaren, die sich sodann die Kosten von der Pflegekasse erstatten lässt.

67   Um zu verhindern, dass die Leistungserbringer auf diese Weise das vertragliche Versorgungssystem unterlaufen, ist der Erstattungsanspruch auf 80 % der, gemessen an Art und Schwere der Pflegebedürftigkeit nach dem SGB XI, zu leistenden Kosten beschränkt. Erstattungsfähig sind zudem nur die allgemeinen Pflegeleistungen. Darüber hinausgehende Beträge dürfen nicht dem Sozialhilfeträger in Rechnung gestellt werden, § 91 Abs. 2 SGB XI. Individuelle Preisvereinbarungen zwischen Versicherten und Pflegeeinrichtungen zulasten der Sozialhilfe werden auf diese Weise vermieden.[264]

68   Zum Schutz der Versicherten etabliert § 91 Abs. 4 SGB XI eine Verpflichtung der Pflegeeinrichtungen, die pflegebedürftigen Personen und ihre Angehörigen rechtzeitig auf die begrenzte

---

262 Dazu Janda, Medizinrecht, S. 159 f.
263 Wilcken in BeckOK, § 91 SGB XI, vor Rn. 1.
264 BT-Drs. 12/5262, S. 150.

D. Qualitätssicherung in der Pflege

Kostenerstattung hinzuweisen. Auch die Pflegekasse ist zu entsprechenden Hinweisen verpflichtet, kann dem naturgemäß aber nur dann nachkommen, wenn sie Kenntnis davon erlangt hat, dass ein Versicherter Leistungen von einer vertragslosen Pflegeeinrichtung in Anspruch nimmt.

D. Qualitätssicherung in der Pflege

Neben den finanziellen Belastungen ist die Qualität der pflegerischen Versorgung für die pflegebedürftigen Personen und ihre Angehörigen von entscheidender Bedeutung. Der Gesetzgeber trägt diesem Anliegen Rechnung und verankert im Pflegeversicherungsrecht, aber auch im Heimordnungsrecht verschiedene Standards zur Qualitätssicherung in der Pflege. 69

Auch wenn der Sicherstellungsauftrag nach § 69 SGB XI den Pflegekassen obliegt, überträgt der Gesetzgeber in § 112 SGB XI den Trägern der Pflegeeinrichtungen die Verantwortung für die Qualität der von ihnen erbrachten Leistungen. Maßstab für die Sicherung und Weiterentwicklung der Pflegequalität bilden die **Pflegesatzvereinbarungen** (vgl. § 84 Abs. 5 SGB XI[265]). Darüber hinaus enthält § 113 SGB XI Vorgaben für Vereinbarungen zu Qualitätssicherung und Qualitätsmanagement, § 114 SGB XI erlegt den Beteiligten die Verpflichtung zur Teilnahme an Qualitätsprüfungen auf. Die Leistungserbringer erfahren dabei umfassende Unterstützung durch den Medizinischen Dienst und den Prüfdienst des Verbandes der privaten Krankenversicherung, die im Interesse der Prävention Beratung für Pflegeeinrichtungen anbieten. 70

I. Vorgaben zur Qualitätssicherung nach § 113 SGB XI

Der Gesetzgeber enthält sich detaillierter Vorgaben zu Qualitätsstandards, der Überwachung ihrer Einhaltung und ihrer Weiterentwicklung, sondern überantwortet deren Festlegung den Leistungserbringern und Kostenträgern. Die allgemeinen Regelungen zur Qualitätssicherung wurden erst vergleichsweise spät, nämlich mit dem PQsG[266] im Jahr 2002 in das Gesetz aufgenommen.[267] 71

1. Vereinbarungen zur Pflegequalität

Auch die qualitativen Aspekte der Pflege sollen Gegenstand von Vereinbarungen zwischen Leistungserbringern und Kostenträgern sein. Zu diesem Zweck sieht § 113 Abs. 1 SGB XI vor, dass 72
- der Spitzenverband Bund der Pflegekassen,
- die Bundesarbeitsgemeinschaft der überörtlichen Träger der Sozialhilfe,
- die kommunalen Spitzenverbände auf Bundesebene und
- die Vereinigungen der Träger der Pflegeeinrichtungen

auf Bundesebene Maßstäbe für die Qualität der ambulanten und stationären Pflege vereinbaren. Diese sollen auch die Qualitätsdarstellung und -sicherung, ein einrichtungsinternes Qualitätsmanagement sowie die Pflegedokumentation umfassen. An den Vereinbarungen sollen der Medizinische Dienst des Spitzenverbandes Bund der Krankenkassen, der Verband der privaten Krankenversicherung, die Verbände der Pflegeberufe und die Interessenvertreter und Selbsthilfegruppen der pflegebedürftigen und behinderten Menschen (§ 118 SGB XI) sowie

---
265 Dazu ausführlich Kap. 4, Rn. 38 ff.
266 Gesetz zur Qualitätssicherung und zur Stärkung des Verbraucherschutzes in der Pflege (Pflege-Qualitätssicherungsgesetz) vom 9.9.2001, BGBl. I 2320.
267 Dazu ausführlich Igl, SGb 2007, 381 (passim).

unabhängige Sachverständige beteiligt werden. Die Vertragspartner treffen ihre Vereinbarungen durch den **Qualitätsausschuss** nach § 113b SGB XI.[268]

73 Die Vereinbarungen sind im Bundesanzeiger zu veröffentlichen und binden alle Pflegekassen, deren Verbände sowie die zugelassenen Leistungserbringer. Die Parteien können die Vereinbarung mit Jahresfrist ganz oder teilweise kündigen; sie gilt jedoch bis zum Abschluss einer neuen Vereinbarung fort, § 113 Abs. 2 SGB XI.

2. Wirtschaftlichkeit vs. hinreichende personelle Ausstattung von Einrichtungen

74 Die Qualitätssicherung steht unter dem Vorbehalt der **Wirtschaftlichkeit**: Die Anforderungen dürfen gemäß § 113 Abs. 1 S. 3 SGB XI nicht über das hinausgehen, was für die Pflegeeinrichtungen vertretbar und wirtschaftlich ist; der Aufwand für die Pflegedokumentation soll im angemessenen Verhältnis zur pflegerischen Versorgung stehen.

75 Zugleich ist aber sicherzustellen, dass die Qualität der Pflege finanziellen Erwägungen nicht zum Opfer fällt. Dies betrifft insbesondere die hinreichende personelle Ausstattung von Pflegeeinrichtungen. Die Vertragspartner haben gemäß § 113b SGB XI im Einvernehmen mit dem BMG und dem BMFSFJ sicherzustellen, dass ein wissenschaftlich fundiertes Verfahren zur einheitlichen Bemessung des Personalbedarfs entwickelt und erprobt wird. Dabei kommt es nicht allein auf die Zahl des verfügbaren Personals, sondern auch auf dessen Qualifikation an, wobei sich die Bedarfsermittlung strikt am durchschnittlichen Aufwand für direkte und indirekte pflegerische Maßnahmen sowie die Hilfe bei der Haushaltsführung zu orientieren hat. Die Überprüfung der **Personalausstattung** sollen die Vertragspartner nicht selbst durchführen; sie sind gehalten, fachlich unabhängige wissenschaftliche Einrichtungen oder Sachverständige zu beauftragen.

76 Eine hinreichende personelle Ausstattung ist unerlässlich, nicht zuletzt um der mit der Neufassung des Pflegebedürftigkeitsbegriffs geänderten Ausrichtung der Leistungen der sozialen Pflegeversicherung auf eine stärkere Unterstützung pflegebedürftiger Menschen zu genügen und sich nicht - wie früher - auf die Versorgung bei körperlichen Einschränkungen zu beschränken.[269]

3. Indikatoren

77 Damit die Qualität der Pflege in vergleichbarer Art dargestellt und gemessen werden kann, gibt der Gesetzgeber die Entwicklung von **Indikatoren** vor, § 113 Abs. 1a SGB XI. Die Vertragspartner sollen eine fachlich unabhängige Institution im Rahmen eines Vergabeverfahrens mit der Auswertung der erhobenen Daten beauftragen. Diese soll die Ergebnisse ihrer Auswertung an die Landesverbände der Pflegekassen weiterleiten, § 113 Abs. 1b SGB XI. Von den vormals in § 113a SGB XI verankerten Expertenstandards ist der Gesetzgeber abgerückt, da sie sich in der Praxis nicht bewährt haben: es wurde bis 2023 kein einziger Standard verbindlich eingeführt. Auch nach der Streichung des § 113a SGB XI steht es den Vertragspartnern aber offen, diese freiwillig zu vereinbaren.[270]

II. Qualitätsprüfungen nach §§ 114–115 SGB XI

78 Die Pflegekassen sollen regelmäßig überprüfen, ob die Pflegeeinrichtungen die im SGB XI vorgesehenen Qualitäts- und Leistungsstandards erfüllen. Dazu erteilen sie dem MD, dem Prüfdienst des Verbandes der privaten Krankenversicherungen oder eigens bestellten Sachverständigen

---

268 Zu diesem Reimer, SGb 2016, 252, 255.
269 BT-Drs. 18/5926, S. 103.
270 BT-Drs. 20/6544, S. 76 f.

D. Qualitätssicherung in der Pflege

einen entsprechenden Auftrag, in dem Art, Gegenstand und Umfang der Prüfung festzulegen sind. Es werden folgende Arten unterschieden:

- Die **Regelprüfung** findet im Abstand von höchstens einem Jahr in jeder Einrichtung statt, § 114 Abs. 2 SGB XI. Bei guter Qualität kann der Prüfrhythmus nach Maßgabe des § 114c SGB XI verlängert werden. Gegenstand der Regelprüfung sind die Qualität der allgemeinen Pflegeleistungen, der medizinischen Behandlungspflege, der Betreuung und der zusätzlichen Betreuung und Aktivierung (§ 43b SGB XI), der Unterkunft und Verpflegung (§ 87 SGB XI) und der Zusatzleistungen (§ 88 SGB XI) einschließlich der Abrechnung der Leistungen. Dabei wird stets auch die Einhaltung der Empfehlungen der Kommission für Krankenhaushygiene und Infektionsprävention überprüft. Abgefragt werden
  - die **Ergebnisqualität**, dh der Pflegezustand und die Wirksamkeit der Pflege- und Betreuungsmaßnahmen,
  - die **Prozessqualität**, dh Ablauf, Durchführung und Evaluation der Leistungserbringung und
  - die **Strukturqualität**, dh die unmittelbaren Rahmenbedingungen der Leistungserbringung.[271]
- Die **Anlassprüfung** wird aufgrund eines konkreten Umstands oder Vorkommnisses vorgenommen. Dieser Anlass gibt jedoch nicht den Umfang des Prüfauftrags vor; vielmehr wird eine umfassende Prüfung vorgenommen, deren Fokus jedoch auf der **Ergebnisqualität** liegt, § 114 Abs. 4 S. 1 SGB XI.
- Eine **Wiederholungsprüfung** wird im Anschluss an eine Regel- oder Anlassprüfung vorgenommen, um festzustellen, ob etwaige Qualitätsmängel beseitigt worden sind, § 114 Abs. 4 S. 4 SGB XI.

Im Rahmen der Prüfung sind die Einrichtungen eingehend über die qualitativen Anforderungen zu beraten. Die Pflegeeinrichtungen haben die Prüfungen nicht lediglich zu dulden, sondern müssen deren ordnungsgemäße Durchführung ermöglichen. Diese finden im Rahmen einer **vor-Ort-Begehung** statt, dh alle für das Pflegeheim benutzten Grundstücke und Räume müssen dafür jederzeit betreten werden können. Die Prüfer sind zudem berechtigt, die Pflegebedürftigen, deren Angehörigen, Vertreter oder Betreuer sowie die Beschäftigten und die Interessenvertretung der Bewohnerinnen und Bewohner zu befragen. Der gesundheitliche und pflegerische Zustand der pflegebedürftigen Personen ist – freilich mit deren Einwilligung, die nach umfassender Aufklärung erteilt worden ist – in Augenschein zu nehmen, § 114a Abs. 3 SGB XI. Die Wohnräume der Heimbewohner dürfen sie jedoch nur mit deren Einwilligung betreten, es sei denn, dies ist zur Verhütung dringender Gefahren für die öffentliche Sicherheit und Ordnung erforderlich, § 114 Abs. 2 S. 3 SGB XI. Die Besichtigung und Prüfung sollen tagsüber erfolgen; nachts darf sie nur durchgeführt werden, wenn das Ziel der Qualitätssicherung anders nicht erreicht werden kann. Hierfür bedarf es entsprechender Anhaltspunkte, etwa der unzureichenden Besetzung der Stationen zur Nacht.

Die Prüfungen sollen einen Tag im Voraus angekündigt werden; Anlassprüfungen sollen unangekündigt stattfinden, § 114a Abs. 1 S. 2 SGB XI. Keine Ankündigung findet zudem statt, wenn eine stationäre Einrichtung entgegen der gesetzlichen Anordnung in § 114b Abs. 1 SGB XI den Pflegekassen keine, unvollständige oder unplausible Daten aus dem einrichtungsinternen Qualitätsmanagement übermittelt.

Die Ergebnisse der Qualitätsprüfungen und die dabei erhobenen Daten und Informationen müssen gemäß § 115 Abs. 1 S. 1 SGB XI den Landesverbänden der Pflegekassen, den zuständigen Trägern der Sozialhilfe sowie den Heimaufsichtsbehörden bzw. für die häusliche Pflege den

---
271 Dazu Bieback, SGb 2013, 511, 512 f.

zuständigen Pflegekassen mitgeteilt werden. Die Einrichtungen haben überdies die pflegebedürftigen Personen und ihre Angehörigen über ihr Angebot und dessen Qualität zu informieren, und zwar verständlich, übersichtlich und auf vergleichbare Weise. Die **Veröffentlichung** kann sowohl im Internet als auch in anderer geeigneter Form erfolgen und muss kostenfrei sein, § 115 Abs. 1a SGB XI.

81 Werden **Qualitätsmängel** festgestellt, haben die Landesverbände der Pflegekassen unter Beteiligung des zuständigen Sozialhilfeträgers einen Bescheid über die erforderlichen Maßnahmen zu erlassen, in welchem dem Träger der Einrichtung eine angemessene Frist zur Beseitigung der Mängel gesetzt wird. Der Einrichtungsträger ist vor Erlass des Bescheids anzuhören. Wird die Frist versäumt, berechtigt dies den Landesverband der Pflegekassen zur Kündigung des Versorgungsvertrags, § 115 Abs. 2 SGB XI. Überdies kann die Pflegevergütung für die Dauer der Pflichtverletzung gekürzt werden, § 115 Abs. 3 SGB XI. Dafür genügt jedoch die bloße Pflichtverletzung nicht; nach der Rechtsprechung des BSG setzt die Kürzung der Vergütung voraus, dass aus der Verletzung der gesetzlichen oder vertraglichen Pflichten Qualitätsmängel resultieren.[272] Über die Höhe der Kürzung soll zwischen den Vertragspartnern Einvernehmen erzielt werden. Ist dies nicht möglich, entscheidet die Schiedsstelle, gegen deren Entscheidung der Rechtsweg zu den Sozialgerichten offensteht. Ein Vorverfahren findet nicht statt; die Klage hat aufschiebende Wirkung, so dass die Vergütungskürzung bis zu einer rechtskräftigen Entscheidung ausgesetzt ist. Das Verfahren zur Kürzung der Vergütung ist durch den Qualitätsausschuss in der VPflVgVb vereinbart worden.[273]

82 Das Vorliegen einer Pflichtverletzung durch den Einrichtungsträger wird nach § 115 Abs. 3a SGB XI vermutet, wenn der Träger planmäßig und zielgerichtet oder nicht lediglich vorübergehend, dh über Monate hinweg (vgl. § 1b Abs. 1 VPflVgVb) erheblich zu wenig Personal beschäftigt oder die nach § 84 SGB XI vereinbarten Mindestgehälter nicht zahlt. Das planmäßige Vorgehen erfordert ein eindeutig vertragswidriges Verhalten des Einrichtungsträgers in der Absicht, sich daraus einen Vorteil zu verschaffen, § 1a Abs. 1 VPflVgVb. Ein Indiz dafür liegt vor, wenn der Träger trotz länger andauernder Engpässe und Personalausfalls keine geeigneten Maßnahmen ergreift, um Abhilfe zu schaffen.

III. Qualitätsstandards im Heimordnungsrecht

83 § 117 SGB XI verpflichtet die Träger der sozialen Pflegeversicherung zur engen Zusammenarbeit mit den für die Heimaufsicht zuständigen Behörden. Sie sollen sich regelmäßig gegenseitig informieren und beraten, Pflegeeinrichtungen gemeinsam oder arbeitsteilig überprüfen und sich im Einzelfall über erforderliche Maßnahmen verständigen. Dadurch sollen **Doppelprüfungen** ausgeschlossen werden, die aus der teilweisen Überschneidung der Vorgaben zur Qualitätssicherung in der Pflegeversicherung und dem Heimordnungsrecht resultieren.[274]

84 Da das Heimrecht infolge der **Föderalismusreform** 2006 aus der konkurrierenden Gesetzgebungskompetenz nach Art. 74 Abs. 1 Nr. 7 GG ausgenommen ist, liegt es in der Zuständigkeit der Länder.[275] Das vormals bundesweit geltende HeimG[276] ist inzwischen flächendeckend durch

---

272 BSGE 112, 1; dazu kritisch Bieback, SGb 2013, 511.
273 Vereinbarung nach § 115 Abs. 3b SGB XI zur Kürzung der Pflegevergütung nach § 115 Abs. 3 und 3a SGB XI vom 27.2.2018, BAnz AT 28.3.2018 B5.
274 Igl, SGb 2007, 381, 384.
275 BVerwG Beschl. v. 5.4.2012 – 4 BN 1.12.
276 Vor dessen Inkrafttreten waren Fragen der Qualitätssicherung ausschließlich Sache der jeweiligen Einrichtung, Igl, SGb 2007, 381, 381.

Landesregelungen abgelöst worden.[277] Nach § 11 Abs. 1 HeimG, an dem sich die Landesgesetze weitgehend orientieren,[278] darf ein Heim nur betrieben werden, wenn Träger und Leitung

- die Würde und die Interessen der Bewohnerinnen und Bewohner schützen, deren Selbstständigkeit, Selbstbestimmung und Eigenverantwortung durch eine humane und aktivierende Pflege wahren und fördern,
- eine angemessene Qualität der Betreuung nach dem allgemein anerkannten Stand medizinisch-pflegerischer Erkenntnisse und die ärztliche wie gesundheitliche Betreuung der Bewohnerinnen und Bewohner sicherstellen,
- die Eingliederung behinderter Menschen fördern,
- den Bewohnerinnen und Bewohnern eine angemessene Lebensgestaltung ermöglichen und die dafür erforderlichen Hilfen gewähren, sie hauswirtschaftlich versorgen und eine angemessene Qualität des Wohnens erbringen,
- sicherstellen, dass für pflegebedürftige Bewohnerinnen und Bewohner Pflegeplanungen aufgestellt und deren Umsetzung aufgezeichnet werden,
- Infektionsschutz gewährleisten und Hygienestandards einhalten und
- sachgerecht mit Arzneimitteln umgehen und ihre Mitarbeiterinnen und Mitarbeiter regelmäßig schulen.

Der Heimträger muss gemäß § 11 Abs. 2 HeimG zuverlässig, insbesondere wirtschaftlich leistungsfähig sein, um das Heim betreiben zu können. Er hat zudem sicherzustellen, dass ausreichend Beschäftigte mit hinreichender persönlicher und fachlicher Eignung verfügbar sind, angemessene Entgelte für die Pflege- und Betreuungsleistungen verlangt werden und ein Qualitätsmanagement betreiben. Teilweise enthält das Landesrecht differenzierende Vorgaben für unterschiedliche Arten von Pflegeeinrichtungen, etwa für Pflegeheime und für Wohngruppen.

Die für die Durchführung des HeimG zuständigen Behörden werden gemäß § 23 Abs. 1 HeimG von den Ländern bestimmt. Diese haben die **Heimaufsicht** teils auf Landesebene, teils auf Kreisebene angesiedelt. Die zuständigen Behörden haben die Heime entsprechend der landesrechtlichen Vorgaben regelmäßig – mindestens einmal jährlich – oder auf entsprechenden Anlass hin angekündigt oder unangekündigt zu überwachen, um sicherzustellen, dass die heimordnungsrechtlichen Vorgaben eingehalten werden. Hierzu dürfen sie Grundstücke und Gebäude betreten, die pflegebedürftigen Personen und deren Angehörige, Vertreter oder Betreuer sowie die Beschäftigten befragen. Werden dabei Mängel festgestellt, hat die Heimaufsicht den Heimträger zu beraten und zur Beseitigung der Mängel binnen angemessener Frist aufzufordern. Kommt der Träger der Aufforderung nicht nach, kann als ultima ratio[279] der Betrieb des Heims untersagt werden; im Falle des Fehlverhaltens lediglich einzelner im Heim beschäftigter Personen kommt ein Tätigkeitsverbot als milderes Mittel in Betracht.

85

Wiederholungs- und Vertiefungsfragen

- Erläutern Sie den Modus der Leistungserbringung nach dem Sachleistungsprinzip. Für welche pflegebedürftigen Personen gilt dagegen das Kostenerstattungsprinzip?
- Dana ist als ausgebildete Altenpflegerin in einem Pflegeheim angestellt. Da sie ihre Arbeit oftmals als fremdbestimmt wahrnimmt, überlegt sie, sich mit einem ambulanten Pflegedienst selbstständig zu machen. Unter welchen Voraussetzungen darf sie gesetzlich Versicherte mit ihren Leistungen versorgen?

---

277 In einer Übergangsphase gilt das HeimG in den Ländern fort, die noch keine eigenen Regelungen zur Heimaufsicht bzw. zu deren Durchführung erlassen hatten, BT-Drs. 16/12409, S. 2.
278 Vgl. die Übersicht unter http://www.biva.de/gesetze/laender-heimgesetze/.
279 Igl, SGb 2007, 381, 392.

- Der pflegebedürftige Ansgar beschäftigt Lydia, eine ausgebildete Altenpflegerin aus Weißrussland, als Arbeitnehmerin, damit sie ihn pflegt. Lydia erkundigt sich, ob sie einen Versorgungsvertrag mit der Pflegekasse von Ansgar abschließen kann, um eine angemessene Vergütung für ihre Arbeit zu erhalten. Wie ist die Rechtslage?
- Die Pflege-GmbH betreibt ein Pflegeheim. Die Pflegekräfte beschweren sich immer wieder, dass sie überlastet sind, weil die GmbH zu wenig Personal eingestellt hat, um die anfallenden Aufgaben zu bewältigen. Als der Betriebsrat das Gespräch mit der Geschäftsführung sucht, macht diese geltend, dass die Vergütung, die das Heim von der Pflegekasse erhält, so gering bemessen ist, dass keine weiteren Pflegekräfte eingestellt werden können. Verletzungen des Arbeitszeitrechts seien daher hinzunehmen. Der Betriebsrat ist dagegen der Auffassung, dass die Vergütungsverträge einfach schlecht ausgehandelt seien. Im besten Falle könne die GmbH die Arbeitnehmer sogar übertariflich bezahlen. Wer hat Recht?
- Elvira lebt seit Kurzem in einem Pflegeheim. Als sie die erste Abrechnung erhält, sieht sie, dass der Heimträger ihr zusätzliche Kosten für die Versorgung mit Bio-Essen sowie die tägliche Gymnastikstunde als Komfortleistungen in Rechnung gestellt hat. Elvira ist erstaunt, hört sie doch zum ersten Mal davon, dass es sich dabei um ein zusätzliches Angebot handeln soll. Muss sie für die Kosten aufkommen?
- Erläutern Sie die verschiedenen Instrumente, mit denen die Qualität der Pflege sichergestellt werden soll.
- Im Pflegeheim „Sonnenblick" wird eine Qualitätsprüfung durchgeführt. Der MD kündigt diese einen Tag vorher an. Der Heimträger, der sich verschiedener Unzulänglichkeiten in der personellen Ausstattung und der Pflegequalität bewusst ist, weist die Heimbewohner an, den Prüfern keinerlei Auskunft zu erteilen. Ist dies zulässig? Darf sich der Prüfer Zugang zu den Zimmern verschaffen, um sich ein Bild von der Pflegequalität zu machen?

5. Kapitel: Pflege in der Gesetzlichen Krankenversicherung

Orientierungsfragen

- Welche Unterschiede bestehen zwischen der Pflege im Rahmen der gesetzlichen Krankenversicherung und den Pflegeleistungen der sozialen Pflegeversicherung?
- Wie lassen sich Krankenpflege und Grundpflege voneinander abgrenzen?
- Welche häuslichen und stationären Pflegeleistungen werden von den Krankenkassen erbracht?
- Welche Auswirkungen hat es auf den Anspruch auf vollstationäre Pflege nach dem SGB XI, wenn der Bewohner eines Pflegeheims vorübergehend der Krankenhausbehandlung bedarf?
- Wie wird der Sachleistungsanspruch der Versicherten sichergestellt?
- Inwiefern ist die Palliativpflege Gegenstand der Leistungspflicht der gesetzlichen Krankenkassen?

A. Abgrenzung der Kranken- von der Behandlungspflege

Pflegerische Leistungen werden nicht nur an Personen erbracht, die die Voraussetzungen der Pflegebedürftigkeit nach dem SGB XI erfüllen. Auch Kranke benötigen, neben der medizinischen Behandlung durch Ärzte, Pflege. Diese kann sowohl im häuslichen Umfeld als auch in stationären Einrichtungen[280] stattfinden. Die Kosten werden unter den im SGB V niedergelegten Voraussetzungen von den **gesetzlichen Krankenkassen** getragen.

Die Leistungen der gesetzlichen Krankenversicherung unterscheiden sich in ihrer causa von denen der sozialen Pflegeversicherung: jene werden aufgrund von Pflegebedürftigkeit,[281] diese aufgrund von **Krankheit** erbracht und sind notwendige Ergänzung der ärztlichen Behandlung.[282] Bei einer Krankheit handelt es sich um eine Abweichung vom physischen oder psychischen Normalzustand, welcher der medizinischen Behandlung bedarf und / oder Arbeitsunfähigkeit zur Folge hat. Pflegebedürftigkeit kann durch eine Krankheit bedingt sein, aber auch andere Ursachen haben. Der GBA definiert in § 2 Abs. 1 der häusliche-Krankenpflege-Richtlinie[283] die Behandlungspflege als „Maßnahmen der ärztlichen Behandlung, die dazu dienen, Krankheiten zu heilen, ihre Verschlimmerung zu verhüten oder Krankheitsbeschwerden zu lindern". Diese werden üblicherweise an nichtärztliche Fachkräfte delegiert. Die Grundpflege bezieht sich dagegen auf die Grundverrichtungen des täglichen Lebens, die hauswirtschaftliche Versorgung auf Maßnahmen zur Aufrechterhaltung der grundlegenden Anforderungen einer eigenständigen Haushaltsführung.

Beispiel
Die Pflege im Rahmen des SGB XI umfasst Hilfeleistungen bei täglich wiederkehrenden Verrichtungen wie das Waschen, das Zubereiten von Nahrung oder das Wechseln der Wäsche. Die Behandlungspflege im Rahmen des SGB V bezieht sich dagegen auf krankheitsspezifische Leistungen, etwa das Wechseln von

---

280 § 119b SGB V ermöglicht die ambulante Behandlung durch niedergelassene Ärzte auch in stationären Pflegeeinrichtungen.
281 Dazu Kap. 3, Rn. 7 ff.
282 Richter, Die neue soziale Pflegeversicherung, Rn. 247; ausführlich zu den Schnittstellen zwischen Kranken- und Pflegeversicherung Waßer, KrV 2015, 89 ff.; Opolony, NZS 2017, 409 ff.
283 Richtlinie des Gemeinsamen Bundesausschusses über die Verordnung von häuslicher Krankenpflege (Häusliche Krankenpflege-Richtlinie) v. 17.09.2009 in der Fassung v. 11.03.2023, BAnz AT Nr. B4 v. 10.03.2023.

Verbänden, die Ernährung über Magensonden, das Messen von Blutdruck oder Blutzucker oder das Legen von Kathetern und darüber hinaus die Grundpflege, wenn diese aufgrund einer Krankheit erforderlich ist. Diese Grundpflege kann über den in § 14 SGB XI bestimmten Rahmen hinausgehen.[284]

B. Häusliche Krankenpflege

4   Nach § 37 SGB V besteht Anspruch auf häusliche Krankenpflege durch geeignete Pflegekräfte, als **Krankenhausersatzpflege**, wenn

- eine Krankenhausbehandlung geboten, aber nicht ausführbar ist (Abs. 1 S. 1 Alt. 1),
- wenn eine Krankenhausbehandlung durch häusliche Krankenpflege vermieden oder verkürzt werden kann (Abs. 1 S. 1 Alt. 2)

oder als **Sicherungspflege**,[285] wenn diese zur Sicherung des Ziels der ärztlichen Behandlung erforderlich ist (Abs. 2 S. 1).

5   Die häusliche Krankenpflege dient also einerseits dem Nachrang der stationären Versorgung nach § 39 Abs. 1 S. 2 SGB V, andererseits der Ergänzung der ambulanten ärztlichen Behandlung. Einzelheiten werden gemäß §§ 37 Abs. 6, 92 SGB V durch Richtlinien des Gemeinsamen Bundesausschusses bestimmt.

6   § 13 Abs. 2 SGB XI lässt die Erbringung dieser Leistungen ausdrücklich unberührt, so dass die häusliche Pflege der **sozialen Pflegeversicherung** – sei es als Pflegesachleistung, sei es durch Angehörige – neben der häuslichen Krankenpflege erbracht werden kann.[286]

I. Anspruch auf häusliche Krankenpflege

7   Die häusliche Krankenpflege wird neben der ärztlichen Behandlung erbracht, ist also zu dieser akzessorisch. Dies unterscheidet sie wesentlich von der häuslichen Pflege im Kontext des SGB XI.

1. Erforderlichkeit der Leistung

8   Ein weiterer Unterschied liegt darin, dass der Anspruch nach § 37 SGB V nur besteht, sofern die erforderliche Pflege und Versorgung nicht durch eine im Haushalt des Versicherten lebende Person in ausreichendem Maße erbracht werden können. Dies ist immer dann der Fall, wenn die Pflege durch einen Angehörigen **möglich und zumutbar** ist.[287] Wegen des mit der Krankenpflege verbundenen Eingriffs in die Intimsphäre fordert das BSG darüber hinaus, dass Patient und Angehörige mit der Übernahme der Krankenpflege einverstanden sind; ist dies aus nachvollziehbaren Gründen nicht der Fall, sei häusliche Krankenpflege zu gewähren.[288]

9   Diesen **Nachrang** kennt das Pflegeversicherungsrecht nicht: Die Pflegesachleistung wird auch an Personen erbracht, die mit Angehörigen zusammenleben, die grundsätzlich in der Lage wären, die Pflege selbst durchzuführen. Das SGB XI räumt den Versicherten und ihren Angehörigen insofern größere Entscheidungsfreiheit ein. Der Grund mag darin liegen, dass die häusliche Krankenpflege üblicherweise über kürzere Zeiträume erbracht wird und nicht zwangsläufig mit schweren körperlichen, seelischen oder geistigen **Einschränkungen** einhergeht wie die ambulante Versorgung pflegebedürftiger Personen und damit die Angehörigen weniger stark belastet.

---

284   Griep/Renn, Pflegesozialrecht, Rn. 45 f.
285   Terminologie nach Griep/Renn, Pflegesozialrecht, Rn. 30.
286   Plantholz, Sozialrecht aktuell Sonderheft 2016, 30, 31; siehe auch BSGE 132, 77 zur häuslichen Krankenpflege in einer ambulant betreuten Wohngruppe.
287   Nolte in BeckOGK, § 37 SGB V, Rn. 19; Müller/Schabbeck, Praxishandbuch Pflegerecht, Rn. 289 f.; Opolony, NZS 2017, 409, 410.
288   BSGE 86, 101.

B. Häusliche Krankenpflege

Inhalt der Leistung sind nach § 2 Abs. 1 Häusliche-Krankenpflege-Richtlinie **Grund- und Behandlungspflege** sowie die **hauswirtschaftliche Versorgung**. Diese dürfen das im Einzelfall erforderliche Maß nicht überschreiten. Im Bedarfsfall werden auch Leistungen zur ambulanten Palliativversorgung erbracht, § 37 Abs. 2a SGB V. Parallelen zur sozialen Pflegeversicherung bestehen insofern, als auch im SGB XI Leistungen der Grundpflege erbracht werden.

2. Häusliche Krankenpflege zur Vermeidung stationärer Versorgung

Die häusliche Krankenpflege nach § 37 Abs. 1 SGB V kann im **Haushalt** des Versicherten, aber auch im Haushalt eines Familienangehörigen oder an einem anderen **geeigneten Ort** erbracht werden. Als Haushalt gilt der Ort der privaten Lebensführung des Versicherten.[289] Auch Einrichtungen sind ein „geeigneter Ort", wenn sich ein Versicherter auf unabsehbare Zeit dort aufhält und die Krankenpflege dort qualitativ ordnungsgemäß erbracht werden kann, soweit kein Anspruch auf ihre Erbringung durch die Einrichtung selbst besteht. Das Gesetz nennt beispielhaft betreute Wohnformen,[290] Schulen und Kindergärten sowie Werkstätten für behinderte Menschen – letztere jedoch beschränkt auf Versicherte mit besonders hohem Pflegebedarf.

Außerhalb des häuslichen Umfelds setzt der Anspruch auf Krankenpflege voraus, dass der Versicherte an einer **schweren Krankheit** leidet oder sich eine bestehende Erkrankung akut verschlechtert hat. Dies kommt insbesondere nach einem Krankenhausaufenthalt, einer ambulanten Operation oder einer ambulanten Krankenhausbehandlung in Betracht. Indes ist in diesen Fällen sorgfältig zu prüfen, dass der Versicherte nicht pflegebedürftig iSv § 14 SGB XI ist, ob der Fokus also auf der Sicherstellung der Krankenbehandlung oder der Pflege als solcher liegt.

3. Häusliche Krankenpflege zur Sicherung des Behandlungserfolgs

Dient die häusliche Pflege nicht primär der Vermeidung eines Krankenhausaufenthalts, wird sie nach § 37 Abs. 2 SGB V als **Behandlungspflege** gewährt. Diese Leistung kann auch an pflegebedürftige Personen erbracht werden, die sich für voraussichtlich mindestens sechs Monate in einer vollstationären Pflegeeinrichtung nach § 43 SGB XI aufhalten. Um beide Leistungsbereiche strikt voneinander abzugrenzen, ist hierbei jedoch erforderlich, dass die Versicherten einen besonders hohen Bedarf an medizinischer Behandlungspflege haben.

Beispiel
Einen besonders hohen Bedarf an medizinischer Behandlungspflege haben Patienten, die rund um die Uhr der künstlichen Beatmung bedürfen[291] oder Wachkomapatienten.[292]

Personen, die über einen kürzeren Zeitraum von weniger als sechs Monaten vollstationär in einer Pflegeeinrichtung untergebracht sind, können häusliche Krankenpflege in der Einrichtung nur unter der Voraussetzung in Anspruch nehmen, dass sie **keinen eigenen Haushalt** mehr führen. Der Aufenthalt in der Einrichtung muss also lediglich vorübergehend zum Zwecke der Behandlungspflege erfolgen.

Das Gesetz bezeichnet diese Form der Leistungserbringung ausdrücklich als Ausnahme. Die Krankenkassen haben in ihrer **Satzung** zu beschließen, ob, in welchem Umfang und über welchen Zeitraum in diesen Fällen neben der Behandlungspflege auch Grundpflege und hauswirtschaftliche Versorgung durch die Krankenkasse erbracht wird. Voraussetzung ist jedoch, dass der Versicherte allenfalls den **Pflegegrad 1** aufweist, § 37 Abs. 2 S. 6 SGB V. In allen höheren Pflegegraden ist die Zuständigkeit der Pflegekassen gegeben.

---

289 Griep/Renn, Pflegesozialrecht, Rn. 34.
290 Siehe auch BSGE 132, 77 für ambulant betreute Wohngruppen.
291 BSGE 106, 173.
292 Wiese, Pflegerecht, Rn. 734.

4. Anspruchsdauer

16 Der Anspruch auf häusliche Krankenpflege besteht maximal vier Wochen je Krankheitsfall, § 37 Abs. 1 S. 4 SGB V. Im Einzelfall kann die Krankenkasse eine Verlängerung des Anspruchszeitraums bewilligen. Dies setzt jedoch voraus, dass vorher durch ein **Gutachten des MD** die weitere medizinische Notwendigkeit der häuslichen Pflege festgestellt worden ist, und zwar gemessen an den in § 37 Abs. 1 S. 1 SGB V genannten Gründen, dh dass die häusliche Krankenpflege der Vermeidung eines stationären Aufenthalts dient oder zur Sicherung des Erfolgs einer Krankenbehandlung erforderlich ist.

17 **Palliativmedizinische Leistungen** können regelhaft über einen längeren Zeitraum erbracht werden. Der Gesetzgeber vermutet hier, dass diese länger als vier Wochen erforderlich sind, sofern der Bedarf dem Grunde nach festgestellt ist, § 37 Abs. 2b S. 2 SGB V.

II. Rechtsbeziehungen zu den Leistungserbringern

18 Die häusliche Krankenpflege wird als Sachleistung gewährt. Zur Sicherstellung des Sachleistungsanspruchs haben die Krankenkassen **Versorgungsverträge** mit Leistungserbringern zu schließen. In diesen Verträgen wird im Wege einer antizipierten Schuldübernahme der Vergütungsanspruch aus dem zivilrechtlichen Dienstleistungsvertrag[293] zwischen dem Versicherten und den Erbringern der häuslichen Pflege von den Krankenkassen übernommen.

1. Rahmenempfehlungen

19 Der Spitzenverband Bund der Krankenkassen und die Spitzenorganisationen der Pflegedienste geben gemäß § 132a Abs. 1 SGB V **Rahmenempfehlungen** für die bundesweit einheitliche Versorgung der Versicherten mit Leistungen der häuslichen Krankenpflege ab. Pflegedienste, die von den Kirchen, Religionsgemeinschaften oder Trägern der freien Wohlfahrtspflege getragen werden, können sich durch diese an der Verabschiedung der Rahmenempfehlungen beteiligen. Der Kassenärztlichen Bundesvereinigung und der Deutschen Krankenhausgesellschaft ist Gelegenheit zur Stellungnahme zu geben. Deren Inhalte sind in den Rahmenempfehlungen ebenso zu berücksichtigen wie die Richtlinien des Gemeinsamen Bundesausschusses. Gegenstand der Rahmenempfehlungen sind Vorgaben über

- die **Inhalte** des Leistungsanspruchs, einschließlich der Kriterien für eine Abgrenzung zu den Leistungen der sozialen Pflegeversicherung.
- die Anforderungen an die **Eignung der Leistungserbringer** sowie Maßnahmen zur Qualitätssicherung und Fortbildung,
- die **Abstimmung** der Leistungserbringer mit niedergelassenen Ärzten und Krankenhäusern,
- die Sicherstellung und Überprüfung der **Wirtschaftlichkeit** der Leistungserbringung,
- die Vergütungsstrukturen und Anforderungen an die **Transparenz der Vergütungsverhandlungen** zwischen Krankenkassen und Leistungserbringern, namentlich auch über den Nachweis, dass die Angestellten der Pflegedienste nach den geltenden Tarifverträgen entlohnt werden sowie
- die **Abrechnung** der Leistungen einschließlich der hierfür zu übermittelnden Daten.

Beispielsweise ist in den Rahmenempfehlungen[294] vorgegeben, dass die Leistungserbringer über eine abgeschlossene Ausbildung als Gesundheits- und Krankenpfleger, Kinder- oder Altenpfleger

---

293 Wiese, Pflegerecht, Rn. 198 ff.
294 https://www.gkv-spitzenverband.de/media/dokumente/krankenversicherung_1/ambulante_leistungen/haeusliche_krankenpflege/20211028_HKP_Rahmenempfehlungen_132a_Abs_1_SGB_V.pdf.

C. Kurzzeitpflege

verfügen. Die Übernahme **leitender Funktionen** setzt eine mehrjährige Berufserfahrung in der ambulanten wie stationären Pflege sowie die Teilnahme an Weiterbildungsprogrammen voraus. Art und Umfang der Pflegeleistungen richten sich nach der ärztlichen Verordnung, welche die Krankenkasse individuell zu prüfen hat.[295] Weichen die von ihr bewilligten **abrechnungsfähigen Leistungen** von der Verordnung ab, hat die Krankenkasse dies zu begründen.

2. Versorgungsverträge

Die Rahmenempfehlungen werden in den Versorgungsverträgen zwischen den Krankenkassen und den Leistungserbringern nach § 132a Abs. 2 SGB V konkretisiert. Bei der Auswahl der Leistungserbringer haben die Krankenkassen deren **Vielfalt** zu achten und insbesondere die Bedeutung der freien Wohlfahrtspflege zu berücksichtigen. 20

Die Vertragspartner vereinbaren insbesondere die Einzelheiten der Versorgung, die Vergütung und Abrechnung sowie die Fortbildungspflichten der Leistungserbringer. Dabei sind die Krankenkassen dem **Gebot der Wirtschaftlichkeit** verpflichtet, vgl. § 12 SGB V. Sie sollen auf ein möglichst preisgünstiges Leistungsangebot achten. Im Interesse der Qualitätssicherung werden unzureichende Fortbildungsaktivitäten der Leistungserbringer sanktioniert: Kommen diese ihrer Pflicht zur Teilnahme an Fortbildungsveranstaltungen nicht nach, können die Kassen zunächst Abschläge von der Vergütung vornehmen und nach fruchtlosem Ablauf einer Frist zur Nachholung der Weiterbildung den Versorgungsvertrag kündigen. 21

Kommt der Vertrag mangels Einigung nicht zustande, wird sein Inhalt durch eine unabhängige **Schiedsperson** festgelegt. Diese ist von den Vertragspartnern zu bestimmen. Erfolgt auch insofern keine Einigung, wählt die für die Krankenkasse zuständige Aufsichtsbehörde die Schiedsperson aus. 22

Als Alternative zum Abschluss von Versorgungsverträgen ist den Krankenkassen in § 132a Abs. 4 S. 15 SGB V die Möglichkeit eröffnet, selbst **geeignete Pflegekräfte** anzustellen. Darin liegt eine Ausnahme zu dem das Krankenversicherungsrecht prägenden Grundsatz, dass Sachleistungen durch die freie Wirtschaft zu erbringen sind und eine Selbstabgabe durch die Krankenkassen unzulässig ist.[296] 23

Kann die Krankenkasse nicht rechtzeitig eine geeignete Pflegekraft zur Verfügung stellen, steht den Versicherten nach § 37 Abs. 4 SGB V ein Anspruch auf **Erstattung der Kosten** für eine selbst beschaffte Pflegekraft zu. Erstattet werden nur angemessene, dh unvermeidbare[297] Kosten. 24

C. Kurzzeitpflege

Liegt keine Pflegebedürftigkeit iSv § 14 SGB XI vor und reichen die Leistungen der häuslichen Krankenpflege zur Sicherung des Behandlungserfolgs nicht aus, besteht Anspruch auf **Kurzzeitpflege** nach § 39c SGB V. Dies betrifft die Fälle, in denen die gesundheitliche Beeinträchtigung bzw. das erforderliche Maß der Behandlungspflege nicht so schwerwiegend sind, dass eine vollstationäre Versorgung erforderlich ist.[298] 25

Als Anspruchsvoraussetzung ist das Vorliegen einer schweren Krankheit oder die akute Verschlimmerung einer Krankheit genannt, insbesondere nach einem Krankenhausaufenthalt, einer ambulanten Operation oder einer ambulanten Behandlung im Krankenhaus. Das Merkmal der 26

---

295 Die ärztliche Verordnung ist für die Krankenkasse folglich nicht bindend, BSGE 86, 101.
296 BGHZ 82, 375 („Feinbrillenurteil").
297 Nolte in BeckOGK, § 37 SGB V, Rn. 28.
298 Vgl. den Überblick bei Luthe, MedR 2016, 311 ff.

„schweren Krankheit" wird in den Gesetzesmaterialien nicht definiert. In Betracht kommt die Kurzzeitpflege aber beispielsweise im Zusammenhang mit einer ambulanten Chemotherapie.[299] Die Krankheit muss – ausgehend vom Sinn und Zweck der Kurzzeitpflege – aber nicht so schwer sein, dass sie einen stationären Behandlungsbedarf auslöst.[300]

27 Die Kurzzeitpflege wird **übergangsweise** erbracht. Leistungsumfang und -dauer richten sich nach den Vorgaben des § 42 SGB XI. Es handelt sich um eine **Sachleistung** der gesetzlichen Krankenversicherung. Diese kann sowohl in zugelassenen stationären Pflegeeinrichtungen geleistet werden als auch in anderen geeigneten Einrichtungen.

28 Um den Sachleistungsanspruch sicherzustellen, können die Krankenkassen nach § 132h SGB V **Versorgungsverträge** mit geeigneten Einrichtungen schließen, soweit dies für eine bedarfsgerechte Versorgung notwendig ist. Den Kassen ist insofern Ermessen eingeräumt. Das Gesetz enthält weder Vorgaben zur Auswahl der Leistungserbringer noch zum Inhalt der Verträge. Da die Leistung aber insgesamt der Kurzzeitpflege im Rahmen der sozialen Pflegeversicherung nachgebildet ist,[301] gelten die dort anwendbaren Maßstäbe[302] auch hier.

D. Palliativmedizinische Pflege

29 Zuweilen sind Erkrankungen so weit fortgeschritten, dass sie auch durch eine sorgfältige und umfassende Behandlungspflege nicht zu bewältigen sind.

I. Spezialisierte ambulante Palliativversorgung

30 Leiden Versicherte an einer unheilbaren Krankheit, die bereits so weit fortgeschritten ist, dass sie nur noch eine begrenzte Lebenserwartung haben, besteht ein Anspruch auf **spezialisierte ambulante Palliativversorgung** (SAPV) nach § 37b SGB V. Diese wird auf Verordnung durch einen niedergelassenen oder einen Krankenhausarzt erbracht und umfasst sowohl ärztliche als auch pflegerische Maßnahmen sowie deren Koordinierung. Durch diese umfassende Abstimmung mehrerer speziell ausgebildeter Leistungserbringer in sogenannten **Palliative Care Teams** und die komplexen medizinischen Anforderungen, die aufgrund einer Vielzahl von Symptomen und Beschwerden zu bewältigen sind, unterscheidet sich die SAPV von der allgemeinen Palliativversorgung, die als reguläre Leistung im Rahmen der hausärztlichen Versorgung erbracht wird.[303]

1. Anspruchsvoraussetzungen

31 Die Versicherten sollen mit dieser Leistung in die Lage versetzt werden, so lange wie möglich in ihrem gewohnten häuslichen Umfeld oder in einer familiären Umgebung zu verbleiben. Ihre Krankheitssymptome werden beobachtet und versorgt und es werden Maßnahmen zur **Schmerztherapie** angeboten. Die Leistung kann – dann jedoch beschränkt auf die ärztliche Versorgung – auch in Hospizen (§ 37b Abs. 1 S. 4 SGB V) sowie umfassend in stationären Pflegeeinrichtungen (§ 37b Abs. 2 SGB V) erbracht werden. Sie ist subsidiär zu entsprechenden Leistungspflichten anderer Träger, § 37b Abs. 1 S. 5 SGB V.

32 Das Gesetz regelt den Inhalt der Leistung nicht detailliert, sondern behält dies den Richtlinien des Gemeinsamen Bundesausschusses vor. Dieser soll insbesondere determinieren,

---

299 Strack in jurisPK-SGB V, § 39c, Rn. 7.
300 Luthe, MedR 2016, 311, 313.
301 BT-Drs. 18/6586, S. 102; siehe auch Luthe, MedR 2016, 311, 317.
302 Dazu Kap. 3, Rn. 93 ff.
303 BT-Drs. 16/3100, S. 144.

D. Palliativmedizinische Pflege

- welche Anforderungen an das **Krankheitsbild** und den Versorgungsbedarf der Versicherten zu stellen sind,
- welche **Leistungen** in welchem Umfang zu erbringen sind und wie diese in die gewachsenen **Versorgungsstrukturen**, insbesondere auch in das Hospizwesen einzuordnen sind und
- wie die **Zusammenarbeit** zwischen den Leistungserbringern und dem die Palliativversorgung verordnenden Arzt auszugestalten ist.

Nach Maßgabe der Richtlinie[304] ist eine Erkrankung **unheilbar**, wenn nach dem allgemein anerkannten Stand der medizinischen Erkenntnisse keine Behandlungsmaßnahmen zu deren Heilung führen können. Sie ist **fortschreitend**, wenn ihr tödlicher Verlauf nach dem anerkannten Stand der medizinischen Erkenntnisse nicht aufgehalten werden kann. Es darf eine Lebenserwartung von lediglich Tagen, Wochen oder Monaten verbleiben. Der Versorgungsbedarf ist in diesen Fällen aber nicht generell als besonders aufwändig einzustufen, sondern nur wenn die hergebrachten Versorgungsformen unzureichend sind, um dem Patienten ein menschenwürdiges Sterben zu ermöglichen. Dies setzt beispielsweise eine besonders **komplexe Symptomatik** – ausgeprägte Schmerzen, starke Wunden, Tumore, psychische, kardiologische oder respiratorische Symptome – voraus, die nur in der interdisziplinären Zusammenarbeit von Ärzten und Pflegern mit speziellen palliativmedizinischen Kenntnissen bewältigt werden können.

Beispiel
Friedrich ist 80 Jahre alt. Er leidet an einer chronischen unheilbaren Erkrankung von Nieren, Leber, Herz und Lunge. Eine medizinisch indizierte Operation zur Behandlung eines sogenannten Vorhofmyxoms sowie zur Entfernung von Blutgerinnseln lehnt er aufgrund seines hohen Alters und der ungewissen Erfolgsaussichten ab. Ohne diesen Eingriff verkürzt sich seine Lebenserwartung auf wenige Monate.
Wegen des komplexen Krankheitsbildes hat Friedrich Anspruch auf Leistungen der SAPV – auch wenn er eine möglicherweise lebensverlängernde Operation ablehnt. Es kommt allein darauf an, dass er an einer unheilbaren, weit fortgeschrittenen und noch fortschreitenden Erkrankung leidet. Es ist nicht zumutbar, Friedrich auf eine Behandlungsoption zu verweisen, deren Erfolgsaussicht – auch angesichts der zu erwartenden Begleiterscheinungen und Risiken – kaum prognostiziert werden kann.[305]

Sind diese Voraussetzungen erfüllt, werden medikamentöse und apparative Maßnahmen zur Versorgung des Sterbenden erbracht, aber auch **Unterstützungsleistungen** für die Versicherten und ihre Angehörigen wie Beratung, Krisenintervention oder **Seelsorge**. Auch Versicherte in stationären Pflegeeinrichtungen haben einen Anspruch auf die Leistungen der SAPV. § 37b Abs. 2 SGB V ordnet insofern die analoge Anwendung von § 37b Abs. 1 SGB V an.

Die mit dieser Leistungsart gemachten Erfahrungen sind im dreijährigen Rhythmus nach einem Bericht des Spitzenverbands Bund der Krankenkassen durch das Bundesministerium für Gesundheit zu evaluieren, § 37b Abs. 4 SGB V.

2. Versorgungsverträge zur Sicherstellung der palliativmedizinischen Pflege

Basierend auf den Richtlinien des Gemeinsamen Bundesausschusses schließen die Krankenkassen nach § 132d SGB V **Versorgungsverträge** über die Inhalte, Vergütung und Abrechnung der palliativmedizinischen Pflege sowie die Beratung der Versicherten und ihrer Angehörigen mit geeigneten Leistungserbringern. Als solche kommen sowohl Einrichtungen als auch einzelne Personen in Betracht, die als sogenanntes **Palliative Care Team** fungieren.[306] Aufgrund dieses Ansatzes ist der Abschluss von Verträgen mit Einzelpersonen kaum praktikabel.[307] Nach den Vorstellungen des Gesetzgebers sollen die bestehenden Strukturen – genannt werden Vertragsärzte,

---
304 https://www.g-ba.de/downloads/62-492-2988/SAPV-RL_2022-09-15_iK-2022-11-24.pdf.
305 SG Aachen, PflR 2013, 773.
306 Ausführlich Engelmann, GesR 2010, 577, 584.
307 Ammann in BeckOK SozR, § 132d SGB V, Rn. 6.

medizinische Versorgungszentren, Pflegedienste, Krankenhäuser, Hospize und Pflegeeinrichtungen nach dem SGB XI – durch den Abschluss von **Kooperationsverträgen** mit qualifizierten Pflegediensten einen Versorgungsverbund bilden, mit dem die Krankenkassen Einzelverträge abschließen.[308] Vor dem Vertragsschluss ist ein förmliches Vergabeverfahren durchzuführen.[309]

36 Der Inhalt der Verträge wird geleitet durch **Empfehlungen**, die der Spitzenverband Bund der Krankenkassen unter Beteiligung der Deutschen Krankenhausgesellschaft, der Vereinigungen der Träger der Pflegeeinrichtungen auf Bundesebene, der Spitzenorganisationen der Hospizarbeit und der Palliativversorgung sowie der Kassenärztlichen Bundesvereinigung festlegt. Diese determinieren die Anforderungen an die Qualifikation und Fortbildung des Personals, die sachlichen Anforderungen an die Palliativversorgung, die **Qualitätssicherung** sowie mögliche Maßnahmen zur bedarfsgerechten Versorgung der Bevölkerung mit den Leistungen der palliativmedizinischen Pflege.

Beispiel
Bedarfsgerecht ist nach den Empfehlungen des SpiBuKK die möglichst wohnortnahe Versorgung der Versicherten, damit diese so lange wie möglich in ihrem persönlichen Umfeld verbleiben können. Der Bedarf für Leistungen der Palliativversorgung ist individuell zu prüfen, jedoch kann zur Orientierung ein Wert von acht Leistungserbringern auf 250.000 Versicherte[310] herangezogen werden.

Die Leistungen bedürfen der ärztlichen Verordnung. Die spezialisierte ambulante Palliativversorgung darf aber nur verordnet werden, wenn die herkömmliche Palliativversorgung im Einzelfall nicht ausreichend ist.

Die Palliativpflegekräfte müssen über eine Ausbildung als (Kinder-)Krankenpfleger oder Altenpfleger verfügen und eine Weiterbildung in Palliative Care im Umfang von mindestens 160 Stunden absolviert haben. Außerdem müssen sie über praktische Erfahrungen in der ambulanten palliativen Pflege von mindestens 75 Palliativpatienten verfügen.[311]

37 Erhalten Pflegebedürftige in stationären Pflegeeinrichtungen die Leistungen der ambulanten palliativmedizinischen Versorgung, ist in den Verträgen zu regeln, ob die Leistungen durch Vertragspartner der Krankenkassen in der **Pflegeeinrichtung** oder durch Personal der Pflegeeinrichtung erbracht werden, § 37b Abs. 2 SGB V.

38 Den Krankenkassen ist das Recht eingeräumt, die Palliativversorgung oder die ambulante spezialisierte Versorgung im Rahmen der Verträge über die **hausarztzentrierte Versorgung** (§ 73b SGB V) oder über die **Integrierte Versorgung** (§ 140a SGB V) sicherzustellen. Dabei handelt es sich um Selektivverträge zwischen Krankenkassen und Hausärzten bzw. anderen zugelassenen Leistungserbringern, die eine abgestimmte Behandlung von Patienten ermöglichen.[312] In diesem Rahmen gelten die gleichen Standards im Hinblick auf den Inhalt und die Qualität der Leistungen wie in den speziellen Versorgungsverträgen zur Palliativversorgung. Die Anbindung an die hausarztzentrierte Versorgung ist durchaus sinnvoll, obliegt den Hausärzten gemäß § 73 Abs. 1 S. 2 Nr. 2 SGB V doch ohnehin die Koordination diagnostischer, therapeutischer und pflegerischer Leistungen. Da hierfür keine **spezifischen Qualitätssicherungsstandards** gelten,[313] können im Rahmen der hausarztzentrierten Versorgung mit ihren besonderen Fortbildungspflichten für hausarzttypische Probleme (vgl. § 73b Abs. 2 Nr. 3 SGB V) durchaus Verbesserungen für die Patienten bewirkt werden.

---

308 BT-Drs. 16/3100, S. 144.
309 OLG Düsseldorf, NZS 2016, 741.
310 Vgl. BT-Drs. 16/3100, S. 145.
311 https://www.gkv-spitzenverband.de/media/dokumente/krankenversicherung_1/hospiz_palliativversorgung/Palliativ_Empfehlungen_nach__132d_Abs_2_SGB_V_05-11-20102.pdf.
312 Dazu ausführlich Janda, Medizinrecht, S. 158 ff.
313 Auch Welti, Sozialrecht aktuell Sonderheft 2016, 54, 58 gibt die uU fehlende fachliche wie rechtliche Qualifikation der Hausärzte zu bedenken.

II. Hospizleistungen, § 39a SGB V

Leistungen der palliativmedizinischen Pflege werden auch in Hospizen erbracht. Die Versicherten haben gemäß § 39a Abs. 1 SGB V Anspruch auf Zuschüsse zur **Versorgung in Hospizen**, wenn sie keiner Krankenhausbehandlung bedürfen, die ambulante Versorgung in ihrem eigenen Haushalt oder dem ihrer Familienangehörigen jedoch nicht sichergestellt ist.

Beispiel
Marie ist 13 Jahre alt. Sie leidet seit ihrer Geburt an einer Cerebralparese, die mit Tetraspastik, Epilepsie sowie einer Knochenmarksentzündung einhergeht. Die Erkrankung ist unheilbar, jedoch nicht fortschreitend. Immer wieder kommt es zu Komplikationen. Maries Lebenserwartung ist im Vergleich zu einem gesunden Kind verkürzt und beträgt nur noch wenige Jahre. Dies ist im Grunde geeignet, einen Anspruch auf Hospizversorgung zu begründen, da bei einem Kind – anders als bei Erwachsenen – die Anforderungen an die Lebenserwartung nicht zu strikt ausgelegt werden dürfen. Jedoch setzt der Anspruch zwingend voraus, dass die ambulante Versorgung zu Hause aus medizinischen Gründen nicht sichergestellt ist. Dies setzt eine plötzliche, krisenhafte Verschlechterung des Gesundheitszustands voraus. Die zweifelsohne schwere und seit Jahren andauernde Belastung der Eltern durch die Pflege von Marie reicht dafür nicht aus.[314]

Entsprechende Leistungen aus der sozialen Pflegeversicherung werden in Höhe von 5 % angerechnet; die Krankenkassen tragen folglich 95 % der Kosten.

Das Gesetz regelt die Einzelheiten der Hospizversorgung nicht. Der Spitzenverband Bund der Krankenkassen soll mit den Spitzenorganisationen der stationären Hospize eine **Vereinbarung** treffen, in der Art und Umfang sowie die Qualität der Leistungen festzulegen sind. Auch die Voraussetzungen des Wechsels von einer stationären Pflegeeinrichtung in ein Hospiz sind zu vereinbaren. Die Vereinbarungen sind alle vier Jahre zu evaluieren und – nach Stellungnahme der Kassenärztlichen Bundesvereinigung – an die aktuelle **Versorgungs- und Kostenentwicklung** anzupassen.

Nach § 39a Abs. 2 SGB V besteht ein Anspruch auf Zuschüsse zu den Personal- und Sachkosten von ambulanten Hospizdiensten. Diese sind dadurch gekennzeichnet, dass Versicherte, die keiner **(teil)stationären Hospizversorgung** bedürfen, in ihrem eigenen Haushalt oder dem eines Familienangehörigen ehrenamtliche Sterbebegleitung erhalten. Die Hospizdienste haben mit palliativmedizinisch erfahrenen Pflegekräften und Ärzten zu kooperieren und müssen von einer einschlägig qualifizierten Person fachlich geleitet werden, die über mehrjährige Erfahrungen in der palliativmedizinischen Pflege verfügt.

Auch in diesem Kontext werden die Einzelheiten der Versorgung – namentlich Inhalt, Umfang und Qualität sowie ein angemessenes Verhältnis zwischen **haupt- und ehrenamtlichen Kräften** – durch den Spitzenverband Bund der Krankenkassen mit den Spitzenorganisationen der ambulanten Hospizdienste vereinbart. Die Leistung der Krankenkassen nach § 39a SGB V wird also nicht unmittelbar an die Versicherten erbracht, kommt diesen aber durch die von den Hospizen geleistete Arbeit zugute.

E. Krankenpflege in der stationären Versorgung

Reicht eine ambulante Versorgung nicht aus, um einen Versicherten angemessen zu behandeln, besteht Anspruch auf vollstationäre Versorgung in Krankenhäusern.

I. Begriff des Krankenhauses

Nach der Legaldefinition in § 107 Abs. 1 SGB V handelt es sich bei einem Krankenhaus um eine Einrichtung, die gekennzeichnet ist durch

---
314 SG Koblenz, 26.6.2013, S 8 KR 352/13 ER.

- die Erkennung und Heilung von **Krankheiten**, die Verhütung ihrer Verschlimmerung, die Linderung von Beschwerden oder die Leistung von Geburtshilfe vorwiegend durch ärztliche oder pflegerische Hilfeleistungen,
- unter ständiger **ärztlicher Leitung** (in fachlich-medizinischer Hinsicht),
- die Verfügbarkeit von ausreichenden, ihrem – nach der landesrechtlichen Krankenhausplanung determinierten – Versorgungsauftrag entsprechenden **diagnostischen und therapeutischen Möglichkeiten**,
- die Arbeit nach wissenschaftlich anerkannten **Methoden**,
- jederzeit verfügbares ärztliches, Pflege-, Funktions- und medizinisch-technisches **Personal** sowie
- die **Unterbringung und Verpflegung** der Patienten.

Auch Vorsorge- und Rehabilitationseinrichtungen gelten als stationäre Einrichtungen der Krankenbehandlung, § 107 Abs. 2 SGB V. Von den Krankenhäusern unterscheiden sie sich einerseits durch das Ziel der dort vorgenommenen Maßnahmen, andererseits durch den im Gesetz hervorgehobenen Einsatz von Heilmitteln.[315] Als **Vorsorge** sind solche Maßnahmen bezeichnet, die einer Schwächung der Gesundheit entgegenwirken sollen, die in absehbarer Zeit zum Auftreten einer Krankheit führen würde. **Rehabilitation** ist demgegenüber dadurch gekennzeichnet, dass sie einen Behandlungserfolg sichern und das Eintreten von Behinderungen oder von Pflegebedürftigkeit abwenden sollen.

II. Subsidiarität der vollstationären Pflege

46 Da vor der vollstationären Behandlung alle ambulanten oder teilstationären Möglichkeiten ausgeschöpft worden sein müssen, ist der Anspruch auf vollstationäre Pflege subsidiär („**ambulant vor stationär**").[316] Dies ist jeweils am individuellen Behandlungsziel zu messen: die besonderen Strukturen und Mittel eines Krankenhauses müssen erforderlich sein, um eine Krankheit zu heilen oder zu lindern oder den Gesundheitszustand zu verbessern. Überprüft wird dies abschließend – trotz der Einweisung durch einen niedergelassenen Arzt, in der dieser ebenfalls die **Notwendigkeit** der stationären Behandlung feststellt – vom Krankenhaus.[317] Hat die vollstationäre Unterbringung im Wesentlichen nicht-medizinische Gründe, etwa die mangelnde Betreuung und Beaufsichtigung einer Person, deren ärztliche Behandlung auch ambulant möglich wäre, ist die Leistungspflicht der Krankenkassen ausgeschlossen. Nicht notwendig ist, dass der Krankenhausaufenthalt auf Heilung gerichtet ist; es genügt, wenn **Krankheitssymptome** gelindert werden können.[318]

Beispiel

Hans ist 75 Jahre alt und lebt in einem Pflegeheim. Er zeigt immer wieder schwere Verwirrtheit und ist desorientiert. Sein behandelnder Arzt vermutet, dass diese Zustände durch eine Arteriosklerose im Gehirn verursacht werden. Hans wird zu seinem eigenen Schutz in die geschlossene Abteilung des Psychiatrischen Krankenhauses eingewiesen. Dort wird er mit hirndurchblutungsfördernden Mitteln, Psychopharmaka sowie Herz- und Kreislaufmitteln behandelt. Seine Erkrankung verbessert sich dadurch zwar nicht, jedoch bleibt sein Zustand stabil. Nach vier Monaten in der Abteilung verstirbt Hans.

Die Behandlung diente zwar auch der Unterbringung zum eigenen Schutz von Hans und es wurden pflegerische Leistungen erbracht. Der Aufenthalt im Krankenhaus diente aber vor allem der Diagnose

---

315 Genannt werden exemplarisch Krankengymnastik, Bewegungstherapie, Sprachtherapie sowie Arbeits- und Beschäftigungstherapie.
316 Janda, Medizinrecht, S. 234; Weiß, Recht in der Pflege, S. 127.
317 Griep/Renn, Pflegesozialrecht, Rn. 15.
318 BSG 21.10.1980 – 3 RK 33/79 zum Anspruch auf Krankenhausbehandlung bei einer nicht-therapierbaren Schizophrenie, die mit Begleiterscheinungen wie Autismus und Aggressionsschüben einhergeht, die wiederum der Behandlung zugänglich sind.

E. Krankenpflege in der stationären Versorgung

der Ursachen seiner Ausfallerscheinungen und der Linderung seiner Beschwerden. Dass eine Heilung der Erkrankung nicht möglich war, steht dem Anspruch auf vollstationäre Behandlung nicht entgegen.[319]

III. Pflege als Bestandteil der vollstationären Behandlung

Die Krankenhausbehandlung umfasst gemäß § 39 Abs. 1 S. 3 SGB V nicht nur die ärztliche Behandlung, sondern auch die diese ergänzende Krankenpflege. Es handelt sich folglich um eine „umfassende und einheitliche Gesamtleistung",[320] bei der jedoch die ärztliche Betreuung des Patienten im Vordergrund steht. Die Pflege erweist sich im Kontext des SGB V als **unselbstständiger Bestandteil** von dieser.[321] Steht dagegen die Pflege als solche, unabhängig von der ärztlichen Behandlung, im Vordergrund, ist der Anwendungsbereich des SGB XI eröffnet. 47

Im Rahmen des Entlassungsmanagements sollen Kranken- und Pflegekassen miteinander kooperieren, sofern nach Beendigung der vollstationären Behandlung Pflegeleistungen erforderlich sind, § 39 Abs. 1a S. 5 SGB V. Das **Entlassungsmanagement** soll den nahtlosen Übergang in die erforderliche Anschlussversorgung des Versicherten gewährleisten und dient damit auch der Sicherstellung des Heilerfolgs. Die Versicherten haben insofern einen Rechtsanspruch gegen ihre Krankenkasse auf Erbringung des Entlassungsmanagements als Sachleistung.[322] 48

Überschneidungen zur Pflege iSd SGB XI bestehen vor allem in der **rehabilitativen Behandlung**. Hier sieht § 107 Abs. 2 Nr. 1 lit. b) SGB V vor, dass Leistungen der aktivierenden Pflege in Rehabilitationseinrichtungen nicht auf Kosten der Krankenkassen erbracht werden. 49

IV. Mitaufnahme von Assistenzkräften ins Krankenhaus

Pflegebedürftige Personen können Pflegekräfte auch im Rahmen des sogenannten Assistenz- oder **Arbeitgebermodells** beschäftigen. Sie erhalten die häusliche Pflege dann nicht als Pflegesachleistung nach § 36 SGB XI, sondern stellen selbst eine qualifizierte Pflegekraft als Arbeitnehmer ein und beziehen für diese Pflegegeld nach § 37 SGB XI. Ist die Heranziehung einer solchen, sogenannten **besonderen Pflegekraft** anstelle der oder über die unentgeltliche Pflege durch Angehörige, Nachbarn oder Ehrenamtliche hinaus erforderlich, kommt für deren Kosten gemäß § 65 Abs. 1 S. 2 SGB XII der Sozialhilfeträger auf.[323] 50

Diese besonderen Pflegekräfte können im Falle einer **vollstationären Krankenbehandlung** der pflegebedürftigen Person nach § 11 Abs. 3 SGB V mit in das Krankenhaus bzw. die Vorsorge- oder Reha-Einrichtung aufgenommen werden. Ob die Aufnahme medizinisch notwendig ist, ist – anders als bei der Aufnahme sonstiger **Begleitpersonen** nach § 11 Abs. 3 SGB V – irrelevant. Die Leistungspflicht der Krankenkassen erstreckt sich jedoch ausschließlich auf die besonderen mit der Aufnahme der Assistenzkraft verbundenen Kosten und nicht etwa auf deren Entlohnung.[324] Durch diese Leistung wird sichergestellt, dass behinderte Patienten während eines stationären Aufenthalts im vollen Umfang alle notwendigen pflegerischen Leistungen erhalten, die über das Maß der Krankenpflege hinausgehen.[325] 51

---

319 Nach BSGE 47, 83.
320 BSGE 115, 11.
321 Griep/Renn, Pflegesozialrecht, Rn. 12; Weiß, Recht in der Pflege, S. 131.
322 Wahl in jurisPK-SGB V, § 39, Rn. 101.
323 Dazu ausführlich Kap. 6, Rn. 40.
324 Roters in BeckOGK, § 11 SGB V, Rn. 22a.
325 BT-Drs. 16/12855, S. 8 f.

Wiederholungs- und Vertiefungsfragen

- Grenzen Sie die medizinische Behandlungspflege von der Pflege im Kontext des SGB XI ab.
- Welche Leistungen zur Pflege erbringen die gesetzlichen Krankenkassen?
- Berta ist nach einem Bruch des Oberschenkelhalses für einige Zeit im Krankenhaus. Da sie allein zu Hause lebt, braucht sie nach ihrer Entlassung noch Unterstützung bei der Gabe von Medikamenten, beim Ankleiden und bei der Mobilität. Ist ihre Krankenkasse verpflichtet, diese Leistungen als häusliche Krankenpflege zu gewähren?
- Karl ist an Krebs erkrankt. Die Chemotherapie kann ambulant in der Praxis eines niedergelassenen Onkologen erfolgen, da Karl mit seinem Sohn und dessen Familie im gleichen Haus lebt. Als der Sohn im Sommer für drei Wochen in den Urlaub fahren will, fragt die Familie, wie während ihrer Abwesenheit die therapeutische Versorgung von Karl sichergestellt werden kann. Insbesondere möchten sie wissen, ob Karl vorübergehend stationär aufgenommen werden könnte.
- Petra leitet einen ambulanten Pflegedienst. Sie überlegt, eine Weiterbildung in Palliativpflege zu absolvieren. Um ihre Entscheidung treffen zu können, möchte sie wissen, unter welchen Voraussetzungen sie Leistungen der ambulanten Palliativversorgung an gesetzlich versicherten Patienten erbringen könnte und was sie zu veranlassen hat, um zur Leistungserbringung zugelassen zu werden.
- Nach einem Hirninfarkt ist Jaroslav schwer pflegebedürftig und wird von seiner Tochter in deren Haushalt versorgt. Er zieht sich eine Lungenentzündung zu. Bald ist absehbar, dass Jaroslav nur noch wenige Tage zu leben hat. Seine Tochter ist mit der Situation zunehmend überfordert. Kann Jaroslav in einem Hospiz gepflegt werden? Welche Leistungen können den Angehörigen erbracht werden? Wer kommt für die Kosten auf?
- Tove lebt in einem Pflegeheim. Nach einem Sturz muss sie ins Krankenhaus, wo ihr ein künstliches Hüftgelenk eingesetzt wird. Bald darauf kann sie wieder in ihr Zimmer im Pflegeheim zurückkehren. Die Operationswunde muss jedoch noch versorgt und das Gelenk mobilisiert werden. Wird dies als Leistung der Kranken- oder der Pflegeversicherung erbracht?

6. Kapitel: Pflege im Recht der sozialen Hilfen

Orientierungsfragen

- Wie verhalten sich die Leistungen nach dem SGB XI zur Hilfe zur Pflege nach §§ 61 ff. SGB XII? Worin unterscheiden sich die Zielsetzungen beider Leistungssysteme?
- Welcher Träger ist im Rahmen der Sozialhilfe für die Erbringung von Pflegeleistungen zuständig? Inwieweit kooperieren die Träger mit denen der sozialen Pflegeversicherung?
- Welche Leistungen werden als Hilfe zur Pflege erbracht? Welche Gemeinsamkeiten und Unterschiede bestehen zu den Leistungen der sozialen Pflegeversicherung?
- Wie ist das Dreiecksverhältnis im Sozialhilferecht ausgestaltet?

1

A. Allgemeine Grundsätze des Sozialhilferechts

Bei den sozialen Hilfen handelt es sich nicht um kausale, an einem bestimmten Risiko anknüpfende Leistungen, sondern um finale Leistungen, die den Einzelnen im Falle der Hilfebedürftigkeit absichern.

2

I. Funktion der Sozialhilfe

Die wichtigste Funktion der sozialen Hilfen ist die Sicherstellung eines menschenwürdigen **Existenzminimums**, welches das BVerfG in nunmehr ständiger Rechtsprechung als Grundrecht aus Art. 1 Abs. 1 iVm Art. 20 Abs. 1 GG herleitet.[326] Dabei ist nicht lediglich die physische Existenz, also das bloße Überleben zu sichern. Auch die sozio-kulturelle Teilhabe der leistungsberechtigten Personen, also ihre Mitwirkung am politischen, kulturellen und gesellschaftlichen Leben, ist zu gewährleisten.

3

Die Leistungen der Sozialhilfe dienen als Hilfe zur **Selbsthilfe**: Sie sollen den Einzelnen gemäß § 1 S. 2 SGB XII befähigen, so weit wie möglich unabhängig von ihnen zu leben. Der Gesetzgeber macht insofern auch die Erwartung deutlich, dass die Leistungsberechtigten nach Kräften darauf hinwirken, ihre Hilfebedürftigkeit zu überwinden.

4

II. Träger der Sozialhilfe

Träger der Sozialhilfe sind die örtlichen und überörtlichen Träger, § 3 SGB XII. Unter örtlichen Trägern sind die kreisfreien Städte und die Kreise zu verstehen. Die überörtlichen Träger werden durch Landesrecht bestimmt; dies kann das Land selbst sein oder Kommunalverbände, Bezirke oder Landschaftsverbände.[327]

5

Während die örtlichen Träger die Hilfen zum Lebensunterhalt erbringen, obliegt den überörtlichen Trägern in der Regel die Leistung der Eingliederungshilfe für Menschen mit Behinderung, aber auch die Hilfe zur Pflege, § 97 Abs. 3 SGB XII. Durch Landesrecht kann aber auch eine andere Aufgabenzuweisung erfolgen.

6

---

326 Siehe nur BVerfGE 125, 175.
327 Vgl. die Übersicht bei Groth in BeckOK SozR, § 3 SGB XII, Rn. 8.1 mit Hinweisen auf die jeweilige landesrechtliche Rechtsgrundlage.

III. Leistungsgrundsätze

7 Die Leistungen der Sozialhilfe sind gemäß § 2 SGB XII **subsidiär**, also nachrangig gegenüber Einkommen (§§ 82 ff. SGB XII) und Vermögen (§§ 90 f. SGB XII) der leistungsberechtigten Person, gegenüber unterhaltspflichtigen Angehörigen (§§ 93 ff. SGB XII) sowie gegenüber vorleistungspflichtigen Sozialhilfeträgern. Dementsprechend ordnet § 19 Abs. 3 SGB XII an, dass die Hilfe zur Pflege nur geleistet wird, soweit den Leistungsberechtigten, ihren nicht getrennt lebenden Ehegatten oder Lebenspartnern und bei Minderjährigen ihren Eltern die Aufbringung der Mittel aus dem Einkommen und Vermögen nicht zuzumuten ist. Da der drohende Regress der Sozialhilfeträger nicht nur die Pflegebedürftigen, sondern auch deren Familien belastet, hat der Gesetzgeber mit dem Angehörigen-Entlastungsgesetz[328] den Unterhaltsrückgriff erheblich eingeschränkt. Nach § 94 Abs. 1a SGB XII ist dieser nur noch gegenüber den Angehörigen möglich, deren Jahreseinkommen 100.000,00 EUR brutto übersteigt. Auf das Einkommen anderer Familienmitglieder oder das Vermögen des Unterhaltspflichtigen kommt es nicht an.[329] Diese recht weitgefasste Ausnahme vom Nachranggrundsatz beinhaltet durchaus einen Paradigmenwechsel,[330] wenn auch keinen Systembruch: Die Subsidiarität der Sozialhilfe gilt weiterhin, beschränkt sich aber auf Menschen mit hohen Einkommen.[331]

8 Die Subsidiarität der Sozialhilfe gilt nicht nur im Hinblick auf zivilrechtliche Unterhaltsverpflichtungen, sondern betrifft auch das Verhältnis zu anderen Sozialleistungen. Beziehen Menschen mit Behinderung stationäre Hilfe zur Pflege, begründet der Nachranggrundsatz jedoch keine Obliegenheit zur Beantragung von Eingliederungshilfe. Die Menschenwürde und das Recht auf Selbstbestimmung nach Art. 1 Abs. 1 GG, Art. 1 S. 1 UN-BRK vermitteln jedem Menschen vielmehr das Recht, auf bestimmte Hilfen zu verzichten. Daher können behinderte Menschen nicht verpflichtet werden, die stationäre Pflegeeinrichtung zu wechseln und in eine vermeintlich besser geeignete Einrichtung der Eingliederungshilfe umzuziehen, um nicht länger auf Hilfe zur Pflege angewiesen zu sein.[332]

9 § 9 SGB XII statuiert den Grundsatz der **Individualisierung**: Sozialhilfe ist danach so zu leisten, dass sie den Besonderheiten des Einzelfalls gerecht wird. Dies richtet sich namentlich nach der Art des Bedarfs, den örtlichen Verhältnissen, den eigenen Kräften und Mitteln der leistungsberechtigten Personen oder ihres Haushalts.

10 Auf die Leistungen besteht ein **Rechtsanspruch**, § 17 Abs. 1 SGB XII. Den Trägern ist folglich kein Entschließungsermessen eingeräumt, sondern sie haben mit Bekanntwerden der Leistungsvoraussetzungen von Amts wegen tätig zu werden, also auch ohne dass ein Antrag gestellt worden ist, vgl. § 18 SGB XII. Es besteht jedoch ein Auswahlermessen, dh Art und Maß der Leistungserbringung sind nach § 17 Abs. 2 SGB XII grundsätzlich in das Ermessen des zuständigen Trägers gestellt.

B. Abgrenzung zwischen den Leistungsarten

11 Da mit den Leistungen der sozialen Pflegeversicherung die Kosten der Pflege auch nach den Pflegestärkungsgesetzen nur teilweise getragen werden,[333] sind viele pflegebedürftige Menschen weiterhin auf Leistungen der Sozialhilfe angewiesen. 2019 bezogen 7,8 % der pflegebedürftigen

---

328 Gesetz zur Entlastung unterhaltsverpflichteter Angehöriger in der Sozialhilfe und in der Eingliederungshilfe (Angehörigen-Entlastungsgesetz) v. 10.12.2019, BGBl. I S. 2135.
329 Hauß, GuP 2019, 214, 215; Bublitz, SuP 2020, 85, 88; für das Vermögen ausdrücklich BGHZ 169, 59.
330 Janda, VSSAR 2020, 297, 315 f.; Bublitz, SuP 2020, 85, 87.
331 Vgl. BT-Drs. 19/13399, S. 1.
332 LSG Niedersachsen-Bremen Beschl. v. 03.5.2021 – L 8 SO 47/21 B ER, juris.
333 Weber in BeckOGK, § 14 SGB XI, Rn. 3.

B. Abgrenzung zwischen den Leistungsarten

Personen Hilfe zur Pflege. Während dies in der häuslichen Pflege nur 1,7 % betraf, waren in der stationären Pflege 34,4 % der Pflegebedürftigen auf (ergänzende) Sozialhilfeleistungen angewiesen.[334] Die Leistungsberechtigten sind daher gehalten, ihr Einkommen und Vermögen für die Kosten der Pflege zu verbrauchen und auch die Kommunen werden damit weiterhin finanziell belastet.

I. Hilfe zur Pflege im System des SGB XI und SGB XII

Die Leistungen der Sozialhilfe sind gemäß § 2 SGB XII subsidiär. Sie werden folglich nur erbracht, wenn die **Versicherungsleistungen** nach dem SGB XI nicht ausreichen. Darüber hinaus dürfen die Leistungsberechtigten nicht über Einkünfte aus der Verwertung ihrer Arbeitskraft, aus anderen Sozialleistungen, Unterhaltsansprüchen gegen Angehörige oder Vermögen verfügen, um die Kosten der Pflege aus eigenen Kräften zu tragen. 12

Von der **Grundsicherung** im Alter und bei Erwerbsminderung unterscheidet sich die Hilfe zur Pflege dadurch, dass diese die pauschalierten Bedarfe für den Lebensunterhalt deckt, die sich nach § 8 RBEG bemessen, jene dagegen den gesamten pflegenotwendigen Bedarf umfassen. 13

Beispiel
Carlos ist 70 Jahre alt und pflegebedürftig im Pflegegrad 5. Er ist in einer stationären Einrichtung untergebracht und muss dafür monatlich 3.300,00 EUR entrichten. Die soziale Pflegeversicherung trägt davon gemäß § 43 Abs. 2 S. 2 Nr. 4 SGB XI lediglich 2.005,00 EUR. Aufgrund seiner früheren Erwerbstätigkeit erhält Carlos eine Altersrente aus der gesetzlichen Rentenversicherung; diese beläuft sich auf 1.000,00 EUR. Wegen dieses Einkommens kann er keine Grundsicherung im Alter nach § 41 SGB XII in Anspruch nehmen – er ist nicht hilfebedürftig iSv § 43 SGB XII. Die Differenz zwischen dem Entgelt für das Pflegeheim und seinen Einkünften aus der Renten- und Pflegeversicherung in Höhe von 295,00 EUR wird ihm als Hilfe zur Pflege nach § 61 SGB XII erbracht.

II. Hilfe zur Pflege im Rahmen der Eingliederungshilfe

Mit dem BTHG sind die Leistungen für behinderte Menschen neu geordnet worden. Ziel der Reform war es, die **Eingliederungshilfe** aus ihrem Fürsorgekontext zu lösen und Menschen mit Behinderung in die Lage zu versetzen, selbstbestimmt zu leben und ihre behinderungsbedingten Mehrbedarfe nicht ausschließlich durch die bedürftigkeitsabhängige Sozialhilfe decken zu müssen.[335] Dazu sind beispielsweise die Selbstbehalte erhöht worden, um einen Anreiz zur Aufnahme einer Erwerbstätigkeit zu setzen. 14

Vor Inkrafttreten des BTHG waren die Eingliederungshilfe (§§ 53 ff. SGB XII)[336] und die Hilfe zur Pflege (§§ 61 ff. SGB XII) als getrennte Leistungsarten konzipiert, für die angesichts ihrer unterschiedlichen Zielsetzungen unterschiedliche Anforderungen galten. 15

Ziel der Eingliederungshilfe ist es, den Leistungsberechtigten eine individuelle und menschenwürdige Lebensführung zu ermöglichen und ihre volle, wirksame und gleichberechtigte Teilhabe am Leben in der Gesellschaft zu fördern. Sie sollen ihre Lebensplanung und -führung selbstbestimmt und eigenverantwortlich wahrnehmen, § 90 Abs. 1 SGB IX. Die besonderen Leistungen zur medizinischen Rehabilitation (§§ 99 ff. SGB IX) zielen darauf ab, dass die Leistungsberechtigten möglichst unabhängig von Pflege leben können, § 90 Abs. 2 SGB IX. Der Hilfe zur Pflege nach §§ 61 ff. SGB XII kommt dagegen allein die Aufgabe der Deckung pflegebedingter Bedarfe zu.

---

334 *Bundesregierung*, Siebter Bericht der Bundesregierung über die Entwicklung der Pflegeversicherung und den Stand der pflegerischen Versorgung in der Bundesrepublik Deutschland, S. 100, abrufbar unter https://www.bundesgesundheitsministerium.de/fileadmin/Dateien/3_Downloads/P/Pflegebericht/Siebter_Pflegebericht_barrierefrei.pdf.
335 *Busse*, SGb 2017, 307, 308; dieses Ziel ist nur bedingt erreicht worden, vgl. *Wersig*, KJ 2016, 549.
336 Zum Verhältnis zwischen Eingliederungshilfe und Pflegeversicherung siehe Kap. 2, Rn. 40 ff.

16 2020 sind die Leistungen der Eingliederungshilfe in das SGB IX überführt worden; in diesem Kontext werden auch Pflegeleistungen erbracht, § 103 SGB IX. Indes erhalten manche Menschen mit Behinderung die Hilfe zur Pflege weiterhin nach dem SGB XII. Das grundsätzliche Nebeneinander beider Leistungsarten ist folglich nicht aufgehoben worden. § 103 SGB IX unterscheidet zunächst zwischen Personen, die **in stationären Einrichtungen** der Hilfe für behinderte Menschen leben und Personen, die in der eigenen häuslichen Umgebung leben. Für erstere umfassen die Leistungen der Eingliederungshilfe auch die in der Einrichtung erbrachten Pflegeleistungen. Wenn die Pflegebedürftigkeit ein Ausmaß angenommen hat, dass die Pflege in dieser Einrichtung nicht mehr gewährleistet ist, muss die Einrichtung gewechselt werden. Grundlage dafür ist eine entsprechende Vereinbarung zwischen dem Träger der Eingliederungshilfe und der Pflegekasse, bei der diese die angemessenen Wünsche der behinderten Menschen zu berücksichtigen haben.[337]

17 Für Personen, die Leistungen der Eingliederungshilfe **außerhalb von Einrichtungen** erhalten, beinhaltet diese auch die erforderliche häusliche Pflege. Dabei kommt es wesentlich darauf an, dass die individuell im Gesamtplan (§ 121 SGB IX) vereinbarten Teilhabeziele erreicht werden können, § 103 Abs. 2 SGB IX.[338]

18 Eine Grenze zieht das Gesetz mit dem Erreichen des gesetzlichen Rentenalters nach dem SGB VI: Wer nach Überschreiten der Regelaltersgrenze erstmalig Leistungen der Eingliederungshilfe beantragt, erhält gemäß § 103 Abs. 2 S. 1 SGB IX die erforderliche Hilfe zur Pflege ausschließlich nach Maßgabe der §§ 61 ff. SGB XII. Die Unterscheidung hat durchaus praktische Auswirkungen, denn im Rahmen des SGB IX gelten günstigere Regelungen für den Einsatz eigenen Einkommens und Vermögens. Zudem hat die Gewährung der Pflegeleistungen im Rahmen der Eingliederungshilfe den Vorteil, dass die Leistungsberechtigten sich nur einem zuständigen Träger gegenübersehen.[339] Für Personen, die im Rentenalter erstmals Eingliederungshilfe in Anspruch nehmen, gelten dagegen die strengeren Anrechnungsvorschriften des Sozialhilferechts im Hinblick auf die Hilfe zur Pflege. Hintergrund der Unterscheidung ist die unterschiedliche Zielrichtung der Eingliederungsleistungen. Bis zum **Erreichen des Rentenalters** soll mit der Eingliederungshilfe vor allem der Zugang behinderter Menschen zu Bildung und Erwerbstätigkeit ermöglicht werden. Sind sie in dieser Phase des Lebens pflegebedürftig, unterscheiden sich die Bedarfe von denjenigen, die erst nach Erreichen des Rentenalters pflegebedürftig werden, denn die Teilhabeleistungen zielten auch darauf ab, die Beeinträchtigungen aufzuheben oder zu mildern. Der Gesetzgeber rechtfertigt die Ungleichbehandlung auch damit, dass Personen, welche erst spät pflegebedürftig werden, vorher hätten Vorsorge für den Pflegefall treffen können, um ihren Bedarf aus eigenen Mitteln zu decken.[340]

C. Hilfe zur Pflege, §§ 61 ff. SGB XII

19 Gemäß § 61 SGB XII erhält Hilfe zur Pflege, wer pflegebedürftig ist und die für die Pflege benötigten Mittel nicht in zumutbarer Weise aus eigenem Einkommen und Vermögen aufbringen kann.

---

337 Kritisch im Hinblick auf das Selbstbestimmungsrecht der Menschen mit Behinderung Schneider, WzS 2017, 67, 72: Nicht die Einrichtung müsse sich den Bedürfnissen der Menschen anpassen, sondern die Menschen an das Angebot der Einrichtung.
338 Fix, Die Schnittstelle Eingliederungshilfe, S. 3, Beitrag D11–2017 unter www.reha-recht.de.
339 BT-Drs. 18/10523, S. 60.
340 BT-Drs. 18/10523, S. 61; kritisch Schneider, WzS 2017, 67, 72.

C. Hilfe zur Pflege, §§ 61 ff. SGB XII

I. Voraussetzungen der Leistungsberechtigung

Hilfe zur Pflege wird gemäß § 61 SGB XII an Personen geleistet, die pflegebedürftig sind und die die für die Pflege benötigten Mittel nicht aus eigenem Einkommen oder Vermögen aufbringen können. 20

1. Pflegebedürftigkeit

Für die Bestimmung der Pflegebedürftigkeit verweist das Sozialhilferecht nicht auf das SGB XI, sondern etabliert in § 61a SGB XII eigene Voraussetzungen, die aber denen des Pflegeversicherungsrechts entsprechen. Pflegebedürftigkeit setzt danach voraus, dass die Selbstständigkeit oder die Fähigkeiten des Leistungsberechtigten beeinträchtigt sind und er deshalb der Hilfe anderer bedarf. Die Beeinträchtigungen können körperlicher, kognitiver oder psychischer Natur sein. Aber auch das Unvermögen, gesundheitlich bedingte Belastungen oder Anforderungen selbstständig zu kompensieren oder zu bewältigen, kann Pflegebedürftigkeit begründen. 21

a) Pflegegrade

§ 61a Abs. 2 SGB XII benennt sechs Kriterien, anhand derer die Beeinträchtigungen zu bestimmen sind: Mobilität, kognitive und kommunikative Fähigkeiten, Verhaltensweisen und psychische Problemlagen, Selbstversorgung, Bewältigung von und selbstständiger Umgang mit krankheits- oder therapiebedingten Anforderungen und Belastungen sowie Gestaltung des Alltagslebens und sozialer Kontakte. Diese entsprechen den Kriterien des § 14 SGB XI. Ebenfalls übereinstimmend mit dem Recht der sozialen Pflegeversicherung sind die in § 61b SGB XII definierten Pflegegrade: 22

- Pflegegrad 1: geringe Beeinträchtigungen der Selbstständigkeit oder der Fähigkeiten,
- Pflegegrad 2: erhebliche Beeinträchtigungen der Selbstständigkeit oder der Fähigkeiten,
- Pflegegrad 3: schwere Beeinträchtigungen der Selbstständigkeit oder der Fähigkeiten,
- Pflegegrad 4: schwerste Beeinträchtigungen der Selbstständigkeit oder der Fähigkeiten,
- Pflegegrad 5: schwerste Beeinträchtigungen der Selbstständigkeit oder Fähigkeiten mit besonderen Anforderungen an die pflegerische Versorgung.

Weist eine pflegebedürftige Person einen spezifischen, außergewöhnlichen Hilfebedarf auf, der besondere Anforderungen an die pflegerische Versorgung stellt, kann sie aus pflegefachlichen Gründen dem Pflegegrad 5 zugeordnet werden, selbst wenn lediglich die Anforderungen des Pflegegrades 4 erfüllt sind. Für die Zuordnung pflegebedürftiger Kinder zu den Pflegegraden enthält § 61c SGB XII eine Sonderregelung: Bei ihnen kommt es auf einen Vergleich ihrer Fähigkeiten und ihrer Selbstständigkeit mit denen altersentsprechend entwickelter Kinder an.

b) Begutachtung

Ob Pflegebedürftigkeit vorliegt, beurteilen die Träger der Sozialhilfe in der Regel nicht selbst. § 62a SGB XII ordnet die **Bindungswirkung** der Entscheidungen der Pflegekasse an. Dies ist sinnvoll, ergänzen die Hilfe zur Pflege doch oftmals die Leistungen der sozialen Pflegeversicherung. Doppelbegutachtungen und divergierende Entscheidungen der unterschiedlichen Sozialleistungsträger sind daher zu vermeiden. Die Bindungswirkung bezieht sich ausschließlich auf den Pflegegrad. Welche Leistungen konkret gewährt werden, entscheidet der Sozialhilfeträger in eigener Verantwortung und unter Anwendung der für ihn geltenden Regelungen des SGB XII. Der Pflegegrad muss von der Pflegekasse bereits in einem bestandskräftigen Verwaltungsakt festgestellt worden sein; die bloße Begutachtung durch den MD oder eine andere beauftragte 23

Stelle entfaltet keine Bindungswirkung.[341] Im Umkehrschluss folgt aus § 62a SGB XII, dass der Sozialhilfeträger selbst den Grad der Pflegebedürftigkeit zu beurteilen hat, solange die Pflegekasse ihrerseits noch keine Entscheidung darüber getroffen hat. Der MD ist zur Unterstützung der Sozialhilfeträger verpflichtet, kann aber Ersatz seiner Aufwendungen von diesen verlangen, § 62a S. 3 SGB XII.

24 Bezieht eine pflegebedürftige Person keine Leistungen der sozialen Pflegeversicherung – etwa weil sie keine versicherungspflichtige Beschäftigung ausgeübt hat und daher nicht die erforderliche **Vorversicherungszeit** aufweist – muss der Sozialhilfeträger eigenständig über das Vorliegen der Pflegebedürftigkeit befinden. § 62 SGB XII verweist insofern auf das Begutachtungsinstrument nach § 15 SGB XI. Daher ist auch im Kontext der sozialen Hilfen nicht länger auf die für die Unterstützung bei alltäglichen Verrichtungen erforderliche Zeit abzustellen, sondern der Grad der Selbstständigkeit und der Fähigkeiten der leistungsberechtigten Person zu ermitteln. Die Sozialhilfeträger haben dabei die einschlägigen Richtlinien zur Begutachtung im Rahmen des SGB XI[342] zu berücksichtigen. Auf diese Weise wird eine möglichst einheitliche Handhabung der Kriterien zur Bestimmung des Pflegegrades gewährleistet.

2. Hilfebedürftigkeit

25 Wie alle Sozialhilfeleistungen ist auch die Hilfe zur Pflege bedürftigkeitsabhängig. Sie wird nach § 61 SGB XII nur erbracht, wenn es den Pflegebedürftigen und Ehegatten oder Lebenspartnern nicht zuzumuten ist, die Kosten der Pflege aus eigenem Einkommen und Vermögen aufzubringen. Bei minderjährigen unverheirateten Personen sind Einkommen und Vermögen ihrer Eltern heranzuziehen.

26 Für die Anrechnung von **Einkommen und Vermögen** verweist die Norm auf die allgemeinen Regeln in den §§ 82 ff. SGB XII. Als Einkommen gelten alle Einkünfte in Geld oder mit Geldeswert, die dem Berechtigten zufließen; Vermögen umschreibt dagegen den Bestand an Aktiva. Nach § 85 SGB XII ist die Finanzierung der Leistungen durch eigenes Einkommen dann nicht zumutbar, wenn dieses eine bestimmte Grenze nicht überschreitet. Diese bestimmt sich aus einem Grundbetrag iHv 848,00 EUR zuzüglich der Aufwendungen für eine angemessene Unterkunft und einen Familienzuschlag, dessen Höhe vom Familienstand und der Zahl der unterhaltsberechtigten Kinder abhängt.

27 Das Vermögen ist gemäß § 90 SGB XII grundsätzlich in vollem Umfang einzusetzen; ausgenommen sind lediglich Vermögensgegenstände, die dem angemessenen Hausrat, der angemessenen Altersvorsorge, der Ausübung einer Erwerbstätigkeit oder dem eigenen Wohnbedarf dienen, vgl. § 90 Abs. 2 SGB XII. Die Bezieher der Hilfe zur Pflege profitieren nach § 66a SGB XII von einem **zusätzlichen Vermögensfreibetrag** iHv 25.000 Euro. Dieser kommt jedoch nur dann zur Anwendung, wenn das Vermögen in dieser Höhe während des Leistungsbezugs ganz oder überwiegend aus einer Erwerbstätigkeit des Leistungsberechtigten erworben worden ist; andere Einkommensquellen bleiben außer Betracht. Mit der Regelung soll honoriert werden, dass pflegebedürftige Personen trotz der damit verbundenen gesundheitlichen Beeinträchtigungen einer selbstständigen oder abhängigen Beschäftigung nachgehen.[343]

II. Leistungen im Rahmen der Hilfe zur Pflege

28 Die Hilfe zur Pflege sieht ähnliche Leistungsformen wie die soziale Pflegeversicherung vor. Auch wenn das Sozialhilferecht vom Grundsatz der Bedarfsdeckung geprägt ist, sind die meisten

---

341 Wrackmeyer-Schoene in Grube/Wahrendorf/Flint, SGB XII, § 62a, Rn. 3.
342 Dazu ausführlich Kap. 3, Rn. 13 ff.
343 Kaiser in BeckOK SozR, § 66a, SGB XII, Rn. 1.

Leistungen ihrer Höhe nach begrenzt. Die tatsächlich bestehenden pflegerischen Bedarfe werden lediglich im Rahmen der häuslichen Pflegehilfe vollständig gedeckt. Trotz der weitgehenden Pauschalierung haben die Sozialhilfeträger den **notwendigen pflegerischen Bedarf** im Einzelfall zu ermitteln und durch Verwaltungsakt festzustellen, § 63a SGB XII. Dieser darf weder allgemein auf die Begutachtungsergebnisse und den Hilfeplan der Pflegekasse verweisen, noch abstrakt von einem bestimmten Pflegegrad auf einen bestimmten Pflegebedarf schließen. Erforderlich ist vielmehr eine individuelle Betrachtung der im Einzelfall tatsächlich bestehenden Bedarfe, um dem Individualisierungsgrundsatz aus § 9 SGB XII zu genügen.

1. Überblick über die Leistungen

Ebenso wie in der Pflegeversicherung wird die Hilfe zur Pflege sowohl als Geld- als auch Sachleistung gewährt. Nach § 63 SGB XII besteht ab dem **Pflegegrad 2** ein Anspruch auf 29

- häusliche Pflege durch Pflegegeld, häusliche Pflegehilfe, Verhinderungspflege, Pflegehilfsmittel, Maßnahmen zur Verbesserung des Wohnumfeldes, digitale Pflegeanwendungen, ergänzende Unterstützung bei der Nutzung von digitalen Pflegeanwendungen und ggf. weitere Leistungen,
- teilstationäre Pflege,
- Kurzzeitpflege,
- den Entlastungsbetrag sowie
- stationäre Pflege.

Im **Pflegegrad 1** werden lediglich Pflegehilfsmittel, Maßnahmen zur Verbesserung des Wohnumfeldes, digitale Pflegeanwendungen, ergänzende Unterstützung bei der Nutzung von digitalen Pflegeanwendungen sowie ein Entlastungsbetrag nach § 66 SGB XII erbracht. Ist es unerlässlich, Personen, die unterhalb des Pflegegrades 2 eingestuft worden sind, stationär zu versorgen – etwa weil die Wohnsituation oder die Verfügbarkeit von Pflegepersonen eine ambulante Pflege nicht zulässt – muss der Bedarf gegebenenfalls mit anderen Leistungen als denen des 7. Kapitels des SGB XII gedeckt werden. In Betracht kommen etwa Hilfen zur Überwindung besonderer sozialer Schwierigkeiten nach § 67 SGB XII oder Hilfe in sonstigen Lebenslagen nach § 73 SGB XII. Dabei müssen jedoch deren spezifische Anforderungen im Einzelfall erfüllt sein, etwa das Vorliegen „besondere[r] Lebensverhältnisse mit sozialen Schwierigkeiten", so dass diese Leistungen nicht in allen Fällen zu gewähren sind, in denen kein Anspruch auf stationäre Pflege im Rahmen der §§ 61 ff. SGB XII besteht.[344] Faktisch besteht damit eine sozialhilferechtliche Versorgungslücke, wenn Personen im Pflegegrad 1 stationär gepflegt werden.[345]

Menschen mit Behinderung können die Hilfe zur Pflege gemäß § 63 Abs. 3 SGB XII auch als 30
Teil des **trägerübergreifenden Persönlichen Budgets** erhalten. Insofern verweist das Gesetz auf § 29 SGB IX. Wird ein entsprechender Antrag gestellt, hat der Leistungsträger kein Ermessen, sondern ist zur Erbringung des Persönlichen Budgets verpflichtet. Mit dem Persönlichen Budget soll dem Leistungsberechtigten eine selbstbestimmte Lebensführung ermöglicht werden. Durch die Gewährung einer Geldleistung wird die betreffende Person in die Lage versetzt, selbst zu entscheiden, ob und wann sie welche Leistungen in Anspruch nehmen möchte. Die Leistung wird flankiert durch eine Zielvereinbarung, in der der Berechtigte und der Leistungsträger die Förder- und Leistungsziele, die Leistungshöhe und den Nachweis der mit dem Budget gedeckten Bedarfe vereinbaren.

---

344 Griep, Sozialrecht aktuell 2017, 165, 169; Brink/Roth, SGb 2019, 150, 152.
345 Griep, Sozialrecht aktuell 2018, 1, 1.

2. Häusliche Pflege

31 Das **Pflegegeld** nach § 64a SGB XII wird in gleicher Höhe wie die Versicherungsleistung nach § 37 Abs. 1 SGB XI geleistet. Es dient dazu, dass die leistungsberechtigte Person ihre Pflege in geeigneter Weise selbst sicherstellt.

32 Um einen Anreiz für diese informelle Pflege zu bieten, erstattet der Sozialhilfeträger die Beiträge der Pflegeperson zur Alterssicherung als **andere Leistung** nach § 64f SGB XII. Dies kommt jedoch nur in Betracht, wenn die Finanzierung der Altersvorsorge anders nicht sichergestellt werden kann. Auch die Beratung der Pflegeperson wird als „andere Leistung" erbracht.

33 Ebenso wie die soziale Pflegeversicherung trägt auch die Sozialhilfe die Kosten einer Ersatzpflegekraft, wenn die Pflegeperson wegen Urlaubs, Krankheit oder vergleichbarer Gründe vorübergehend nicht in der Lage ist, ihren Pflegeaufgaben nachzukommen. Im Rahmen der **Verhinderungspflege** nach § 64c SGB XII werden nur die angemessenen Kosten einer notwendigen Ersatzpflegekraft getragen. Das Pflegegeld kann gemäß § 63b Abs. 5 SGB XII während der Verhinderungspflege um bis zu zwei Drittel gekürzt werden. Sowohl das „Ob" als auch der Umfang der Kürzung steht im Ermessen des Sozialhilfeträgers.

34 Stehen keine Personen aus dem Verwandten- und Bekanntenkreis für die häusliche Pflege zur Verfügung oder können diese die erforderliche Betreuung nicht im zeitlich erforderlichen Maß erbringen, wird die Pflege durch professionelle Pflegedienste erfolgen. Diese werden auch im Rahmen der Sozialhilfe als Sachleistung zur Verfügung gestellt. Die **häusliche Pflegehilfe** nach § 64b SGB XII umfasst alle Maßnahmen zur körperbezogenen Pflege, zur pflegerischen Betreuung und Hilfe zur Haushaltsführung. Zur pflegerischen Betreuung zählen alle Maßnahmen, mit denen die pflegebedürftige Person in die Lage versetzt wird, das alltägliche Leben in ihrem gewohnten häuslichen Umfeld zu bewältigen.

Beispiel
Das Gesetz zählt als pflegerische Betreuung die Unterstützung bei der Bewältigung psychosozialer Problemlagen, bei der Orientierung, Tagesstrukturierung, Kommunikation, Aufrechterhaltung sozialer Kontakte oder auch Maßnahmen zur kognitiven Aktivierung auf. Auch die Unterstützungsangebote nach § 45a SGB XI können als häusliche Pflegehilfe erbracht werden.

35 § 64b SGB XII beschränkt den Anspruch seiner Höhe nach nicht. Es sind insofern also sämtliche notwendigen Bedarfe zu decken. § 64 SGB XII ordnet den **Vorrang der häuslichen Pflege** an: Soweit dies ausreicht, soll die Pflege durch nahestehende Personen oder im Rahmen der Nachbarschaftshilfe durchgeführt werden. Hierauf soll der Sozialhilfeträger hinwirken. Ebenso wie im Pflegeversicherungsrecht ist dabei jedoch den Bedürfnissen der pflegebedürftigen Personen Rechnung zu tragen. Lehnen diese die Hilfe durch Angehörige, Bekannte oder Nachbarn ab bzw. finden sich keine Personen, die zur Übernahme der damit einhergehenden Verpflichtungen bereit sind, können diese auch nicht im Interesse der Kostenersparnis dazu gezwungen werden.

36 In beiden Fällen – sowohl in der selbst organisierten als auch in der professionellen häuslichen Pflege – kommt der Sozialhilfeträger für die Kosten notwendiger **Pflegehilfsmittel** auf, § 64d SGB XII. Solche Hilfsmittel sollen die Pflege erleichtern, die Beschwerden der pflegebedürftigen Person lindern oder ihnen eine selbstständige Lebensführung ermöglichen. Es werden nicht nur die Erstanschaffung und Anleitung zum Gebrauch, sondern auch notwendige Änderungen, die Kosten der Instandhaltung und die Beschaffung notwendigen Ersatzes übernommen.

37 Sind aufgrund der räumlichen und baulichen Zustände im heimischen Wohnumfeld **Umbauarbeiten** erforderlich, werden auch diese gemäß § 64e SGB XII durch den Sozialhilfeträger übernommen. Dies setzt die Angemessenheit der Aufwendungen voraus. Zudem muss die Pflege durch die Umbaumaßnahmen überhaupt ermöglicht oder wesentlich erleichtert werden oder

diese müssen zu einer selbstständigen Lebensführung der pflegebedürftigen Person beitragen. Insofern gelten die gleichen Grundsätze wie im Pflegeversicherungsrecht.[346]

3. Teilstationäre Pflege und Kurzzeitpflege

Teilstationäre Pflege kann in einer Einrichtung der **Tages- oder Nachtpflege** erfolgen. Die Kosten werden im Rahmen der Hilfe zur Pflege nach § 64g SGB XII getragen, wenn die häusliche Pflege nicht in hinreichendem Umfang sichergestellt ist. Der Anspruch schließt die Kosten des Transports von der Wohnung in die Einrichtung und zurück ein.

Ist die häusliche Pflege vorübergehend nicht möglich und reicht die auf bestimmte Tagesabschnitte beschränkte teilstationäre Pflege nicht aus, um die pflegebedürftige Person zu versorgen, besteht nach § 64h SGB XII ein Anspruch auf **Kurzzeitpflege** in einer zugelassenen stationären Einrichtung (§§ 71, 72 SGB XI). Alternativ kann die Kurzzeitpflege auch in einer Einrichtung der Eingliederungshilfe (§§ 90 ff. SGB IX) oder einer anderen geeigneten Einrichtung erbracht werden. Nimmt die Pflegeperson an einer Maßnahme zur medizinischen Vorsorge bzw. Rehabilitation teil, kann die Kurzzeitpflege auch in einer Vorsorge- bzw. Reha-Einrichtung nach § 107 Abs. 2 SGB V durchgeführt werden, wenn die pflegebedürftige Person währenddessen untergebracht und gepflegt werden muss.

4. Vollstationäre Pflege

Kann die häusliche Pflege nicht in angemessener Weise sichergestellt werden und ist auch eine Kombination aus häuslicher und teilstationärer Pflege nicht möglich oder aufgrund der Umstände des Einzelfalls ausgeschlossen, besteht ein Anspruch auf vollstationäre Pflege, § 65 SGB XII. Dieser Anspruch beschränkt sich nicht auf die pflegerischen Maßnahmen, sondern schließt die Betreuung der pflegebedürftigen Person ein. Die vollstationäre Pflege ist **nachrangig** zu allen anderen Betreuungsformen.

Hält sich die pflegebedürftige Person vorübergehend nicht in der stationären Pflegeeinrichtung auf – etwa wegen Krankheit oder Teilnahme an einer Maßnahme zur medizinischen Rehabilitation – wird die vollstationäre Pflege nach § 63b Abs. 7 SGB XII weiter erbracht. Der Sozialhilfeträger übernimmt also auch während der Abwesenheit sämtliche anfallenden Kosten.

5. Entlastungsbetrag

Anders als in der sozialen Pflegeversicherung, in der nach § 45b SGB XI ein einheitlicher Entlastungsbetrag für alle Pflegegrade erbracht wird, ist im Rahmen der Hilfe zur Pflege mit § 64i SGB XII ein Entlastungsbetrag für die Pflegegrade 2 bis 5 sowie in § 66 SGB XII für den Pflegegrad 1 vorgesehen.

Dieser beläuft sich auf monatlich 125,00 EUR und geht insofern über den notwendigen pflegerischen Bedarf hinaus, ist aber streng zweckgebunden. Der Entlastungsbetrag für die Pflegegrade 2 bis 5 dient der Entlastung pflegender Angehöriger oder anderer Pflegepersonen, der Förderung der Selbstständigkeit und Selbstbestimmung der pflegebedürftigen Personen im Alltag sowie der Inanspruchnahme von Unterstützungsangeboten nach § 45a SGB XI. Der genaue **Gehalt der Norm** ist aufgrund ihrer systematischen Stellung schwierig zu bestimmen. Die Gesetzessystematik deutet zunächst darauf hin, dass § 64i SGB XII lediglich im Rahmen der häuslichen,

---

346 Siehe dazu Kap. 3, Rn. 83 ff.

der teilstationären und der Kurzzeitpflege zur Anwendung kommt,[347] da der Anspruch auf vollstationäre Pflege erst danach in § 65 SGB XII geregelt wird. Aus den Gesetzesmaterialien geht hervor, dass diese ergänzende Leistung ursprünglich nur für die häusliche Pflege vorgesehen war.[348] Der Zweck der Leistung kann zwar teilweise ausschließlich im Kontext der häuslichen Pflege erfüllt werden – dies betrifft jedoch ausschließlich die Variante der Entlastung pflegender Angehöriger oder sonstiger Pflegepersonen nach § 64i S. 2 Nr. 1 SGB XII; die übrigen Zwecke sind auch in vollstationärer Pflege verfolg- und erreichbar. Auch im Wortlaut der Norm findet sich keine Beschränkung ihres Anwendungsbereichs auf die häusliche Pflege, so dass der Entlastungsbetrag auch Personen zusteht, die vollstationär gepflegt werden.[349]

44   Im **Pflegegrad 1** besteht generell nur ein eingeschränkter Anspruch auf Hilfe zur Pflege. Dadurch erweitert sich der Anwendungsbereich des Entlastungsbetrags. Neben der Entlastung von Pflegepersonen, der Förderung von Selbstständigkeit und Selbstbestimmung der pflegebedürftigen Person oder der Inanspruchnahme von Unterstützungsangeboten nach § 45b SGB XI dient die Leistung im Pflegegrad 1 zusätzlich der Inanspruchnahme von Leistungen der häuslichen Pflegehilfe, der Verbesserung des Wohnumfelds, der anderen Leistungen iSv § 64f SGB XII sowie der teilstationären Pflege.

45   Der Entlastungsbetrag wird für alle Pflegegrade nur für tatsächlich entstandene Kosten gewährt, also nicht im Voraus und pauschal zur Verfügung gestellt. Damit werden nur Aufwendungen finanziert, die nicht durch die sonstigen Pflege- und Betreuungsleistungen abgedeckt sind, also zusätzliche Angebote wie weitergehende hauswirtschaftliche Hilfe oder Begleitung bei Behörden- oder Spaziergängen.

III. Leistungskonkurrenz

46   Für die Hilfe zur Pflege ordnet § 63b SGB XII einen Nachrang an: Die Leistungen werden nicht erbracht, wenn und soweit Pflegebedürftige gleichartige Leistungen nach anderen Rechtsvorschriften erhalten. Das Blindengeld (§ 72 SGB XII) wird – ebenso wie gleichartige Leistungen, etwa nach Landesrecht – zu 70 % auf das sozialhilferechtliche Pflegegeld angerechnet. Die Entlastungsbeträge nach § 45b SGB XI gehen denen nach §§ 64i, 66 SGB XII vor, werden auf andere Hilfen zur Pflege aber nicht angerechnet.

47   Solange Pflegebedürftige sich in einer teil- oder vollstationären Einrichtung aufhalten, haben sie keinen Anspruch auf häusliche Pflege, § 63b Abs. 3 SGB XII. Lediglich im Fall der teilstationären Pflege (§ 64g SGB XII) wird das Pflegegeld (§ 64a SGB XII) weiter geleistet, jedoch in angemessenem Umfang anteilig gekürzt.

IV. Dreiecksverhältnis

48   Basis der Leistungserbringung im Sozialhilferecht sind die Rahmenvereinbarungen nach § 75 SGB XI, welche die Landesverbände der Pflegekassen mit den Verbänden der ambulanten und stationären Leistungserbringer schließen. An diesen sind die Sozialhilfeträger beteiligt, § 75 Abs. 1 S. 3 SGB XI. Soweit die Hilfe zur Pflege durch eine zugelassene Einrichtung iSv § 72 SGB XI erbracht werden, richten sich Art, Inhalt, Umfang und Vergütung der Pflegeleistungen nach den Vorgaben des Pflegeversicherungsrechts. Im Rahmen der Sozialhilfe ist insofern vor allem der Eigenanteil von Bedeutung.

---

347   So offenbar Kaiser in BeckOK SozR, § 64i SGB XII, Rn. 2; Wrackmeyer-Schoene in Grube/Wahrendorf/Flint, SGB XII, § 64i, Rn. 1.
348   BT-Drs. 18/9959, S. 23.
349   Meßling in Schlegel/Voelzke, jurisPK-SGB XII, § 64i, Rn. 7.

C. Hilfe zur Pflege, §§ 61 ff. SGB XII

Im Übrigen bilden Vereinbarungen nach § 75 Abs. 1 SGB XII die Grundlage für die Erbringung von Leistungen im Rahmen der Hilfe zur Pflege sowie für deren Vergütung. Zur Übernahme der Kosten ist der Sozialhilfeträger danach nur verpflichtet, wenn er zuvor eine Leistungs-, Vergütungs- und Prüfungsvereinbarung mit dem Träger der Einrichtung geschlossen hat. In dieser müssen nicht nur Inhalt, Umfang und Qualität der Leistung, die Zusammensetzung der Vergütung aus Pauschalen und Einzelleistungsbeträgen, sondern auch die Anforderungen an Wirtschaftlichkeit und Qualität der Leistungen niedergelegt werden, die der Sozialhilfeträger jederzeit überprüfen darf. Ohne eine derartige Vereinbarung dürfen nur im Einzelfall Leistungen erbracht werden, wobei unter anderem sicherzustellen ist, dass die Vergütung nicht über dem für vergleichbare Leistungen zu entrichtenden Entgelt liegt, § 75 Abs. 4 SGB XII. 49

Zum 1.1.2020 wurde § 75 SGB XII durch das BTHG neugefasst. Damit gingen keine fundamentalen inhaltlichen Umbrüche einher, sondern im Wesentlichen wurden einheitliche Regelungen für ambulante wie stationäre Dienste etabliert.[350] Leistungen sollen nicht durch eigene Angebote der Sozialhilfeträger erbracht werden, wenn geeignete Leistungserbringer vorhanden sind. Diese müssen vorab eine **schriftliche Vereinbarung** mit dem örtlich zuständigen Sozialhilfeträger schließen, in der sie sich zur Einhaltung des Prinzips der Wirtschaftlichkeit, Sparsamkeit und Leistungsfähigkeit einerseits und des Individualisierungsgrundsatzes nach § 9 SGB XII andererseits verpflichten. Ohne eine solche Leistungs- und Vergütungsvereinbarung kommt eine Leistungserbringung nur im besonderen Einzelfall in Betracht, wenn der Einrichtungsträger ein Leistungsangebot vorlegt, das den Grundsätzen der Wirtschaftlichkeit und Sparsamkeit entspricht, § 75 Abs. 5 SGB XII. Gemäß § 75 Abs. 3 SGB XII sollen die Sozialhilfeträger unter mehreren geeigneten Leistungserbringern diejenigen auswählen, die die Leistungen bei vergleichbarem Inhalt, Umfang und Qualität zu günstigeren Preisen anbieten. Der Gesetzgeber erhofft sich damit eine Stärkung des Wettbewerbsgedankens und Anreize für eine möglichst kostengünstige Leistungserbringung. 50

In § 75 Abs. 6 SGB XII wurde 2020 ein unmittelbarer **gesetzlicher Anspruch** des Leistungserbringers gegen den Träger der Sozialhilfe auf Vergütung der erbrachten Leistungen eingefügt. Zuvor hatte die Rechtsprechung einen solchen unmittelbaren Vergütungsanspruch stets abgelehnt. Aufgrund des sozialhilferechtlichen Dreiecksverhältnisses konkretisiere die Leistungsvereinbarung zwischen Sozialhilfeträger und Leistungserbringer lediglich den Anspruch der leistungsberechtigten Personen. Wenn der Sozialhilfeträger die Übernahme der Pflege- und Betreuungskosten durch Verwaltungsakt bescheidet, könne im Einzelfall ein Schuldbeitritt zu dem Pflege- und Betreuungsvertrag zwischen Leistungserbringer und Pflegebedürftigen vorliegen, der einen Zahlungsanspruch auslöse.[351] Auch der BGH war der Auffassung, dass dem Bewilligungsbescheid des Sozialhilfeträgers insofern Drittwirkung zukommt, dass dieser der im zivilrechtlichen Vertrag zwischen Pflegebedürftigem und Leistungserbringer begründeten privatrechtlichen Schuld beitritt.[352] Dieser Konstruktion bedarf es mit der Neuregelung nicht mehr. 51

---

350 BT-Drs. 18/9522, S. 292.
351 BSGE 102, 1; BSG, NVwZ-RR 2015, 501.
352 BGHZ 205, 260; 209, 316.

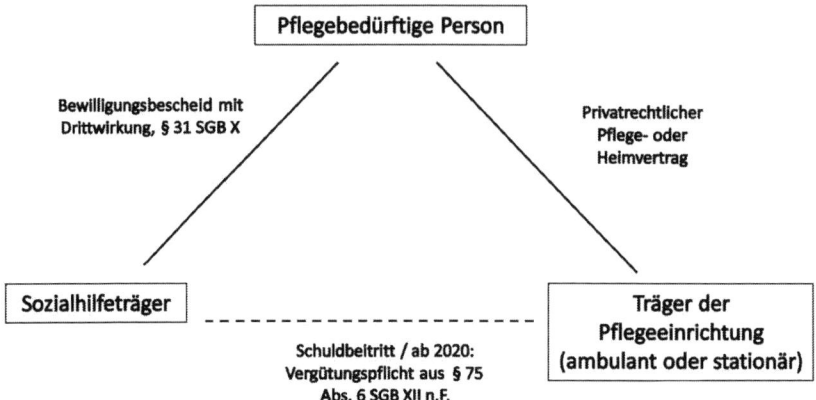

Wiederholungs- und Vertiefungsfragen

- Thea war ihr Leben lang Hausfrau. Nach dem Tod ihres Ehemannes bezieht sie eine Witwenrente iHv 600,00 EUR monatlich. Nach welchem Sozialgesetzbuch richten sich ihre Ansprüche, wenn sie pflegebedürftig wird?
- Esma ist von Geburt an schwerbehindert. Sie kann sich nicht selbstständig versorgen. Welcher Träger ist für die Erbringung der erforderlichen Pflegeleistungen zuständig? Wie wäre es, wenn Esma erst im Alter von 70 Jahren infolge eines Unfalls schwerpflegebedürftig geworden wäre?
- Nachdem er einen Antrag auf Leistungen der Pflegeversicherung gestellt hat, erhält Albert einen Bewilligungsbescheid, in dem er dem Pflegegrad 5 zugeordnet wird. Die Leistungen der Pflegeversicherung decken die Kosten des Pflegeheims nur teilweise ab. Da Albert lediglich über eine geringe Rente und kein eigenes Vermögen verfügt, muss er Leistungen der Sozialhilfe beantragen. Der zuständige Träger fordert ihn auf, Unterhaltsansprüche gegenüber seiner Tochter Anna geltend zu machen. Diese ist empört – sie hat sich bereits vor langer Zeit mit ihrem Vater überworfen und seit nahezu 20 Jahren keinerlei Kontakt mehr zu ihm. Wirkt sich dies auf den Sozialhilfeanspruch von Albert aus? Darf der Sozialhilfeträger den Grad der Pflegebedürftigkeit durch eine eigene Begutachtung überprüfen?
- Senta ist als gesetzliche Betreuerin für Santos bestellt. Dieser ist zur vollstationären Pflege in einem Pflegeheim aufgenommen worden. Neben seinen körperlichen Leiden schreitet seine demenzielle Erkrankung in hohem Tempo fort. Senta meint daher, dass er über das Angebot des Pflegeheims hinaus zusätzliche Betreuungsleistungen benötigt. Sie erkundigt sich, ob sie zu diesem Zweck den Entlastungsbeitrag nach § 64i SGB XII für Santos beantragen kann.
- Der mittellose Winfried bedarf der vollstationären Pflege. Als er nach langer Suche einen freien Platz in einem Pflegeheim gefunden hat, ist der Träger skeptisch, da er befürchtet, dass Winfried die Rechnungen nicht wird bezahlen können. Er fragt, ob er seine Ansprüche auf Vergütung der Pflegeleistungen nicht direkt an den Sozialhilfeträger richten kann. Der zuständige Sachbearbeiter verneint dies mit der Begründung, dass der Pflege- und Betreuungsvertrag allein zwischen Winfried und dem Einrichtungsträger zustande kommt. Hat er Recht?

7. Kapitel: Rechtsbeziehungen zwischen Versicherten und Leistungserbringern in der Pflege

Orientierungsfragen

- Welche vertraglichen Beziehungen bestehen zwischen einer pflegebedürftigen Person und den Leistungserbringern in der Pflege? Inwiefern unterscheiden sich diese in der ambulanten und in der stationären Pflege?
- Wie kommt ein Pflege- und Betreuungsvertrag zustande, wenn die pflegebedürftige Person, beispielsweise aufgrund fortgeschrittener Demenz, nicht mehr in der Lage ist, ihre Angelegenheiten eigenverantwortlich zu besorgen?
- Gibt es Vorgaben zur Bemessung und Erhöhung der Vergütung in Pflegeheimen? Welche Rechte haben die Bewohner von Pflegeheimen bei unzureichender Pflege?
- Welche Haftungsrisiken drohen in der Pflege? Was ist insbesondere im Zusammenhang mit der Organisation eines Pflegedienstes, der Delegation von Pflegeaufgaben und der Anwendung freiheitsentziehender Maßnahmen zu beachten?
- Welche zivilrechtlichen Ansprüche können Pflegefehler nach sich ziehen?
- Wie ist die Beweislast im Schadenersatzprozess verteilt?

A. Abschluss und Inhalt des Pflegevertrags

Der Pflegevertrag kann von der pflegebedürftigen Person selbst abgeschlossen werden oder als **Vertrag zugunsten Dritter** iSv § 328 BGB durch Angehörige oder andere Personen. Ist der Pflegebedürftige geschäftsfähig, kann er einem Dritten auch Vollmacht nach § 164 BGB oder – für den Fall späterer Entscheidungsunfähigkeit – eine **Vorsorgevollmacht** nach § 1820 Abs. 1 BGB zum Abschluss des Vertrags erteilen.

Ferner kommt der Vertragsschluss durch einen **Betreuer** in Betracht. Die Bestellung eines Betreuers setzt nach § 1814 BGB voraus, dass der (volljährige) Betreute aufgrund einer Erkrankung oder Behinderung ganz oder teilweise nicht in der Lage ist, seine eigenen Angelegenheiten zu besorgen. Die Betreuungsbedürftigkeit muss nicht zwangsläufig mit einer Geschäftsunfähigkeit iSv § 104 BGB einhergehen.[353] Der Betreuer ist gehalten, bei seinen Entscheidungen die **Wünsche des Betreuten** zu berücksichtigen. Dies gilt auch für die Auswahl des Vertragspartners oder für die Entscheidung zwischen ambulanter und stationärer Pflege.

Gerade in den Fällen, in denen die pflegebedürftige Person ergänzender Hilfen zur Pflege bedarf, steht das Selbstbestimmungsrecht oftmals unter Druck: Dem Sozialhilfeträger wird im Interesse der **Kostenersparnis** regelmäßig an einer preiswerten Einrichtung gelegen sein. Ist häusliche Pflege möglich – maßgeblich ist insofern allein das Ergebnis der Begutachtung – verpflichtet § 64 SGB XII den Sozialhilfeträger darauf hinzuwirken, dass die häusliche Pflege durch nahestehende Personen oder als Nachbarschaftshilfe übernommen wird, so dass die Kosten für einen professionellen Pflegedienst vermieden werden. Diese Hinwirkungsverpflichtung fordert ein aktives Tätigwerden des Sozialhilfeträgers; dieser hat die leistungsberechtigten Personen entsprechend aufzuklären und zu beraten. Der Amtsermittlungsgrundsatz aus § 20 SGB X verpflichtet ihn ferner dazu, zu ermitteln, ob im Umfeld des Leistungsberechtigten geeignete Pflegepersonen zur Verfügung stehen. Diese können vom Sozialhilfeträger freilich nicht gezwungen werden, gegen ihren Willen Pflegetätigkeiten zu übernehmen, da namentlich das Familienrecht keine

---
353 Ausführlich Janda, FamRZ 2013, 16 ff.

entsprechenden Rechtspflichten von Angehörigen begründet.[354] Im Ergebnis bleibt daher die Vertragsfreiheit gewahrt.

I. Ambulante Pflege

5   Gemäß § 120 Abs. 1 SGB XI entstehen die Leistungspflichten in der ambulanten Pflege spätestens mit dem Beginn des ersten Pflegeeinsatzes. Die Regelung enthält eine Legaldefinition des Pflegevertrags. Dieser verpflichtet den Pflegedienst, die pflegebedürftige Person nach Art und Schwere ihrer Pflegebedürftigkeit, entsprechend den von ihr in Anspruch genommenen Leistungen der häuslichen Pflegehilfe im Sinne des § 36 SGB XI zu versorgen. Die vertraglichen Pflichten des Pflegedienstes bemessen sich folglich nach dem sozialversicherungsrechtlichen Anspruch der pflegebedürftigen Person. Zugleich macht die Regelung deutlich, dass der Pflegedienst nicht allein aufgrund des Versorgungsvertrags aus § 72 SGB XI gegenüber der Pflegekasse zur Leistung verpflichtet ist, sondern auch unmittelbar eine eigene vertragliche Verpflichtung gegenüber seinem Vertragspartner eingeht.[355]

6   Beim Pflegevertrag handelt es sich um eine Form des **Dienstvertrags** nach §§ 611 ff. BGB.[356] Der Pflegedienst schuldet daher lediglich ein Tätigwerden, nicht aber einen bestimmten Pflegeerfolg.

7   Nach § 120 Abs. 2 S. 1 SGB XI ist der Pflegedienst verpflichtet, der zuständigen Pflegekasse nach Aufforderung ein Exemplar des Pflegevertrags auszuhändigen. Daraus ergibt sich zwar mittelbar, dass der Vertrag der **Schriftform** bedarf. Es liegt jedoch kein konstitutives Schriftformerfordernis vor, so dass die Missachtung der Schriftform nicht zur Nichtigkeit der Vereinbarung führt.

8   Der Vertrag muss mindestens Angaben zu Art, Inhalt und Umfang der Leistungen sowie der mit dem Kostenträger vereinbarten Vergütung enthalten. Ändert sich die Vergütung – etwa weil sich der Pflegegrad geändert hat oder die Vergütungen mit der Pflegekasse neu ausgehandelt worden sind – ist der Pflegedienst zur schriftlichen Information des Versicherten verpflichtet. Umgekehrt besteht eine Informationspflicht gegenüber der Pflegekasse, wenn sich der Zustand des Versicherten wesentlich, sei es zum Besseren, sei es zum Schlechteren, ändert, § 120 Abs. 1 S. 2 SGB XI. Die **Vergütung** ist vom Pflegedienst gemäß § 120 Abs. 4 SGB XI unmittelbar gegenüber der Pflegekasse geltend zu machen. Nur soweit der Pflegedienst nach Vereinbarung weitere Leistungen erbringt, die über den Sachleistungsanspruch nach § 36 SGB XI hinausgehen, dürfen diese dem Pflegebedürftigen unmittelbar in Rechnung gestellt werden. Preiserhöhungen bedürfen in der Regel der Zustimmung der pflegebedürftigen Person; entsprechende Klauseln zur einseitigen Vergütungserhöhung in den AGB müssen der Inhaltskontrolle nach §§ 305 ff. BGB standhalten.[357]

9   Der pflegebedürftigen Person ist ein jederzeitiges **Kündigungsrecht** ohne Verpflichtung zur Angabe von Gründen eingeräumt, § 120 Abs. 2 S. 2 SGB XI.

II. Stationäre Pflege

10 Die vertraglichen Beziehungen zu stationären Einrichtungen sind Gegenstand des **Wohn- und Betreuungsvertragsgesetzes** (WBVG). Auch wenn infolge der Föderalismusreform die Zuständigkeit für die Regelung des Heimrechts auf die Bundesländer übergegangen ist, verbleibt dem Bund nach Art. 74 Abs. 1 Nr. 1 GG die Kompetenz zur Regelung der zivilrechtlichen Aspekte der Pflege und Betreuung in Heimen.

---

354   LSG Berlin-Brandenburg 3.9.2015 – L 15 SO 175/15 B ER; Meßling in Schlegel/Voelzke, jurisPK-SGB XII, § 64 1. Überarbeitung, Rn. 15; Wrackmeyer-Schoene in Grube/Wahrendorf/Flint, SGB XII, § 64, Rn. 4.
355   BT-Drs. 14/5395, S. 47.
356   Wilcken in BeckOK SozR, § 120 SGB XI, Rn. 1; Vieweg in Schlegel/Voelzke, jurisPK-SGB XI, § 120, Rn. 12.
357   Kaeding, NJW 2018, 1430, 1433 f.

A. Abschluss und Inhalt des Pflegevertrags

1. Anwendungsbereich des WBVG

Der Anwendungsbereich erstreckt sich nach § 1 WBVG auf Verträge zwischen einem Unternehmer und einem volljährigen Verbraucher, in dem sich der Unternehmer zur Überlassung von Wohnraum und zur Erbringung von Pflege- oder Betreuungsleistungen verpflichtet, die der Bewältigung eines durch **Alter, Pflegebedürftigkeit oder Behinderung** bedingten Hilfebedarfs dienen. Für Verträge mit zugelassenen stationären Pflegeeinrichtungen, die von diesem Anwendungsbereich ausgenommen sind, ordnet § 119 SGB XI die analoge Geltung des WBVG an. Dies betrifft vor allem spezifische Einrichtungen für pflegebedürftige Jugendliche.[358]

Verschiedene Verträge über bestimmte Leistungen sind vom Anwendungsbereich des Gesetzes ausgenommen. Bei diesen geht der Gesetzgeber davon aus, dass der Schutz der Interessen ihrer Nutzer bereits hinreichend sichergestellt ist. Dies betrifft Leistungen der Krankenhäuser, Vorsorge- und Rehabilitationseinrichtungen, der Internate der Berufsbildungs- und Berufsförderungswerke für junge Volljährige nach § 41 SGB VIII sowie Leistungen im Rahmen von Kuren und Erholungsaufenthalten, § 2 WBVG.

2. Vertragsparteien

Vertragspartner sind gemäß § 1 WBVG Unternehmer und Verbraucher. **Verbraucher** ist nach § 13 BGB eine natürliche Person, die ein Rechtsgeschäft zu Zwecken abschließt, das überwiegend weder ihrer gewerblichen noch ihrer selbstständigen beruflichen Tätigkeit zugerechnet werden kann. **Unternehmer** ist nach § 14 BGB eine natürliche oder juristische Person oder eine rechtsfähige Personengesellschaft, die bei Abschluss des Rechtsgeschäfts in Ausübung ihrer gewerblichen oder selbstständigen beruflichen Tätigkeit handelt. Es kommt nicht darauf an, ob mit dem Abschluss des Geschäfts die Absicht der Gewinnerzielung verbunden ist. Ein Gewerbe liegt vielmehr immer dann vor, wenn planmäßig und für eine gewisse Dauer Leistungen gegen Entgelt auf dem Markt angeboten werden.[359]

Beispiel

Carola ist pflegebedürftig. Sie wird zu Hause von ihrer Tochter versorgt. Als diese für zwei Wochen in den Urlaub fährt, wird Carola im Pflegeheim „Sonnenblick" der Caritas betreut. Diese Kurzzeitpflege fällt in den Anwendungsbereich des WBVG. Die Caritas bietet Pflegeleistungen planmäßig und dauerhaft auf dem Markt an; sie ist daher Unternehmerin iSv § 14 BGB. Dass es sich dabei um eine gemeinnützige Organisation handelt, schadet nicht.

Wird Carola dagegen vorübergehend von Paula, der Geschäftsführerin des Pflegeheims „Sonnenblick", die zugleich ihre Nichte ist, bei sich zu Hause aufgenommen und von dieser betreut, liegt kein Vertrag iSd WBVG vor. Paula wird in diesem Fall nicht gewerblich tätig, da sie Carola vor allem wegen des verwandtschaftlichen Verhältnisses bei sich aufnimmt und entsprechende Leistungen nicht auf Dauer in der Öffentlichkeit anbietet.

Ebenso wie in der ambulanten Pflege hängt die Wirksamkeit des Vertragsschlusses bei geschäftsunfähigen Personen von der Genehmigung durch den Vorsorgebevollmächtigten oder den Betreuer ab, § 4 Abs. 2 S. 1 WBVG. Verweigert dieser die Genehmigung, führt dies nicht in jedem Fall zur rückwirkenden Unwirksamkeit des Vertrags: Wurde dieser bereits in Vollzug gesetzt, also Leistungen und Gegenleistungen erbracht, fingiert § 4 Abs. 2 S. 3 WBVG insofern die Wirksamkeit der Vereinbarung. Daher bestehen keine Ansprüche auf Rückabwicklung, etwa im Rahmen des Bereicherungsrechts nach §§ 812 ff. BGB.[360]

---

358 BT-Drs. 14/5395, S. 16.
359 BGHZ 167, 40.
360 Kaminski, WzS 2013, 278, 279; Tamm, VuR 2016, 370, 373.

3. Vertragsinhalt

15 Gegenstand der Verträge nach dem WBVG ist einerseits die Überlassung von Wohnraum, andererseits die Erbringung von Pflege- und Betreuungsleistungen. Beide Leistungszwecke sind eng miteinander verknüpft. Folglich handelt es sich um **typengemischte Verträge**, die Elemente des Miet- und des Dienstvertrags, ggf. auch des Nießbrauchrechts[361] aufweisen. Sofern im WBVG keine Regelungen getroffen sind, ist daher auf die einschlägigen Vorgaben des BGB zurückzugreifen.

a) Gegenstand des Vertrags

16 Die Unterkunft kann allein oder auch gemeinschaftlich zur Verfügung gestellt werden. Unter Pflege sind die nach §§ 41–43b SGB XI in stationären Einrichtungen zu erbringenden Leistungen zu verstehen, die in dem Versorgungsvertrag zwischen Einrichtung und Pflegekasse (§ 72 SGB XI) vereinbart worden sind. Werden neben der Unterbringung keine Pflege- und Betreuungsleistungen, sondern lediglich **allgemeine Unterstützungsleistungen** erbracht, liegt kein Vertrag iSd WBVG vor. § 1 Abs. 1 S. 3 WBVG nennt insofern beispielhaft die Vermittlung von Pflege- und Betreuungsleistungen, die hauswirtschaftliche Versorgung oder Notrufdienste. Es handelt sich dabei also um reine Serviceleistungen, die keinen unmittelbaren Bezug zur Pflegebedürftigkeit der Einrichtungsbewohner aufweisen. Gleiches gilt beispielsweise für Hausmeisterdienste.[362] Einrichtungen des „Betreuten Wohnens" gehen jedoch über eine lediglich allgemeine Unterstützung hinaus, wenn sie auch die Pflege und Betreuung sicherstellen oder umfassende Beaufsichtigung zu jeder Tages- und Nachtzeit anbieten.[363]

17 Die im Gesetz angelegte enge Verknüpfung zwischen Unterbringung, Pflege und Betreuung hat nicht zur Folge, dass sämtliche Leistungen Gegenstand eines einheitlichen Vertrags sein müssen. § 1 Abs. 2 WBVG ordnet die Anwendbarkeit des Gesetzes auch für solche Verträge an, in denen die Leistungen einzeln vereinbart werden, aber sich insofern gegenseitig bedingen, dass die eine nicht ohne die andere in Anspruch genommen werden kann. Auch das Anbieten der einzelnen Leistungen durch verschiedene Unternehmen, die rechtlich oder wirtschaftlich miteinander verbunden sind, weist noch die erforderliche Verknüpfung auf, § 1 Abs. 2 S. 2 WBVG. Diese Regelung ist erforderlich, um eine Umgehung der verbraucherschützenden Vorgaben durch Aufspaltung der Leistung in einzelne Pakete zu verhindern.

18 Auf die **Vertragsdauer** kommt es nicht an. Die Vorgaben des WBVG sind daher auch bei einer kurzfristigen Unterbringung und Betreuung in einer stationären Einrichtung, etwa im Rahmen der Kurzzeitpflege, zu beachten. Nach § 4 Abs. 1 WBVG sind die Betreuungsverträge zwar grundsätzlich auf unbestimmte Zeit zu schließen. Die Befristung wird jedoch ausdrücklich erlaubt, sofern diese den Interessen des Verbrauchers nicht widerspricht. Darüber hinaus endet das Vertragsverhältnis mit dem Tod des Verbrauchers, § 4 Abs. 3 WBVG. Für Personen, die mit dem Verbraucher einen gemeinsamen Haushalt führen, aber nicht Vertragspartner sind, wird das Vertragsverhältnis im Todesfall für weitere drei Kalendermonate fortgeführt, § 5 Abs. 1 WBVG.

b) Vertragliche Pflichten des Unternehmers

19 Gemäß § 7 Abs. 1 WBVG ist der Unternehmer verpflichtet, den Wohnraum in einem Zustand zu überlassen, der die **vertragsgemäße Nutzung** ermöglicht. Dieser Zustand ist während der

---

361 Bregger in Herberger/Martinek/Rüßmann/Weth/Würdinger, jurisPK-BGB, § 1 WBVG, Rn. 18; Drasdo, jM 2014, 404, 404; Tamm, VuR 2016, 370, 371.
362 BT-Drs. 16/12409, S. 15.
363 Bregger in Herberger/Martinek/Rüßmann/Weth/Würdinger, jurisPK-BGB, § 1 WBVG, Rn. 24; bloßes „Service-Wohnen" ist dagegen nicht erfasst, Kaminski, WzS 2013, 278, 278; Tamm, VuR 2016, 370, 372.

A. Abschluss und Inhalt des Pflegevertrags

gesamten Vertragsdauer zu erhalten. Dies bedeutet beispielsweise, dass die Räume barrierefrei nutzbar sein und über die dem Zustand des Verbrauchers angemessene Einrichtung, etwa ein Pflegebett, verfügen müssen. Die Versorgung mit Wärme, Wasser und Strom ist ebenso zu gewährleisten wie die Sicherheit der Räume und Einrichtungen.

Eine andere Hauptpflicht ist die Erbringung der vereinbarten Pflege- und Betreuungsleistungen. Diese müssen dem allgemein anerkannten Stand fachlicher Erkenntnisse entsprechen, so dass ein Gleichlauf zu den im Pflegeversicherungsrecht (vgl. § 69 SGB XI) geltenden Standards hergestellt ist.

Ändert sich der Pflege- und Betreuungsbedarf, muss der Unternehmer eine entsprechende Anpassung seiner Leistungen, ggf. auch lediglich vorübergehend, anbieten, § 8 Abs. 1 WBVG. Im Angebot zur **Vertragsanpassung** hat er die ursprünglichen und die veränderten Vertragsbedingungen transparent gegenüberzustellen. Erhöht sich der Betreuungs- und Pflegeaufwand, kann auch das Entgelt für die Leistungen erhöht werden. Der Verbraucher ist indes nicht zur Annahme des Angebots verpflichtet;[364] § 8 Abs. 1 S. 2 WBVG erlaubt ihm auch die lediglich teilweise Zustimmung zur Vertragsanpassung.

c) Pflicht zur Entrichtung des vereinbarten Entgelts

Die Entrichtung des vereinbarten **Entgelts** ist Hauptpflicht des Verbrauchers. Dieses muss jedoch der Höhe nach angemessen sein, § 7 Abs. 2 WBVG. Der Vertragsfreiheit werden insofern Grenzen gesetzt.[365] Die Angemessenheit ist jeweils in Bezug auf die konkreten Einzelleistungen zu bestimmen; eine Mischkalkulation ist folglich unzulässig. Die in vergleichbaren Einrichtungen für Leistungen gleichen Standards vorgesehenen Entgelte können zur Orientierung herangezogen werden. Die Unangemessenheit des Entgelts hat die Nichtigkeit des gesamten Vertrags nach § 134 BGB zur Folge.[366]

Das Gesetz gibt einheitliche Entgelte für alle in der Einrichtung lebenden Verbraucher vor. Eine Ausnahme gilt nur, wenn die Einrichtungen über verschiedene Teile verfügt, deren Investitionskosten jeweils in unterschiedlichem Maße durch die öffentliche Hand gefördert wurden.

Ist der Verbraucher länger als drei Tage **abwesend**, etwa wegen eines Wochenendbesuchs oder eines Krankenhausaufenthalts, werden die wegen der Abwesenheit ersparten Aufwendungen auf den Entgeltanspruch des Unternehmers angerechnet, § 7 Abs. 5 WBVG. Dies kann auch in Form von Pauschalen geschehen, sofern dies vereinbart worden ist. Im Übrigen ist die Norm nicht abdingbar, dh auch bei anderslautenden Vereinbarungen im Wohn- und Betreuungsvertrag muss sich der Heimträger die ersparten Aufwendungen anrechnen lassen.

Nimmt die pflegebedürftige Person Leistungen nach dem SGB XI in Anspruch, gelten die in den Versorgungsverträgen vorgesehenen Entgelte als angemessen. Für Bezieher von Hilfe zur Pflege nach §§ 61 ff. SGB XII gilt dies entsprechend; hier kommen die im Verhältnis zum Sozialhilfeträger geltenden Entgelte zur Anwendung. Gleiches gilt im Hinblick auf die mit dem Träger der Eingliederungshilfe vereinbarten Entgelte für Menschen mit Behinderungen, die Leistungen nach §§ 90 ff. SGB IX beziehen.

Außer in den Fällen geänderten Pflege- und Betreuungsbedarfs nach § 8 WBVG ist eine **Erhöhung der Entgelte** nur im Rahmen des § 9 WBVG zulässig. Dies setzt eine Änderung der Berechnungsgrundlage für die Entgelte, etwa eine Erhöhung der Sach- oder der Personalkosten voraus. Das Gesetz gibt eine doppelte Angemessenheitsprüfung vor: Nicht nur das im Ergebnis

20

21

22

23

24

25

26

---

364 Tamm, VuR 2016, 370, 276.
365 Philipp in Knickrehm/Kreikebohm/Waltermann, § 43 SGB XI, Rn. 5.
366 Bregger in Herberger/Martinek/Rüßmann/Weth/Würdinger, jurisPK-BGB, § 7 WBVG, Rn. 13.

erhöhte Entgelt, sondern auch der Umfang der Erhöhung muss angemessen sein, § 9 Abs. 1 S. 2 WBVG. Die Angemessenheit ist gewahrt, wenn das Entgelt dem entspricht, was in vergleichbaren Einrichtungen für vergleichbare Leistungen verlangt wird.[367] Für Leistungsberechtigte nach dem SGB XI und SGB XII entfällt die Angemessenheitsprüfung, da sich die Angemessenheit in diesen Fällen aus den Versorgungsverträgen ergibt. Die Entgelterhöhung muss ausdrücklich und in Schriftform verlangt werden, wobei der Zeitpunkt der beabsichtigten Erhöhung und die Unterschiede zwischen den geltenden und den geplanten Kostenbestandteilen deutlich erkennbar sein müssen, § 9 Abs. 2 WBVG. Das Schreiben stellt ein Angebot zur Änderung des Vertrags dar und ist daher empfangsbedürftig. Es wird folglich erst wirksam, wenn es dem Verbraucher zugegangen ist.

27 Ob der Verbraucher der Entgelterhöhung **zustimmen** muss, ergibt sich aus dem Wortlaut der Norm nicht, nach dem der Unternehmer unter bestimmten Voraussetzungen eine „Erhöhung des Entgelts verlangen" kann. Der Gesetzgeber geht jedoch davon aus, dass der Unternehmer einen Anspruch auf Zustimmung zur Entgelterhöhung hat, wenn er die Anforderungen des § 9 WBVG erfüllt.[368] Auch der BGH ist der Auffassung, dass eine Entgelterhöhung stets der ausdrücklichen Zustimmung des Verbrauchers bedarf; diese müsse nicht explizit erklärt werden, sondern könne sich auch aus schlüssigem Verhalten – etwa durch widerspruchslose Entrichtung des erhöhten Entgelts[369] – ergeben. Abweichende Vereinbarungen, etwa die Entgelterhöhung kraft AGB, seien unwirksam. Zur Begründung stützt sich der BGH auf § 311 BGB, wonach zur Begründung oder Änderung eines Schuldverhältnisses ein Vertrag erforderlich ist, sofern nicht das Gesetz etwas anderes bestimmt. Da § 9 WBVG aber jedenfalls kein einseitiges Gestaltungsrecht zugunsten des Unternehmers etabliere, gelte der allgemeine zivilrechtliche Grundsatz auch in diesem Kontext.[370]

28 Dem Verbraucher ist eine vierwöchige Bedenkzeit eingeräumt. Er hat das Recht, Einsicht in die Berechnungsgrundlagen des Unternehmers zu nehmen, um dessen Angaben nachvollziehen zu können. Erst nach Ablauf von vier Wochen nach Zugang des hinreichend begründeten Erhöhungsverlangens ist er erstmals zur Zahlung des erhöhten Entgelts verpflichtet, § 9 Abs. 2 S. 4 WBVG.

29 Ergänzt werden die Vorgaben zur Entgelterhöhung durch § 12 Abs. 1 S. 4 WBVG. Danach ist die Kündigung des Wohn- und Betreuungsvertrags mit dem Ziel, das Entgelt zu erhöhen, unzulässig.

4. Verbraucherschützende Vorgaben des WBVG

30 Das WBVG beinhaltet vor allem **verbraucherschützende Vorgaben**[371] und sieht namentlich Informationspflichten der Unternehmer sowie Regelungen zu den Leistungspflichten und zur Kündigung des Vertrags vor. Diese sind unabdingbar, sofern nicht das Gesetz selbst anderslautende Vereinbarungen zulässt. So muss der Unternehmer den Verbraucher vor Vertragsschluss in Textform und in leicht verständlicher Sprache über sein Leistungsangebot, insbesondere über die für den Verbraucher in Betracht kommenden Leistungen – den Wohnraum, die konkreten Pflege- und Betreuungsleistungen, das diesen zugrunde liegende Konzept sowie die Entgelte und die Anforderungen an deren Veränderung – informieren, § 3 WBVG.

31 Für den Vertragsschluss selbst ordnet § 6 WBVG die **Schriftform** an. Wird diese nicht beachtet, führt dies nicht zur Unwirksamkeit des gesamten Vertrags, sondern lediglich der Klauseln, in

---

367 Bregger in Herberger/Martinek/Rüßmann/Weth/Würdinger, jurisPK-BGB, § 9 WBVG, Rn. 11.
368 BT-Drs. 16/12409, S. 23.
369 Tamm, VuR 2016, 370, 378.
370 BGHZ 210, 233 mwN zu Literatur und Rechtsprechung; siehe auch OLG Dresden, NJW-RR 2022, 1643, 1645.
371 Wiese, Pflegerecht, Rn. 202; Tamm, VuR 2016, 370, 370.

denen zum Nachteil des Verbrauchers von den Vorgaben des Gesetzes abgewichen wird. Zudem hat der Verbraucher das Recht, den formwidrigen Vertrag jederzeit ohne Angabe von Gründen zu kündigen. Im Vertrag selbst ist explizit festzuhalten, welche einzelnen Leistungen nach Inhalt, Art und Umfang zu erbringen sind, welche Entgelte hierfür zu entrichten sind – dies ist getrennt für Unterbringung, Pflege, Betreuung und ggf. weitere Leistungen aufzuschlüsseln – und kenntlich zu machen, ob und inwiefern der Vertragsinhalt von den vor Vertragsschluss nach § 3 WBVG vorgelegten Informationen abweicht.

Im Hinblick auf die vertragliche **Ausgestaltung der Leistungspflichten** gegenüber den Beziehern von Leistungen der sozialen Pflegeversicherung wird auf die Vorgaben des SGB XI Bezug genommen, § 15 WBVG. Für Personen, die Leistungen der Sozialhilfe – seien es die spezifischen Hilfen zur Pflege, seien es Leistungen zur Sicherung des Lebensunterhalts oder der Eingliederungshilfe – erhalten, verweist das Gesetz auf das SGB XII. Die Heim- und Betreuungsverträge dürfen von den sozialrechtlichen Vorgaben daher nicht abweichen, selbst wenn beide Vertragspartner damit einverstanden sind. Vertragliche Abreden, die im Widerspruch zu den Standards des Sozialrechts stehen, sind daher nichtig. Dies betrifft jedoch nur die konkrete Vereinbarung, nicht den gesamten Wohn- und Betreuungsvertrag. In Zweifelsfällen sind die Vorgaben des WBVG zudem im Lichte des SGB XI bzw. SGB XII auszulegen.[372]

Der Verbraucher darf nach § 11 WBVG jederzeit zum Monatsende ohne Angabe von Gründen, der Unternehmer nach § 12 WBVG dagegen nur bei Vorliegen eines wichtigen Grundes das Vertragsverhältnis **kündigen**. Dabei ist stets die Schriftform einzuhalten. Der Unternehmer muss die Gründe für die Kündigung schriftlich darlegen.[373]

Beispiel
Wichtige Gründe sind in § 12 Abs. 1 S. 3 WBVG beispielhaft aufgezählt, etwa die Einstellung des Heimbetriebs durch den Unternehmer, die Nichtannahme eines Angebots zur Vertragsänderung wegen geänderten Pflege- und Betreuungsbedarfs, die schuldhafte und grobe Verletzung vertraglicher Pflichten durch den Verbraucher oder Zahlungsverzug im Hinblick auf das vereinbarte Entgelt.

5. Leistungsstörungen

Im Falle der Nicht- oder Schlechterfüllung des Vertrags ist der Verbraucher nach § 10 WBVG berechtigt, das vereinbarte Entgelt bis zu sechs Monate rückwirkend[374] angemessen zu kürzen.[375] Voraussetzung ist, dass die Leistungspflicht ganz oder teilweise nicht erfüllt wird oder dass sie nicht lediglich unerhebliche Mängel aufweist. Ein Verschulden des Unternehmers ist nicht erforderlich.

Der Verbraucher ist jedoch zur unverzüglichen Anzeige von Mängeln an seinem Wohnraum verpflichtet. Kommt er seiner Anzeigepflicht nicht nach, darf er die vereinbarte Vergütung nicht mindern, § 10 Abs. 3 WBVG. Sind die Mängel so gravierend, dass dem Verbraucher die Fortsetzung des Vertragsverhältnisses nicht zuzumuten ist, berechtigt ihn § 11 Abs. 3 WBVG zur fristlosen Kündigung des Wohn- und Betreuungsvertrags.

Weitere zivilrechtliche Ansprüche bleiben gemäß § 10 Abs. 1 WBVG unberührt; die Normen des WBVG gelten insofern parallel zu denen des BGB.[376]

---
372 Bregger in Herberger/Martinek/Rüßmann/Weth/Würdinger, jurisPK-BGB, § 15 WBVG, Rn. 7.
373 Ausführlich Kaminski, WzS 2013, 278 (passim).
374 Die sechsmonatige Ausschussfrist soll Beweisprobleme vermeiden, kritisch Tamm, VuR 2016, 370, 379; Bieback, SGb 2013, 511, 516.
375 Bei Qualitätsmängeln, die gesamte Einrichtung betreffen, ist nach § 115 Abs. 3 SGB XI auch die Pflegekasse zur Minderung der Vergütung befugt, dazu ausführlich Bieback, SGb 2013, 511 (passim).
376 Zur Haftung Drasdo, jM 2014, 404, 405. Wegen Vertragsverletzung oder deliktischer Schädigung nach den Vorgaben des Bürgerlichen Gesetzesbuchs siehe Kap. 7, Rn. 39 ff.

B. Zivilrechtliche Haftung in der Pflege

37 Auch wenn die Erbringung von Pflegeleistungen in den öffentlich-rechtlichen Rahmen des Pflegeversicherungsrechts eingebettet ist, sind die Rechtsbeziehungen zwischen den pflegebedürftigen Personen und den Leistungserbringern **privatrechtlicher Natur**. Üblicherweise wird hierzu ein Dienstvertrag nach § 611 BGB abgeschlossen.[377]

38 Die Haftung, dh die in der Schadenersatzpflicht ihre Ausprägung findende zivilrechtliche Verantwortung für Pflegefehler bestimmt sich nach den allgemeinen schuldrechtlichen Vorgaben. In der Rechtsprechung haben sich verschiedene **Fallgruppen** herauskristallisiert, die **besondere Haftungsrisiken** bergen. Deren Kenntnis ermöglicht die Vermeidung von Pflegefehlern und dient damit ebenfalls der Qualitätssicherung in der Pflege.

I. Grundlagen der Haftung

39 Zunächst ist eine grundlegende Unterscheidung zwischen der vertraglichen und der deliktischen Haftung zu treffen. Während die **vertragliche Haftung** nach § 280 BGB das Bestehen eines Schuldverhältnisses und die Verletzung der darin geltenden Pflichten voraussetzt, ist die **deliktische Haftung** durch die widerrechtliche Verletzung eines absolut geschützten Rechtsguts nach § 823 Abs. 1 BGB gekennzeichnet.

1. Vertragliche Haftung wegen Pflichtverletzungen

40 Die Haftung nach § 280 BGB setzt das Bestehen eines Schuldverhältnisses voraus. In Betracht kommt ein **Wohn- und Betreuungsvertrag** für die stationäre Pflege ebenso wie ein Vertrag über die Erbringung von Pflegeleistungen durch einen ambulanten Pflegedienst. Das angestellte Pflegepersonal unterliegt folglich nicht der vertraglichen Haftung wegen Pflichtverletzungen gegenüber dem Pflegebedürftigen. Im Einzelfall können aber Ansprüche des Trägers gegen das Personal bestehen, wenn dieses durch schlechte Pflege seine arbeitsvertraglichen Pflichten verletzt hat. Die **Arbeitnehmerhaftung** beschränkt sich nach ständiger Rechtsprechung des BAG aber auf vorsätzliche Schädigungen durch Arbeitnehmer. Für leicht fahrlässig verursachte Schäden haften Arbeitnehmer gegenüber ihrem Arbeitgeber gar nicht; bei „normaler" Fahrlässigkeit kann der zu ersetzende Schaden quotiert werden.[378]

41 Bei der Pflege durch Angehörige oder nahestehende Personen wird üblicherweise kein Vertrag geschlossen. Es besteht lediglich ein **Gefälligkeitsverhältnis**. Dieses ist dadurch gekennzeichnet, dass die Haftung für Schäden, die aus der Ausübung der Gefälligkeit entstehen, stillschweigend oder explizit ausgeschlossen worden ist.[379]

a) Pflichtverletzung

42 Eine Pflichtverletzung iSv § 280 BGB ist in der **Nicht- oder Schlechterfüllung** der vertraglich vereinbarten Hauptpflichten zu sehen, desgleichen im Verzug sowie in der Verletzung von Nebenpflichten, zu denen beispielsweise die Verkehrssicherungspflichten zählen. Nicht jede Schädigung der pflegebedürftigen Person beruht jedoch auf einem Pflegefehler; dieser ist immer individuell festzustellen. Dies gilt beispielsweise für den vergleichsweise häufig auftretenden

---

377 Wiese, Pflegerecht, Rn. 198 ff.
378 Vgl. nur BAGE 63, 127.
379 Statt vieler Krebs in Dauner-Lieb/Langen, § 241 BGB, Rn. 12 f.

Dekubitus, ein Druckgeschwür aufgrund unzureichender Bewegung bettlägeriger Personen. Dieser kann auch bei sach- und fachgerechter Pflege auftreten.[380]

43 Die vertragliche Haftung wird nicht nur durch **Pflegefehler**, sondern auch durch **Organisationsfehler** ausgelöst. Die Träger von Einrichtungen und Pflegediensten haben ihren Betrieb so auszugestalten, dass jede vermeidbare Gefährdung von Pflegebedürftigen ausgeschlossen ist. Dies betrifft beispielsweise die deutliche Abgrenzung von Zuständigkeiten und eine hinreichende, am Bedarf orientierte **Personalplanung**.[381]

44 Welche konkreten Pflegeleistungen zu erbringen sind, richtet sich nach der Vereinbarung im Einzelfall. Einen Anhaltspunkt kann die in § 2 Abs. 1 SGB XI normierte Zielsetzung der sozialen Pflegeversicherung geben, wonach die Pflegeleistungen den Pflegebedürftigen die selbstständige und **selbstbestimmte, menschenwürdige Lebensführung** ermöglichen sollen. Die Arbeitsgemeinschaft der Spitzenverbände der freien Wohlfahrtspflege hat **Musterverträge** ausgearbeitet, die in der Praxis regelmäßig zum Einsatz kommen.

b) Sorgfaltsmaßstab

45 Während die Haftung wegen einer vorsätzlichen, also der wissentlichen und willentlichen Verletzung vertraglicher Pflichten in der Praxis kaum relevant sein wird, kommt dem Verschulden in Form der **Fahrlässigkeit** besondere Bedeutung zu. Fahrlässigkeit bezieht sich gemäß § 276 Abs. 2 BGB auf das Außerachtlassen der verkehrsüblichen Sorgfalt. Für die Pflege, Versorgung und Betreuung pflegebedürftiger Personen heißt dies, dass alle erbrachten Leistungen dem allgemein anerkannten aktuellen **Stand der pflegerischen Erkenntnisse** genügen müssen.

46 Dieser Sorgfaltsmaßstab ist strikt zu interpretieren, tangiert die Grundpflege doch unmittelbar die körperliche Unversehrtheit, das Selbstbestimmungsrecht und die Intimsphäre der pflegebedürftigen Person, also besonders schutzwürdige Rechtsgüter. Der aktuelle Standard der pflegerischen Erkenntnisse ist in den Expertenstandards des **Deutschen Netzwerks für Qualitätsentwicklung in der Pflege** dokumentiert[382] und gibt somit klare Leitlinien beispielsweise für die Dekubitusprophylaxe, Schmerzmanagement, Sturzprophylaxe, Förderung der Harnkontinenz, Pflege von Menschen mit chronischen Wunden oder die bedarfsgerechte Flüssigkeits- und Nahrungsaufnahme. Der **Medizinische Dienst** des Spitzenverbandes Bund der Krankenkassen gibt Grundsatzstellungnahmen heraus, die beispielsweise Empfehlungen zur Pflege von demenziell Erkrankten oder zur Ernährung in der Pflege beinhalten.[383] Auch die Richtlinien der **Berufsverbände** geben Auskunft über die von den Pflegekräften einzuhaltenden Standards.

47 Die Träger haften nicht nur für ihr eigenes Verschulden, dh vorsätzliches oder fahrlässiges Handeln. Ihnen wird auch das Verschulden der für sie tätigen **Erfüllungsgehilfen** zugerechnet, § 278 BGB. Dabei handelt es sich um Personen, derer sich der Vertragspartner bedient, um seine vertraglichen Pflichten zu erfüllen,[384] also beispielsweise die Angestellten eines ambulanten Pflegedienstes oder eines Pflegeheims.

---

380 Müller/Schabbeck, Praxishandbuch Pflegerecht, S. 165.
381 Ausführlich zur Haftung bei Personalmangel Felix, NZS 2023, 281.
382 www.dnqp.de.
383 www.mds-ev.de.
384 Grundmann in MünchKomm, § 278 BGB, Rn. 3.

c) Bedeutung der Haftpflichtversicherung

48 Sofern Schäden nicht vorsätzlich verursacht worden sind, werden diese üblicherweise von der Betriebshaftpflichtversicherung des Trägers bzw. der **Berufshaftpflichtversicherung** der Pflegekräfte getragen. Einzelheiten ergeben sich aus den individuell vereinbarten Versicherungsbedingungen.[385]

Prüfschema: Schadenersatzanspruch nach § 280 Abs. 1 BGB
1. Bestehen eines vertraglichen Schuldverhältnisses
2. Verletzung einer Pflicht aus dem Schuldverhältnis
   a) Nichtleistung
   b) Schlechtleistung
   c) Verzug oder
   d) Verletzung von Nebenpflichten
3. Verschulden
   a) eigenes Verschulden (Vorsatz oder Fahrlässigkeit, § 276 BGB) oder
   b) Verschulden des Erfüllungsgehilfen, § 278 BGB
4. Kausalität
5. Schaden

---

2. Deliktische Haftung

49 Die Haftung nach §§ 823 ff. BGB bezieht sich auf Schäden, die durch **unerlaubte Handlungen** und Straftaten verursacht worden sind.

a) Schadenersatz wegen Verletzung eines Rechtsguts

50 Ein Anspruch nach § 823 Abs. 1 BGB setzt voraus, dass ein **Rechtsgut** der pflegebedürftigen Person verletzt worden ist. Die Norm nennt explizit das Leben, den Körper, die Gesundheit, die Freiheit und das Eigentum. Unter den Begriff der „**sonstigen Rechte**" lassen sich alle absolut geschützten Rechtsgüter subsumieren; dies sind solche, die nicht nur im Verhältnis zwischen Vertragspartnern, sondern von jedermann zu achten sind. Wichtigstes Beispiel ist in diesem Kontext das allgemeine Persönlichkeitsrecht. Die Verletzung des Rechtsguts kann sowohl durch ein **aktives Tun** als auch durch das **Unterlassen** einer gebotenen Handlung erfolgen.

51 Eine Schadenersatzpflicht wird nur begründet, wenn die Verletzung rechtswidrig war. Die **Rechtswidrigkeit** entfällt, wenn der Geschädigte in die Verletzungshandlung eingewilligt hat. In diesem Kontext ist zu berücksichtigen, dass die Einwilligung nur von einsichtsfähigen Personen erteilt werden kann. Die **Einwilligungsfähigkeit** ist nicht deckungsgleich mit der Geschäftsfähigkeit, sondern bezieht sich auf die Fähigkeit, Tragweite und Bedeutung der eigenen Entscheidungen zu erkennen und zu reflektieren. Sie wird üblicherweise ab Vollendung des 14. Lebensjahrs angenommen,[386] darf aber nicht schematisch, sondern erst nach einer individuellen Einzelfallprüfung bejaht werden. Für volljährige Pflegebedürftige, die unter **Betreuung** stehen, kann der Betreuer eine entsprechende Einwilligung erteilen, wobei er wiederum Rücksicht auf die Wünsche und Vorstellungen des Betreuten zu nehmen hat, § 1821 Abs. 2 und 3 BGB. In jedem

---

385 Wiese, Pflegerecht, Rn. 512.
386 Hintergrund ist, dass Personen ab 14 Jahren religionsmündig (§ 5 RKEG), strafmündig und voll schuldfähig (§ 19 StGB) sind.

B. Zivilrechtliche Haftung in der Pflege

Fall gilt aber die Einwilligung nur für die ordnungsgemäße Pflege, so dass sie nicht geeignet ist, die Haftung für Pflegefehler von vornherein entfallen zu lassen.

Erforderlich ist schließlich die haftungsbegründende **Kausalität** zwischen der Handlung bzw. dem Unterlassen und der Rechtsgutsverletzung sowie die haftungsausfüllende Kausalität zwischen Rechtsgutsverletzung und dem eingetretenen Schaden.

52

Prüfschema: Schadenersatzanspruch nach § 823 Abs. 1 BGB
1. Verletzung eines geschützten Rechtsguts
2. durch aktives Tun oder durch Unterlassen einer rechtlich gebotenen Handlung
3. Verschulden (Vorsatz oder Fahrlässigkeit)
4. Rechtswidrigkeit (entfällt bei Einwilligung, Notwehr oder Notstand)
5. Kausalität
6. Schaden

---

b) Schadenersatz wegen fehlerhafter Auswahl und Überwachung von Verrichtungsgehilfen

Während die Haftung nach § 823 BGB die unmittelbar mit der Pflege befasste Person treffen kann, ist in § 831 BGB ein besonderer Haftungstatbestand etabliert, der den Träger einer Einrichtung oder eines ambulanten Pflegedienstes zum Ersatz der Schäden verpflichtet, die ein **Verrichtungsgehilfe** im Rahmen seiner Tätigkeit durch unerlaubte Handlungen verursacht. Ein Verrichtungsgehilfe ist jede Person, die mit Wissen und Wollen des Trägers für diesen tätig ist;[387] dies trifft auf sämtliche angestellte Pflegekräfte zu.

53

Der Träger kann sich aber nach § 831 BGB von der Haftung befreien, wenn er nachweisen kann, dass er den betreffenden Mitarbeiter sorgfältig ausgewählt und überwacht hat, § 831 Abs. 1 S. 2 BGB. Damit wird deutlich, dass § 831 BGB – anders als § 278 BGB – **keine Zurechnungsnorm** ist, sondern ein eigenes Fehlverhalten des Trägers sanktioniert. Seiner Pflicht zur sorgfältigen Auswahl kommt der Träger nach, wenn er im Bewerbungsverfahren Qualifikation und Erfahrung der Mitarbeiter hinreichend berücksichtigt. Die Überwachungspflicht beinhaltet keine Verpflichtung zur allumfassenden und jederzeitigen Kontrolle. Der Träger muss aber **Stichproben** durchführen und auf Meldungen von Fehlverhalten einzelner Mitarbeiter sofort reagieren und diese zum Anlass nehmen, die weitere Eignung der betreffenden Person zu überprüfen.[388]

54

Beispiel
Einem Pflegeheim wird der Entlastungsbeweis gelingen, wenn eine examinierte Pflegekraft nach sorgfältiger Prüfung ihrer Qualifikationen im Bewerbungsprozess eingestellt worden ist und sich erstmals ein Fehlverhalten ereignet.

Hat das Pflegeheim aber aus Mangel an geeigneten Bewerbern eine Pflegekraft eingestellt, die nicht über hinreichende Kenntnisse der deutschen Sprache verfügt, um mit den Bewohnern des Heims kommunizieren zu können, haftet der Träger nach § 831 BGB, wenn aufgrund der Sprachbarriere wichtige Informationen über den kritischen Gesundheitszustand eines Bewohners nicht an die Pflegedienstleitung weitergegeben werden. In diesem Fall kann der Träger nicht beweisen, dass die Pflegekraft sorgfältig ausgewählt worden ist.

---

387 Wagner in MünchKomm, § 831 BGB, Rn. 14.
388 So bereits RGZ 128, 149, 153.

> **Prüfschema: Schadenersatzanspruch aus § 831 BGB**
> 1. Verletzung eines Rechtsguts
> 2. durch einen Verrichtungsgehilfen
> 3. in Ausübung der Verrichtung
> 4. Schaden
> 5. Exkulpationsmöglichkeit: Ausschluss der Haftung bei Nachweis der ordnungsgemäßen Auswahl und sorgfältigen Überwachung des Verrichtungsgehilfen

c) Haftung wegen Verletzung der Aufsichtspflicht nach § 832 BGB

55 § 832 BGB hält schließlich einen spezifischen Haftungstatbestand für die Verletzung von **Aufsichtspflichten** bereit. Während sich Abs. 1 auf gesetzliche Aufsichtspflichten – etwa von Eltern im Verhältnis zu ihren Kindern – bezieht, erstreckt Abs. 2 die Haftung auf vertraglich übernommene Aufsichtspflichten. Selbst wenn diese nicht explizit im Wohn- und Betreuungsvertrag formuliert sind, ergeben sie sich aus dessen Sinn und Zweck.[389]

56 Die Haftung wird in diesen Fällen durch das Unterlassen einer gebotenen Maßnahme begründet. Eine Aufsichtspflicht besteht aber nicht generell im Verhältnis zu allen pflegebedürftigen Personen, mit denen die Einrichtung einen Vertrag geschlossen hat, sondern nur bei solchen, die aufgrund einer Erkrankung oder Behinderung desorientiert sind. **Umfang und Maß der Aufsichtspflicht** richten sich nach der individuellen Konstitution des Pflegebedürftigen – sie ist umfassender bei verwirrten als bei geistig regen und unauffälligen Personen, die keine Ausfallerscheinungen zeigen.

57 Voraussetzung der Schadenersatzpflicht ist wiederum die Kausalität, dh gerade die Verletzung der gebotenen Aufsicht muss den konkreten Schaden verursacht haben. Die Ersatzpflicht erstreckt sich aber nur auf **Schäden**, die die zu beaufsichtigende Person einem **Dritten** zufügt. Verletzt sie sich selbst und hätte diese Verletzung bei hinreichender Beaufsichtigung vermieden werden können, kommt eine Haftung des Aufsichtspflichtigen nach § 823 Abs. 1 BGB in Betracht.

3. Ersatzfähiger Schaden

58 Ein Schaden kann einerseits in **materieller Hinsicht** eintreten, dh als in Geld messbare Einbuße. Dazu gehören Heilungskosten[390] oder vermehrte Bedürfnisse (zB die Angewiesenheit auf einen Rollstuhl oder weiteres Pflegepersonal), die Kosten für eine Haushaltshilfe, aber auch Verdienstausfall, Rechtsverfolgungskosten oder Unterhaltsansprüche Dritter nach § 844 BGB, wenn der Pflegefehler zum Tod geführt hat.

59 Materielle Schäden werden durch **Schadenersatz** ausgeglichen. Dafür gilt der Grundsatz der **Naturalrestitution**, dh der Schädiger hat den Zustand wiederherzustellen, der ohne das schädigende Ereignis bestanden hätte, § 249 Abs. 1 BGB.

60 Für Schäden, die aufgrund der Verletzung einer Person entstanden sind, wird der Schadenersatz typischerweise in Geld gewährt, § 249 Abs. 2 BGB. Schäden an Körper, Gesundheit, Leben, Freiheit oder der sexuellen Selbstbestimmung werden als sogenannter immaterieller Schaden durch **Schmerzensgeld** ausgeglichen, § 253 Abs. 2 BGB.

---

389 Weiß, Recht in der Pflege, S. 216.
390 Insofern findet ein gesetzlicher Forderungsübergang nach § 116 SGB X, § 86 VVG statt, dh der Anspruch des Versicherten auf Ersatz der Behandlungskosten geht auf den insofern leistungspflichtigen Sozialleistungsträger über.

B. Zivilrechtliche Haftung in der Pflege

II. Fallgruppen

Die häufigsten Pflegefehler – Dekubitus, Austrocknung und Mangelernährung, Verletzungen durch Stürze oder Wundinfektionen – lassen sich durch umsichtige Planung und sorgfältiges Verhalten aller Beteiligten in vielen Fällen **vermeiden**. Pflegekräfte sind gehalten, sich regelmäßig fortzubilden. In der ambulanten Pflege haben sie zu hinterfragen, ob der Zustand des Pflegebedürftigen die stationäre Pflege nahelegt, etwa wegen drohender Verwahrlosung oder unzureichender Versorgung in der häuslichen Umgebung.

In der Rechtsprechung haben sich verschiedene Fallgruppen herausgebildet, in denen der „**anerkannte Stand der pflegerischen Erkenntnisse**" konturiert und präzisiert worden ist.

1. Organisation des Betriebs von Einrichtungen

Die Träger von stationären Einrichtungen und ambulanten Pflegediensten tragen die Verantwortung für die interne Organisation ihrer Einrichtung.

a) Organisationspflichten des Trägers

Sie haben durch Einsatzpläne und Dienstanweisungen sicherzustellen, dass Aufgaben und **Verantwortlichkeiten** klar und nachvollziehbar zugeordnet sind. Dazu zählt die Aufstellung klarer Vertretungsregelungen im Falle der Erkrankung einzelner Mitarbeiter sowie die Vorhaltung ausreichend qualifizierten Personals für Sonntags-, Feiertags- oder Nachtdienste sowie die Etablierung geeigneter Kontrollmaßnahmen.[391]

Organisationsfehler können zu Pflegefehlern führen, insbesondere wenn letztere durch personelle oder sachliche **Engpässe** bzw. mangelnde Ausbildung und unzureichende Erfahrung des Personals verursacht werden. Mängel in der Personalplanung oder in der sachlichen Ausstattung können jedoch nicht mit fehlenden finanziellen Mitteln gerechtfertigt werden. Jedes Pflegeheim muss seine Bewohner mit den von der Pflegeversicherung und anderen Trägern gewährten **finanziellen Ressourcen** ausreichend versorgen. Einrichtungen sind daher schadenersatzpflichtig, wenn aufgrund unzureichender personeller oder sachlicher Ausstattung Pflegefehler auftreten.

Verletzt der Träger einer Einrichtung diese Organisationspflichten, ist das Pflegepersonal gehalten, eine **Überlastungsanzeige** zu verfassen. In dieser ist schriftlich festzuhalten, welche Mängel bestehen und in welcher konkreten Situation diese zu einer Überlastung der Beschäftigten oder zu kritischen Zwischenfällen und einer Gefährdung der pflegebedürftigen Personen geführt haben.[392] Werden Mängel nicht abgestellt, berechtigt dies die Mitarbeiter auch zum sogenannten Whistle-Blowing, dh dem Gang an die Öffentlichkeit, um die Missstände publik zu machen. Die Rechtsprechung hat dazu jedoch verschiedene Anforderungen aufgestellt.

Beispiel[393]

Xenia ist Pflegerin in einem Altenheim. Das Heim ist personell unterbesetzt, da die Heimleitung Kosten sparen will. Die Mitarbeiterinnen überschreiten daher regelmäßig die zulässigen Arbeitszeiten und können Pausen und Ruhezeiten nicht einhalten. Die Versorgung der bettlägerigen, teilweise dementen und besonders betreuungsbedürftigen Heimbewohner ist nicht gesichert; nicht einmal die grundlegende hygienische Versorgung können die Pflegekräfte im gebotenen Maß vornehmen. Xenia beschwert sich aus Sorge um die Heimbewohner mehrfach beim Betriebsrat und wendet sich schließlich unmittelbar an die Heimleitung. Als die Missstände nicht behoben werden, zeigt sie ihren Arbeitgeber an. Dieser kündigt daraufhin das Beschäftigungsverhältnis, da Xenia unbefugt Betriebsgeheimnisse veröffentlicht habe.

---
391 Weiß, Recht in der Pflege, S. 262 f.
392 Ausführlich Müller/Schabbeck, Praxishandbuch Pflegerecht, Rn. 103.
393 Nach EGMR, NZA 2011, 1269.

7. Kapitel: Rechtsbeziehungen zwischen Versicherten und Leistungserbringern

Nachdem Xenia mit ihrer Klage gegen die Kündigung in allen Instanzen gescheitert war, wandte sie sich an den Europäischen Gerichtshof für Menschenrechte (EGMR). Dieser war der Auffassung, dass die Strafanzeige gegen den Arbeitgeber von der Meinungsfreiheit der Arbeitnehmerin gedeckt sei. Sie diene dazu, Missständen abzuhelfen. Bevor der Weg in die Öffentlichkeit genommen werde, sei jedoch stets nach Möglichkeiten der innerbetrieblichen Abhilfe zu suchen. Dies sei jedoch immer dann entbehrlich, wenn der Arbeitgeber die Mängel kennt und diese billigt, desgleichen bei schweren Gesetzesverstößen durch den Arbeitgeber. Dieser sei dann nicht schutzwürdig und könne sich nicht auf die Verpflichtung der Arbeitnehmerin zur Wahrung von Betriebsgeheimnissen berufen. Die Kündigung war daher unwirksam.

b) Horizontale Arbeitsteilung

67 Die Pflege ist üblicherweise arbeitsteilig organisiert. In solchen **Kooperationsverhältnissen** sind verschiedene Anforderungen zu beachten. Unter dem Begriff der horizontalen Arbeitsteilung werden Kooperationsformen zusammengefasst, die nicht hierarchisch geprägt sind. Dies betrifft namentlich die Zusammenarbeit zwischen verschiedenen Pflegekräften.[394] Diese sind einander nicht weisungsbefugt, dürfen aber nach dem von der Rechtsprechung entwickelten **Vertrauensgrundsatz** darauf vertrauen, dass ihre Kollegen die ihnen obliegenden Aufgaben mit der gebotenen Sorgfalt erfüllen.[395] Die Pflegekräfte haben die Arbeit ihrer Kollegen daher nicht zu überprüfen und deren Ausführung zu kontrollieren. Eine Ausnahme gilt nur im Falle **offensichtlicher Fehler**: Hat eine Pflegekraft Bedenken an der Richtigkeit der von ihren Kollegen vorgenommenen Handlungen, muss sie diese äußern.

Beispiel

Der 85jährige Klaus ist in einem Pflegeheim untergebracht. Klaus legt aufgrund seiner demenziellen Erkrankung zuweilen unkontrolliertes, aggressives Verhalten an den Tag und hat insbesondere die Pflegerin Paula in der Vergangenheit schon öfter körperlich angegriffen. Sie will Klaus daher weitgehend aus dem Weg gehen.

Paula ist auf der Station für die Frühschicht eingeteilt. Nach einem neuerlichen Vorfall, bei dem Paula erheblich verletzt worden ist, hat sie Angst, Klaus allein in seinem Zimmer aufzusuchen. Während ihres morgendlichen Rundgangs lässt sie daher sein Zimmer aus. Dadurch bemerkt sie nicht, dass sich Klaus in einem unbeobachteten Moment aus der Abteilung entfernt hat und nun orientierungslos auf dem Heimgelände umherirrt. Auf einer Treppe stürzt er und zieht sich einen Bruch des Oberschenkelhalses zu. Paulas Kollegin Petra, die gleichzeitig für die Schicht eingeteilt war, hat von alledem nichts mitbekommen.

Petra durfte darauf vertrauen, dass Paula den ihr obliegenden Rundgang durch die Zimmer ordnungsgemäß erledigt und musste dies nicht überprüfen. Sie haftet folglich nicht für den Schaden, der Klaus entstanden ist. Paula ist hingegen nach § 823 Abs. 1 BGB zum Schadenersatz verpflichtet. Zwar muss sie sich keiner Gefährdung aussetzen, dh sie wäre nicht gezwungen gewesen, Klaus allein aufzusuchen, da dieser auf sie besonders aggressiv reagiert. Paula hätte aber Petra gegenüber offenbaren müssen, dass sie Klaus nicht mehr allein versorgen möchte.

68 Stets sollten sich alle Beteiligten eng abstimmen, damit Risiken – etwa durch einander widersprechende pflegerische Maßnahmen – von vornherein vermieden werden. Im Falle solcher **Koordinationsmängel**[396] haften alle Beteiligten gesamtschuldnerisch.

c) Vertikale Arbeitsteilung

69 Der Begriff der vertikalen Arbeitsteilung beschreibt die Kooperation in hierarchisch organisierten Einheiten. Personen der höheren Hierarchieebenen sind den anderen gegenüber weisungsbefugt. Die Pflegedienstleitung darf daher den Pflegekräften **Weisungen** erteilen. Diese dürfen wiederum auf die Richtigkeit der Weisungen vertrauen und müssen diese befolgen, sofern nicht offensichtlich falsche Anordnungen gegeben worden sind. In diesem Fall dürfen die Pflegekräfte

---

394 Weiß, Recht in der Pflege, S. 84.
395 Janda, Medizinrecht, S. 341.
396 BGHZ 140, 309 für die unzureichende Abstimmung zwischen Anästhesist und Chirurg.

B. Zivilrechtliche Haftung in der Pflege

die Weisung jedoch nicht stillschweigend ignorieren, sondern müssen **remonstrieren**, dh ihre Bedenken äußern und deutlich machen, dass sie die Weisung nicht befolgen werden.

d) Verkehrssicherungspflichten

Wichtiger Bestandteil der Organisationsverantwortung ist die Wahrung der Verkehrssicherungspflichten.[397] Die Träger von Einrichtungen haben sicherzustellen, dass der Aufenthalt in der Einrichtung jederzeit gefahrlos möglich ist, und zwar für die pflegebedürftigen Personen ebenso wie für ihre Bezugspersonen. Zu den Verkehrssicherungspflichten zählen im Einzelnen:

- der Schutz der pflegebedürftigen Personen vor **Selbstgefährdung**,
- die Einhaltung der **Hygienevorschriften**, einschließlich der Verfügbarkeit von Desinfektionsmitteln in ausreichender Menge und die Einweisung des Pflegepersonals in die regelmäßige Desinfektion von Händen und Arbeitsgeräten sowie ggf. die Meldung ansteckender Krankheiten,
- die Einhaltung von **Unfallverhütungsvorschriften** und Brandschutznormen,
- die sichere Aufbewahrung und Kennzeichnung von **Arzneimitteln**,
- die sorgfältige Anwendung **physikalischer Maßnahmen** (beispielsweise Fußbäder) und die Hilfe und Unterstützung des Pflegebedürftigen bei deren Anwendung,
- die regelmäßige Kontrolle der Funktionsfähigkeit und Sicherheit von **technischen Geräten**, wobei auch die Vorgaben von DIN-Normen zu beachten sind,[398]
- der Schutz des **Eigentums** der Heimbewohner vor Beschädigung und Abhandenkommen.

Die Schutzpflichten entstehen auch, wenn die Wahrscheinlichkeit der Verwirklichung einer Gefahrenlage gering ist, sofern diese besonders schwere Folgen haben kann. So hat der BGH entschieden, dass demenziell erkrankte Menschen in einer vollstationären Einrichtung nicht im Obergeschoss mit leicht zugänglichen Fenstern untergebracht werden dürfen, die nicht gegen unbeaufsichtigtes Öffnen gesichert sind. Ein Heimbetreiber musste daher Schadenersatz wegen des Todes eines aus dem Fenster gestürzten Bewohners leisten.[399] Welche Schutzmaßnahmen konkret geboten sind, richtet sich immer nach den Umständen des Einzelfalls. Bei demenziell erkrankten Bewohnerinnen ist beispielsweise zu bedenken, dass diese zu unkontrollierbarem Verhalten neigen können; die Einrichtung muss daher eine **Risikoprognose** erstellen, in der sie das Krankheitsbild des Bewohners und die daraus resultierende Gefahr von Selbstschädigungen ermittelt.

Verkehrssicherungspflichten entstehen auch im Rahmen der **häuslichen Pflege**. Bevor eine Pflegekraft beispielsweise technische Geräte verwendet, die sich im Haushalt der pflegebedürftigen Person befinden, muss sie sich von deren Zustand überzeugen. Sie hat den Pflegebedürftigen auch auf mögliche Gefahren hinzuweisen.

Beispiel

Rolf versorgt als ambulante Pflegekraft den bettlägerigen Richard. Da diesem kalt ist, gibt er ihm ein Heizkissen. Rolf muss sich vorher überzeugen, dass der technische Zustand des Heizkissens in Ordnung ist. Außerdem muss er Richard darauf hinweisen, dass das Kissen überhitzen kann und Brandgefahr besteht, wenn es zu lange benutzt wird. Kann er nicht sicher abschätzen, dass Richard das Heizkissen nach gewisser Zeit selbst abschaltet, muss Rolf dies tun, bevor er die Wohnung verlässt.

---

397 Janda, Medizinrecht, S. 339.
398 BGHZ 223, 95 zur Vermeidung von Verbrühungen durch Temperaturbegrenzung an Wasserentnahmestellen.
399 BGH, NJW 2021, 1463.

2. Delegation pflegerischer Aufgaben

73 Pflegedienste und -einrichtungen haben die Aufgaben, die den „**Kernbereich der Pflege**" ausmachen, eigenverantwortlich durchzuführen. Dazu zählen

- die Erhebung des **Pflegebedarfs**,
- die Planung, Organisation, Durchführung und Dokumentation der **Pflege**,
- die Durchführung von Maßnahmen zur Qualitätssicherung sowie
- die Beratung, **Anleitung und Unterstützung** der Pflegebedürftigen und ihrer Bezugspersonen.

Die Eigenverantwortung führt dazu, dass die Pflegedienste und -einrichtungen insofern weisungsfrei – namentlich im Verhältnis zum behandelnden **Hausarzt** – agieren können, aber auch agieren müssen. Dieser Umstand setzt enge Grenzen für die Delegation pflegerischer Aufgaben an Dritte.

a) Delegation von Aufgaben an professionelle Pflegekräfte

74 Obwohl kein Weisungsrecht besteht, müssen Ärzte und Pflegekräfte zuweilen gemeinsam pflegebedürftige Personen versorgen. Probleme können insbesondere bei der ärztlichen Anordnung der Medikamentengabe auftreten. Dem Arzt obliegt insofern eine **Anordnungsverantwortung**: Er hat die Aufgabe so genau wie möglich zu spezifizieren.

Beispiel

Die pflegebedürftige Ceren hat leichtes Fieber. Der Hausarzt Harald sucht sie im Rahmen eines Hausbesuchs auf. Dabei ist auch Johanna anwesend, die als Selbstständige einen ambulanten Pflegedienst betreibt und mit der Pflege von Ceren betraut ist. Harald bittet Johanna, die Ceren am Abend füttern, waschen und umkleiden wird, in diesem Zusammenhang noch einmal Fieber zu messen und ihr „bei Bedarf" ein fiebersenkendes Mittel zu geben.

Die Anordnung ist zu unspezifisch. Harald müsste zum einen den Bedarfsfall genau definieren und eine bestimmte Körpertemperatur benennen, ab der Johanna einschreiten soll. Außerdem müsste er den konkreten Wirkstoff und die zu verabreichende Dosis und ggf. das Einnahmeintervall genau festlegen. Johanna darf im Ergebnis kein eigener Spielraum verbleiben. Um Unsicherheiten zu vermeiden, empfiehlt sich zudem eine schriftliche Dokumentation der Anordnung.

75 Auch ambulante Pflegedienste nehmen die pflegerischen Aufgaben arbeitsteilig wahr. Der Träger des Pflegedienstes haftet für die Auswahl geeigneten Personals. Er hat sich also bereits im Einstellungsverfahren über die hinreichende Qualifikation der künftigen Mitarbeiter zu vergewissern und muss diese im gebotenen Maße überwachen, vgl. § 831 BGB. Auch die zuverlässige **Organisation** der Einsätze und die **Koordinierung** der angestellten Pflegekräfte sind der Organisationsverantwortung des Trägers zuzuordnen.

76 Die Pflegekräfte trifft wiederum die **Durchführungsverantwortung** für die einzelnen pflegerischen Maßnahmen. Das bedeutet, dass sie alle Anordnungen ihrer Vorgesetzten sorgfältig und gewissenhaft umsetzen müssen. Dabei haben sie beispielsweise auch für hygienisches, ggf. steriles Arbeiten Sorge zu tragen und dürfen nicht eigenmächtig Maßnahmen ergreifen. Die Pfleger haben eingehend zu prüfen, ob sie ihren jeweiligen Aufgaben gewachsen sind – dies betrifft sowohl die Eignung gemessen an der eigenen Qualifikation als auch die Belastbarkeit in der konkreten Situation. Übernehmen sie Aufgaben, obwohl sie erkennen, dass sie diese nicht ordnungsgemäß durchführen können, machen sie sich wegen **Übernahmeverschuldens** schadenersatzpflichtig.[400]

---

400 Janda, Medizinrecht, S. 326 für die Arzthaftung.

B. Zivilrechtliche Haftung in der Pflege

Beispiel
Michaela ist als Pflegerin bei einem ambulanten Pflegedienst eingestellt. Sie fühlt sich krank, hat Fieber und hin und wieder Schwindelanfälle, will aber aus Verantwortungsbewusstsein ihre Tour noch zu Ende bringen. Als sie dabei ist, die pflegebedürftige Martha zu duschen, wird ihr erneut schwindlig. Sie kann Martha nicht festhalten, woraufhin diese in der Dusche ausrutscht und sich den Arm bricht.
Michaela ist Martha gegenüber nach § 823 Abs. 1 BGB zum Schadenersatz verpflichtet. Sie hat die Körperverletzung fahrlässig verursacht: Dadurch, dass sie trotz merklicher Krankheitssymptome ihren Einsatz weitergeführt hat, hat sie die gebotene pflegerische Sorgfalt außer Acht gelassen.

b) Delegation pflegerischer Aufgaben an Angehörige

Nach dem Leitbild des SGB XI ist es vorgesehen, dass sich Angehörige, Nachbarn und Ehrenamtliche an der Pflege beteiligen. Dabei ist zu berücksichtigen, ob die häusliche Pflege durch nichtprofessionelle Kräfte gemessen am Pflegegrad, dem Schwierigkeitsgrad der mit der Pflege verbundenen Aufgaben und den Umständen des Einzelfalls überhaupt möglich ist. **Einfache Pflegetätigkeiten** können nach einer Einweisung auch an Laien übertragen werden. In diesem Kontext sind die Pflegekurse nach § 45 SGB XI zu sehen. 77

Im Einzelfall können auch schwierigere Aufgaben delegiert werden – etwa im Zusammenhang mit der Entlassung aus einer stationären Pflegeeinrichtung in die häusliche Pflege oder im Rahmen der ambulanten Versorgung durch einen Pflegedienst. In diesen Fällen hat der Pflegedienst bzw. die Pflegedienstleitung der Einrichtung sich nicht nur der **Übertragbarkeit der Aufgabe** als solcher zu vergewissern, sondern muss auch die **Eignung des Angehörigen** beurteilen. Nur wenn dieser in der Lage ist, bestimmte Aufgaben selbst durchzuführen, kommt die Delegation in Betracht.[401] Auch hier ist eine Einweisung in die Aufgabe und ggf. die ausdrückliche Unterrichtung über mögliche Risiken unerlässlich.[402] Beide sollten im Interesse der Rechtssicherheit schriftlich dokumentiert werden. 78

3. Freiheitsentziehende Maßnahmen

Zuweilen ist es erforderlich, die Bewegungsfreiheit pflegebedürftiger Personen einzuschränken. Dies kann verschiedene Gründe haben, etwa die **Gefahr von Stürzen** sowie Unruhe- und Weglauftendenzen bei Personen mit kognitiven Einschränkungen. Solche freiheitsentziehenden Maßnahmen können mechanisch erfolgen, etwa durch das Verschließen von Türen, das Anlegen von Gurten oder das Anbringen von Bettgittern, oder durch das Verabreichen sedierender **Medikamente**.[403] Auch andere Maßnahmen, etwa das Wegnehmen von Krücken oder des Rollstuhls, erfüllen den Begriff der freiheitsentziehenden Maßnahme, sofern die pflegebedürftige Person dadurch an der freien Bewegung gehindert wird. 79

a) Haftungsrechtliche Grundlagen

Auch wenn die Maßnahmen mit dem Bedürfnis nach Schutz der Pflegebedürftigen begründet werden, stellen sie einen schwerwiegenden Eingriff in deren **Selbstbestimmungsrecht** dar. Zu bedenken ist zudem, dass der Freiheitsentzug seinerseits Gefahren verursachen kann, etwa wenn eine fixierte Person im Falle eines Brandes nicht rechtzeitig fliehen kann. Tritt ein Schaden infolge einer unzulässigen freiheitsentziehenden Maßnahme ein, kommen Schadenersatzansprüche aus verschiedenen Anspruchsgrundlagen in Betracht: 80

---

401 Weiß, Recht in der Pflege, S. 77 f. für die Delegation im Verhältnis ärztliches – nichtärztliches Personal.
402 Wiese, Pflegerecht, Rn. 619.
403 Ist die Gabe entsprechender Medikamente jedoch medizinisch geboten, etwa weil die Verabreichung von Psychopharmaka Unruhe- und Erregungszustände abmildern soll, überlagert dieser Zweck deren freiheitsentziehende Wirkung.

7. Kapitel: Rechtsbeziehungen zwischen Versicherten und Leistungserbringern

- Schadenersatz wegen Verletzung der **Pflichten aus dem Vertrag** mit der stationären Einrichtung bzw. dem ambulanten Pflegedienst aus § 280 Abs. 1 BGB,
- Schadenersatz aus § 823 Abs. 1 BGB wegen der **Verletzung des allgemeinen Persönlichkeitsrechts** oder wegen einer Körperverletzung infolge einer nicht sachgerechten freiheitsentziehenden Maßnahme,
- Schadenersatz aus § 823 Abs. 2 BGB iVm § 239 StGB wegen **Freiheitsberaubung**.

Auch das **Unterlassen** gebotener freiheitsentziehender Maßnahmen kann Schadenersatzansprüche wegen Vertragsverletzung oder aus § 823 Abs. 1 BGB begründen, wenn die pflegebedürftige Person deswegen einen Gesundheitsschaden erleidet.

81 Die Haftung setzt freilich ein Verschulden – also Vorsatz oder Fahrlässigkeit bezüglich der Herbeiführung des Schadens – voraus. Die **pflegerische Sorgfalt** erfordert es, alle Vor- und Nachteile der beabsichtigten freiheitsentziehenden Maßnahme sorgfältig gegeneinander abzuwägen und alternative, mildere Mittel in Erwägung zu ziehen. Innerhalb des Pflegepersonals müssen die Zuständigkeiten klar verteilt sein; alle Verantwortlichen müssen sorgfältig in die Anwendung der freiheitsentziehenden Maßnahme eingewiesen werden. Die pflegebedürftige Person muss zudem hinreichend **beaufsichtigt** werden, nicht zuletzt um Gefahren aus der Fixierung selbst abzuwehren. Der anerkannte Stand der pflegerischen Erkenntnisse verpflichtet Pflegeheime aber nur zu solchen Maßnahmen, die mit vernünftigem **finanziellem und personellem Aufwand** realisiert werden können. Das heißt, dass konkrete Anhaltspunkte für eine Gefährdung vorliegen müssen und alle anderen Möglichkeiten zu deren Vermeidung ausgeschöpft worden sind.

Beispiel

Frieda ist 85 Jahre alt. Nach mehreren Stürzen hat sie sich verschiedene Frakturen zugezogen und ist seither pflegebedürftig und in einer vollstationären Einrichtung untergebracht. Im Bedarfsfall kann sie von ihrem Bett aus mit einer Klingel das Personal um Hilfe rufen. Frieda legt großen Wert darauf, so viele Verrichtungen wie möglich selbst zu erledigen. Daher lehnt sie auf regelmäßige Nachfrage ein Bettgitter während der Nachtzeit ab, um jederzeit selbstständig die Toilette aufsuchen zu können. Um Gefahren vorzubeugen, stellt das Pflegepersonal einen Toilettenstuhl direkt neben Friedas Bett und lässt das Licht im Bad an, damit sie gut sehen kann. Innerhalb von vier Wochen stürzt Frieda bei dem Versuch aufzustehen vier Mal, verletzt sich dabei aber nicht. Ein weiterer Sturz führt jedoch zu einer Fraktur des Halswirbels, in deren Folge sie an Armen und Beinen gelähmt ist. Der Heimträger fragt, ob er wegen unzureichender Sturzprävention schadenersatzpflichtig ist, insbesondere ob das Bettgitter notfalls auch gegen Friedas Willen hätte angebracht werden müssen.

Verletzt der Heimträger die im Wohn- und Betreuungsvertrag gründenden Obhutspflichten zum Schutz der Gesundheit der Heimbewohner, liegt eine Pflichtverletzung nach § 280 Abs. 1 BGB vor. Die Haftung setzt aber ein Verschulden voraus, also zumindest das Außerachtlassen des aktuellen Stands der pflegerischen Erkenntnisse, vgl. § 276 Abs. 2 BGB. Frieda war akut sturzgefährdet, was insbesondere die vier vorangegangenen Stürze zur Nachtzeit belegen. Zur Überwachung kann das Heim allerdings nur solche Maßnahmen ergreifen, die mit einem angemessenen personellen und sachlichen Aufwand realisiert werden können. Daher ist es beispielsweise nicht möglich, sturzgefährdete Heimbewohner kontinuierlich zu überwachen.

Das Hochziehen eines Bettgitters zur Nachtzeit war gegen den Willen von Frieda nicht zulässig, zumal ihre Einsichtsfähigkeit nicht eingeschränkt ist.[404] Friedas Anliegen, ihr Leben trotz des Aufenthalts in einem Pflegeheim weitgehend eigenständig zu führen, kommt vor dem Hintergrund der Menschenwürde und ihres Selbstbestimmungsrechts besonderes Gewicht zu. Macht sie in wiederholten Gesprächen immer wieder deutlich, dass sie bereit ist, das Sturzrisiko selbst zu tragen, ist dies für den Heimträger maßgeblich. Andere Maßnahmen zur Sturzprävention – etwa das Anlegen einer Hüftschutzhose – wären zudem nicht geeignet gewesen, die Verletzung der Halswirbelsäule mit hinreichender Wahrscheinlichkeit zu vermeiden. Es bestehen somit keine Anhaltspunkte für das Außerachtlassen pflegerischer Standards.[405]

82 Die Haftung entfällt, wenn die freiheitsentziehende Maßnahme **gerechtfertigt** ist. Rechtsprechung und Gesetzgeber haben dafür jedoch hohe Hürden etabliert.

---

404 Im Falle der Einsichtsunfähigkeit wäre nach § 1831 Abs. 1, Abs. 2 und Abs. 4 BGB die Zustimmung des Betreuungsgerichts erforderlich gewesen.
405 Nach BGH, NJW 2005, 2613.

b) Einwilligung des Betroffenen

Die Rechtswidrigkeit der Verletzung des Selbstbestimmungsrechts nach § 823 Abs. 1 BGB kann dadurch entfallen, dass der Pflegebedürftige selbst in die freiheitsentziehende Maßnahme einwilligt. Dies setzt jedoch voraus, dass die Einwilligung auf dessen frei gebildeten Willen beruht. Diese **Einsichtsfähigkeit** ist nur gegeben, wenn die pflegebedürftige Person in der Lage ist, die Situation und die Tragweite ihrer Entscheidung selbst zu erkennen und zu reflektieren. 83

Zu beachten ist überdies, dass sich die Einwilligung nur auf sachgerecht durchgeführte Maßnahmen erstreckt; Verletzungen des Körpers oder der Gesundheit durch eine fehlerhafte Fixierung sind daher nicht gerechtfertigt. 84

c) Freiheitsentziehende Maßnahmen im Notstand

Im Einzelfall kann eine freiheitsentziehende Maßnahme im Notstand gerechtfertigt sein. Insofern ist zwar § 228 BGB nicht einschlägig, da dieser lediglich die Beschädigung oder Zerstörung von Sachen zur Abwehr einer Gefahr ermöglicht. Indes kommen im Rahmen der deliktischen Haftung auch die im Strafrecht gründenden Rechtfertigungsmöglichkeiten in Betracht.[406] Eine **Notstandslage nach § 34 StGB** setzt voraus, dass die freiheitsentziehende Maßnahme 85

- erforderlich und angemessen ist,
- um eine gegenwärtige Gefahr für Leben, Leib, Freiheit, Ehre, Eigentum oder ein anderes Rechtsgut
- von sich oder einem anderen abzuwenden und
- das geschützte Interesse das beeinträchtigte wesentlich überwiegt.

Diese Norm rechtfertigt also keinesfalls eine planmäßige und/oder wiederholte Freiheitsentziehung, sondern setzt eine akute Notlage voraus und muss zeitlich wie umfänglich auf das absolut erforderliche **Minimum** beschränkt werden.

Beispiel

Richard ist aufgrund verschiedener körperlicher Beeinträchtigungen pflegebedürftig und in einem Pflegeheim untergebracht. Er leidet an Epilepsie, die medikamentös behandelt wird, ist aber im Übrigen geistig rege. Als Nebenwirkung des Medikaments tritt eines Tages eine akute Psychose auf; Richard leidet an Wahnvorstellungen und will – obwohl er stark sturzgefährdet ist – das Bett verlassen. Um schwere Verletzungen aufgrund eines Sturzes zu verhindern, entscheidet die Pflegedienstleitung, Richard mit einem Gurt am Bett zu fixieren. Dieser wird nach Abklingen des psychotischen Zustands umgehend entfernt.

d) Freiheitsentziehende Maßnahmen bei betreuten Personen

Bei nicht einwilligungsfähigen Personen ist ein Betreuer zu bestellen, der nach Genehmigung des Betreuungsgerichts über die freiheitsentziehende Maßnahme zu entscheiden hat. 86

§ 1831 Abs. 1 BGB enthält eine besondere Regelung für die **Unterbringung** betreuter Personen, die mit Freiheitsentziehung verbunden ist. Nach der Rechtsprechung des BVerfG rechtfertigt die richterliche Anordnung, mit der die Unterbringung ermöglicht wird, nicht die Anwendung freiheitsentziehender Maßnahmen. Jede Fixierung, die absehbar länger als eine halbe Stunde dauert, bedarf daher der gesonderten richterlichen Anordnung, da anderenfalls die Freiheit der Person nach Art. 2 Abs. 2, 104 GG verletzt wird.[407] Der Anwendungsbereich dieser Vorgaben beschränkt sich jedoch auf die Unterbringung psychisch kranker Menschen in geschlossenen 87

---

406 Wagner in MünchKomm, § 823 BGB, Rn. 77.
407 BVerfG, NJW 2018, 2619.

Einrichtungen bzw. geschlossenen Abteilungen von Einrichtungen, die der Betroffene nicht ohne Weiteres verlassen kann.[408] Gewöhnliche Pflegeeinrichtungen sind davon nicht erfasst.

88 § 1831 Abs. 4 BGB ordnet indes die entsprechende Geltung der Vorschriften über die **freiheitsentziehende Unterbringung** an, sofern sich der Betroffene in einer sonstigen Einrichtung aufhält und über einen längeren Zeitraum oder regelmäßig in seiner Freiheit beschränkt werden soll. Die Zulässigkeit solcher – mechanischer wie medikamentöser – Maßnahmen setzt voraus, dass sie dem Wohl des Betreuten dienen, weil

- wegen einer psychischen Krankheit bzw. einer geistigen oder seelischen Behinderung die Gefahr der **Selbsttötung** oder erheblichen **Selbstgefährdung** besteht oder
- eine Untersuchung, Heilbehandlung oder ein ärztlicher Eingriff notwendig ist, die bzw. der ohne die Unterbringung nicht durchgeführt werden kann.

Die Fixierung im Rahmen der Pflege wird sich in aller Regel auf die erste Variante stützen. Die Gefahr der erheblichen Selbstgefährdung kann aber nicht unterstellt werden, sondern es ist im Einzelfall konkret darzulegen, dass ohne die Fixierung oder das Einschließen **erhebliche Gesundheitsgefahren** drohen. Die Gefahr von Verletzungen infolge von Stürzen oder das desorientierte Umherirren der betreffenden Person wird insofern als ausreichend angesehen. Auch die Gefährdung durch Dritte – etwa als Reaktion auf aggressives Verhalten des Betreuten – kann die Freiheitsentziehung gebieten.[409] Dabei kommt es nicht darauf an, ob diese Gefahr durch eine bessere personelle Ausstattung der Einrichtung abgewehrt werden könnte, sondern es ist auf die konkrete Betreuungssituation abzustellen.[410]

89 Stets ist die Genehmigung des **Betreuungsgerichts** erforderlich, § 1906 Abs. 2 BGB. Lediglich wenn Gefahr in Verzug ist, kann davon abgesehen werden. Die Genehmigung ist in diesen Fällen aber unverzüglich nachzuholen. Das Gericht prüft auch, ob die freiheitsentziehende Maßnahme verhältnismäßig ist. Es ist daher stets abzuwägen, ob die Selbstgefährdung durch **mildere Mittel** abgewehrt werden könnte. Hier können zuweilen organisatorische Veränderungen Abhilfe schaffen, etwa eine engmaschigere Betreuung, desgleichen das Durchführen von Balance- oder Sturztrainings oder die Nutzung technischer Hilfsmittel wie beispielsweise Hüftschutzhosen, mit denen Frakturen durch Stürze verhindert werden können.

90 Auch die Gefahren, welche die Freiheitsentziehung selbst birgt, sind in die Abwägung einzubeziehen.

Beispiel

Anton ist schwer pflegebedürftig und in einem Pflegeheim untergebracht. Er neigt zu Unruhezuständen, steht nachts häufig auf und läuft durch die Flure der Einrichtung. Beim Versuch aufzustehen ist er schon öfter aus dem Bett gefallen.

Bei der Entscheidung über das Anbringen eines Bettgitters ist zu berücksichtigen, dass Anton womöglich versucht, sein Bett trotz des Bettgitters zu verlassen. Er könnte sich zudem durch Stöße gegen das Gitter verletzen. Eine Alternative könnte darin liegen, die Betthöhe abzusenken und den Boden mit einer Matratze auszulegen, um Stürze abzufangen. Zudem könnte das Bett mit einer Klingelmatte ausgestattet werden, die einen Alarm auslöst, sobald Anton sich anschickt, das Bett zu verlassen. Das Gericht hat zu beurteilen, ob diese Alternativen gleichermaßen geeignet sind.

Beispiel

Margarethe verlässt immer wieder ihr Zimmer im Pflegeheim und greift andere Heimbewohner an. Die Heimleitung überlegt, sie zeitweilig in ihrem Zimmer einzuschließen.

Das Gericht hat zu berücksichtigen, dass durch das Einschließen das Verlassen des Zimmers auch im Brandfall oder anderen Gefahrensituationen nicht möglich ist. Zudem besteht die Möglichkeit, dass sich Margarethe aus dem Fenster stürzen könnte.

---

408 Schwab in MünchKomm, § 1906 BGB, Rn. 10.
409 OLG Karlsruhe, FGPrax 2009, 36.
410 Vgl. Jaschinski in jurisPK-BGB, § 1906 BGB, Rn. 88.

B. Zivilrechtliche Haftung in der Pflege

Die **Sedierung durch Medikamente** kommt erst nach sorgfältiger Abwägung der Wechselwirkungen mit anderen Medikamenten in Betracht. Die Gefahr der Überdosierung ist ebenso zu berücksichtigen wie die Gefahr, dass die sedierte Person bei einem Gehversuch mangels Orientierung stürzen könnte.

4. Haftung für Fehler in der Pflegedokumentation

Alle pflegerischen Maßnahmen sollten sorgfältig, umfassend und inhaltlich richtig dokumentiert werden. § 113 SGB XI sieht vor, dass die Spitzenverbände Maßstäbe und Grundsätze zur **Qualitätssicherung** vereinbaren; diese schließen die Dokumentationspflichten der Leistungserbringer ein.[411] Vorzunehmen ist die Dokumentation von demjenigen, der die Verantwortung für die dokumentierte Maßnahme trägt. In arbeitsteiligen Abläufen hat folglich die Pflegedienstleitung auch die Tätigkeiten von Hilfspersonen schriftlich festzuhalten.

- In einem **Stammdatenblatt** sind die persönlichen Daten, im Einzelfall wichtige biografische Ereignisse des Pflegebedürftigen, deren Kenntnis für die Pflege wichtig sind, sowie die Anamnese und eine Risikoeinschätzung festzuhalten.
- Für die **Pflegeplanung** ist zu dokumentieren, wann welche pflegerischen Maßnahmen ergriffen werden, welche Hilfsmittel zu verwenden sind und wie ggf. die Abstimmung zwischen verschiedenen Beteiligten – einschließlich pflegender Angehöriger – erfolgen soll.
- In einem **Berichtsbogen** sind Besonderheiten oder problematische Vorfälle zu dokumentieren, desgleichen Abweichungen vom Pflegeplan. Dabei ist auf die Ursachen ebenso einzugehen wie auf die Konsequenzen von Zwischenfällen.
- **Gesonderte Formulare** werden beispielsweise bereitgestellt für die
  - Überwachung von Puls, Blutdruck oder Blutzucker,
  - Lagerung und Bewegung zum Nachweis der Dekubitusprophylaxe,
  - Ernährung und Flüssigkeitsversorgung,
  - Versorgung von Wunden, einschließlich vorbeugender Maßnahmen sowie
  - die Anwendung freiheitsentziehender Maßnahmen.

Dokumentationsfehler begründen allerdings nicht per se Schadenersatzansprüche,[412] sind sie doch allenfalls mittelbar geeignet, einen Schaden zu verursachen, etwa wenn wegen unzureichender Dokumentation notwendige Maßnahmen nicht ergriffen werden. Die Pflegedokumentation dient also einerseits der Sicherstellung der Qualität der Pflege, namentlich als Gedächtnisstütze in der arbeitsteilig organisierten Pflege. Den pflegebedürftigen Personen ist nach § 630g BGB analog ein Recht auf Einsicht in ihre Akte eingeräumt.

Darüber hinaus kommt ihr in zivil- und strafrechtlichen Verfahren im Zusammenhang mit Pflegefehlern **Beweisfunktion** zu: Über eine sorgfältige und umfassende Dokumentation kann bewiesen werden, dass die Pflege sach- und fachgerecht durchgeführt worden ist. Zu beachten ist die Vermutungsregel des § 630h Abs. 3 BGB. Danach wird vermutet, dass erforderliche Maßnahmen, die nicht dokumentiert sind, nicht ergriffen worden sind. Die Vermutung kann nur durch den Beweis des Gegenteils entkräftet werden. Es ist daher großen Wert auf Vollständigkeit zu legen, wobei jedoch die Verwendung standardisierter Dokumentationsbögen zulässig ist.

---

411 Bekanntmachung der Geschäftsstelle Qualitätsausschuss Pflege – Maßstäbe und Grundsätze für die Qualität und die Qualitätssicherung sowie für die Entwicklung eines einrichtungsinternen Qualitätsmanagements nach § 113 des Elften Buches Sozialgesetzbuch (SGB XI) in der teilstationären Pflege (Tagespflege) vom 18.2.2020, BAnz AT 27.5.2020, B2.
412 Katzenmeier in BeckOK, § 630f BGB, Rn. 18 mwN; Philipp, Sozialrecht aktuell Sonderheft 2016, 51, 53.

5. Schweigepflicht

94 Allen mit der Pflege betrauten Personen ist die **Weitergabe sämtlicher Informationen** über die persönliche Situation der Pflegebedürftigen untersagt, und zwar über deren Tod hinaus. Nicht erforderlich ist, dass die Informationen im Zusammenhang mit der Pflegetätigkeit stehen; es genügt, wenn die Kenntnis aus Anlass der Pflege erlangt worden ist, etwa durch das Mithören von Gesprächen unter Familienangehörigen während der häuslichen Pflege durch einen Pflegedienst.

95 Ein Verstoß gegen die Schweigepflicht kann **Schadenersatzansprüche** wegen Vertragsverletzung nach § 280 Abs. 1 BGB oder wegen Verletzung des allgemeinen Persönlichkeitsrechts als „sonstiges Recht" nach § 823 Abs. 1 BGB nach sich ziehen. Angehörige der Gesundheitsberufe, zu denen auch Altenpfleger gehören,[413] machen sich überdies nach § 203 Abs. 1 Nr. 1 StGB strafbar.

96 Die Weitergabe von Informationen kann im Einzelfall gerechtfertigt sein, etwa wenn eine einsichtsfähige pflegebedürftige Person ihre **Einwilligung** erteilt.[414] Auch eine mutmaßliche Einwilligung kann die Rechtswidrigkeit entfallen lassen.

Beispiel

Sabine lebt in einem Pflegeheim. Bei einem Sturz verletzt sie sich schwer. Die Krankenkasse, die für die Behandlungskosten aufkommt, begehrt Einsicht in die Pflegedokumentation, um überprüfen zu können, ob Schadenersatzansprüche von Sabine gegen den Heimträger auf sie übergegangen sind. Inzwischen ist Sabine verstorben, kann also selbst keine Einwilligung in die Weitergabe der Pflegedokumentation erteilen. Es ist aber davon auszugehen, dass die Weitergabe der Informationen ihrem mutmaßlichen Willen entspricht: Da sie in dem Pflegeheim zu Schaden gekommen ist, hätte sie ein Interesse am Ausgleich des Schadens durch den Heimträger gehabt, damit dieser nicht zulasten der Solidargemeinschaft der Krankenversicherten geht.[415]

97 Auch gesetzliche Offenbarungspflichten lassen die **Rechtswidrigkeit** der Verletzung der Schweigepflicht entfallen, beispielsweise § 8 IfSG für ansteckende Krankheiten oder die Bestattungsgesetze der Länder.[416] Auch die Übermittlung der Leistungsdaten durch die Leistungserbringer zum Zweck der Abrechnung mit der Pflegekasse ist nach § 104 SGB XI gerechtfertigt.

III. Grundlagen der Beweislastverteilung

98 Hat ein Pflegebedürftiger aufgrund eines Pflegefehlers einen Schaden erlitten, muss er grundsätzlich die Umstände, die seinen Schadensersatzanspruch stützen, substantiiert darlegen und beweisen. Diese dem Zivilprozessrecht immanente **Beweislastverteilung**[417] kann die Geschädigten unter Umständen in Beweisnot bringen, denn sie verfügen oftmals nicht über alle notwendigen Informationen, um ihre Ansprüche belegen zu können.

99 Für die Versorgung von Patienten sind in der Rechtsprechung Beweiserleichterungen zugunsten der Patienten entwickelt worden, die Eingang in § 630h BGB gefunden haben. Die gesetzlichen Regelungen beziehen sich ausschließlich auf **Verträge über die medizinische Behandlung**, setzen also einen Bezug zu einer Krankheit voraus. Die Versorgung in Pflegeheimen sollte nach dem Willen des Gesetzgebers außen vor bleiben.[418] Indes sind die Interessenlagen pflegebedürftiger Personen in Heimen mit denen von Patienten in Krankenhäusern durchaus vergleichbar. Auch diesen ist die Erbringung von Beweisen über Pflegefehler nur schwer möglich, da diese

---

413 Eisele in Schönke/Schröder, § 203 StGB, Rn. 62.
414 OLG Hamm, NJW 2007, 849 zur Einwilligung in die Abtretung von Vergütungsforderungen an ein Factoring-Unternehmen.
415 BGH, NZS 2013, 553.
416 Beispielsweise müssen Personen, die einen Verstorbenen gepflegt haben, nach §§ 9, 12 rpBestG über die Umstände des Todes und dessen Erkrankungen Auskunft geben.
417 Prütting in MünchKomm, § 286 ZPO, Rn. 114.
418 BT-Drs. 17/10488, S. 17.

sich außerhalb der von ihnen beherrschbaren Sphäre ereignen. Die in den §§ 630a ff. BGB festgehaltenen Regelungen können daher entsprechend auf **Heimverträge** angewandt werden.[419] Dies führt zu folgenden Beweisregeln:

- Ist das Leben, der Körper oder die Gesundheit des Pflegebedürftigen verletzt worden und hat sich insofern ein allgemeines Behandlungsrisiko verwirklicht, das für den Behandelnden **voll beherrschbar** war, wird ein Pflegefehler vermutet, § 630h Abs. 1 BGB. Die Norm begründet eine Gefährdungshaftung für die Funktionsfähigkeit und die Keimfreiheit von Geräten, die im Rahmen der Pflege eingesetzt werden.
- Ist für eine bestimmte Maßnahme, etwa eine Fixierung, die **Einwilligung** des Pflegebedürftigen erforderlich, muss die Pflegeperson bzw. der Heimträger oder der Pflegedienst beweisen, dass diese erteilt worden ist, § 630h Abs. 2 BGB.
- Bei **nicht dokumentierten Maßnahmen** wird vermutet, dass diese nicht ergriffen worden sind, § 630h Abs. 3 BGB.
- Beruht ein Pflegefehler auf **Übernahmeverschulden**,[420] wird vermutet, dass die mangelnde Befähigung der Pflegeperson kausal für die Verletzung des Lebens, des Körpers oder der Gesundheit des Pflegebedürftigen war, § 630h Abs. 4 BGB.
- Bei **groben Pflegefehlern** wird ebenfalls die Kausalität vermutet, § 630h Abs. 5 BGB. Ein grober Fehler liegt vor, wenn er – gemessen an der durch die Ausbildung in den Pflegefachberufen erworbenen Qualifikation – völlig unverständlich und unverantwortbar ist, er also schlechterdings nicht unterlaufen darf.[421]

Beispiel

Das Unterlassen der Dekubitusprophylaxe bei einem bettlägerigen, bewegungsunfähigen Pflegebedürftigen stellt einen groben Pflegefehler dar. Im Schadenersatzprozess darf – bis zum Beweis des Gegenteils durch den Pflegenden bzw. den Träger – vermutet werden, dass Druckgeschwüre des Pflegebedürftigen durch mangelnde Bewegung verursacht worden sind.

Wiederholungs- und Vertiefungsfragen

- Erläutern Sie die Gemeinsamkeiten und Unterschiede der vertraglichen und deliktischen Haftung für Pflegefehler.
- Wie kommt ein Vertrag über die Erbringung von Pflegeleistungen zustande? Welche gesetzlichen Vorgaben zu den Vertragsinhalten sind zu beachten?
- Helena lebt in einem Pflegeheim. Um die Versorgung der Heimbewohner zu verbessern, lässt der Heimträger die Gemeinschaftsräume renovieren, modernisiert alle Zimmer und stockt das Personal erheblich auf, damit mehr Zeit für die Betreuung bleibt. Kurz darauf erhält Helena einen Brief, dass sich das Heimentgelt wegen der verschiedenen Maßnahmen ab dem kommenden Monat um 25 % erhöhen wird. Helena, die das Geld dafür nicht aufbringen kann, erkundigt sich nach der Zulässigkeit der Entgelterhöhung.
- Der im Grad 3 pflegebedürftige Paco verfügt über keine nennenswerten Einkünfte oder Vermögen, so dass er Hilfe zur Pflege nach § 61 SGB XII in Anspruch nehmen muss. Er hat einen Platz in einem Pflegeheim gefunden. Der zuständige Sozialhilfeträger ist jedoch der Auffassung, dass Paco sich zu Hause pflegen lassen soll. Seine Tochter Patricia sorgt sich, dass er dann zu lange unbeaufsichtigt ist – ein Pflegedienst würde zwar mehrmals täglich vorbeikommen, zwischendurch wäre Paco aber über Stunden allein. Sie selbst kann die Pflege nicht übernehmen, da sie alleinerziehende Mutter und in Vollzeit berufstätig ist. Auch Paco

---

419 OLG Düsseldorf, PflR 2015, 677; zustimmend Wagner in MünchKomm, § 630a BGB, Rn. 10.
420 Dazu Kap. 7, Rn. 76.
421 Vgl. Katzenmeier in BeckOK, § 630h BGB, Rn. 57 zum groben ärztlichen Behandlungsfehler.

würde sich in dem Heim wohler fühlen. Darf ihn der Sozialhilfeträger dennoch dazu zwingen, sich häuslich pflegen zu lassen?
- In einem Pflegeheim sind durch einen Computerfehler einige Patientenakten verloren gegangen. Welche haftungsrechtlichen Konsequenzen kann dieser Vorfall nach sich ziehen?
- Herbert lebt in einem Pflegeheim. Er trägt eine Zahnprothese. Während der abendlichen Hygiene vergisst der Pfleger Paul, die Prothese zu entfernen. In der Nacht rutscht diese in Herberts Rachen, woraufhin dieser erstickt. Ist Paul den Erben zum Schadenersatz verpflichtet? Sieht sich auch der Heimträger Schadenersatzforderungen ausgesetzt?
- Während der Ferienzeit herrscht im Pflegeheim akuter Personalmangel. Da sich derzeit besonders viele demenziell Erkrankte in der Station befinden, entschließt sich die Pflegedienstleitung, diesen am Abend ein Schlafmittel zu verabreichen, damit sich die Pflegekräfte in der Nachtschicht zumindest nicht darum kümmern müssen, dass alle Bewohner in ihren Betten bleiben. Ist die Anordnung haftungsrechtlich relevant, selbst wenn die Schlafmittelgabe keine gesundheitlichen Schäden nach sich zieht?
- Gustav wird nach einem längeren Krankenhausaufenthalt zu Hause gepflegt. Tagsüber kommt ein ambulanter Pflegedienst ins Haus, am Abend und in der Nacht kümmert sich der Schwiegersohn Siegfried um die Pflege. Was haben Siegfried und der Pflegedienst zu beachten, wenn sie sich die Pflege auf diese Weise teilen?

8. Kapitel: Musterklausuren

Klausur 1: Pflegezivilrecht

Vadim lebt im Pflegeheim „Sonnenblick", das von der Pflegeheim GmbH betrieben wird. Den Wohn- und Betreuungsvertrag hat ein gerichtlich wirksam bestellter Betreuer in seinem Namen abgeschlossen. Vadim ist in einem Doppelzimmer untergebracht. Er ist schwer sehbehindert, zeitweise desorientiert und verwirrt. Nach einem inzwischen verheilten Beinbruch kann er seit mehreren Wochen nur noch mit einer Gehhilfe, und dies auch nur unsicher, laufen. Das Aufstehen und Hinsetzen fallen ihm schwer, er bewältigt dies aber meistens gut. Die zuständige Pflegekasse gewährt ihm Leistungen der sozialen Pflegeversicherung im Pflegegrad 5. 1

An Vadims Bett befindet sich eine Klingel, das Personal ist aber auch durch Rufe zu erreichen. Die Pfleger schauen regelmäßig jede Stunde, zu den Mahlzeiten und während der Körperpflege nach ihm. Nach dem Mittagessen hat der Pfleger Vadim ins Bett gebracht, wo dieser recht schnell eingeschlafen ist; insgesamt war er den Vormittag über bei klarem Verstand. Bei der Kontrolle wurde Vadim eine Stunde später vor dem Bett liegend aufgefunden. Er hatte sich einen Bruch des Oberschenkelhalses zugezogen und musste mehrere Wochen stationär in einem Krankenhaus behandelt werden.

Die X-Krankenkasse, bei der Vadim gesetzlich versichert ist, ist der Auffassung, dass der Sturz aus dem Bett durch einen Pflegefehler verursacht worden ist. Sie nimmt daher die Pflegeheim GmbH auf Ersatz der Heilbehandlungskosten in Anspruch.

Frage: Hat die X-Krankenkasse einen Anspruch auf Schadenersatz gegen die Pflegeheim GmbH?[422]

A. Ansprüche auf Schadenersatz aus Vertrag, §§ 280 Abs. 1, 241 Abs. 2 BGB iVm dem Heimvertrag

Die X-Krankenkasse könnte gegen die Pflegeheim GmbH einen Anspruch auf Schadenersatz aus §§ 280 Abs. 1, 241 Abs. 2 BGB iVm dem Heimvertrag haben. Dazu müsste zwischen der X-Krankenkasse und der Pflegeheim GmbH ein Schuldverhältnis bestehen. 2

Zur Begründung eines Schuldverhältnisses ist gemäß § 311 Abs. 1 BGB grundsätzlich der Abschluss eines Vertrages erforderlich. Ein Vertrag kommt durch die Abgabe zweier übereinstimmender, aufeinander bezogener Willenserklärungen zustande, mit denen eine bestimmte Rechtsfolge herbeigeführt werden soll.

Zwischen der X-Krankenkasse und der Pflegeheim GmbH bestehen jedoch keinerlei vertragliche Verbindungen. Zwar wird das Pflegeheim bei der Versorgung gesetzlich versicherter pflegebedürftiger Menschen auf der Grundlage eines Versorgungsvertrages nach § 72 SGB XI tätig. Diesen schließen die Pflegeeinrichtungen jedoch mit den Pflegekassen. Diese werden zwar bei den Krankenkassen (§ 46 Abs. 1 S. 2 SGB XI) errichtet, teilen deren Organe (§ 46 Abs. 2 S. 2 SGB XI) und bilden mit dieser eine Verwaltungsgemeinschaft. Sie sind aber gleichwohl rechtlich und finanziell eigenständige Körperschaften des öffentlichen Rechts.

Zudem regeln die Versorgungsverträge ausschließlich die allgemeine Berechtigung und Verpflichtung der Pflegeeinrichtung zur Versorgung der Versicherten mit den erforderlichen Pflegeleistungen. Konkrete Pflichten gegenüber Vadim ergeben sich daraus nicht.

Eigene vertragliche Ansprüche der X-Krankenkasse auf Schadenersatz gegen die Pflegeheim GmbH scheiden somit aus.

---

422 Sachverhalt nach BGHZ 163, 53.

B. Übergang des Schadenersatzanspruchs von Vadim gegen die Pflegeheim GmbH, § 116 SGB X

3   Die X-Krankenkasse könnte jedoch nach § 116 Abs. 1 SGB X einen Anspruch auf Schadenersatz aus übergegangenem Recht haben. Dazu müsste Vadim einen Schadenersatzanspruch gegen die Pflegeheim GmbH haben (I.) und die X-Krankenkasse aufgrund des Schadensereignisses Sozialleistungen an Vadim erbracht haben, die der Behebung eines Schadens der gleichen Art dienen und sich auf denselben Zeitraum beziehen (II.).

I. Schadenersatzansprüche von Vadim gegen die Pflegeheim GmbH

4   Ersatzansprüche von Vadim gegen die Pflegeheim GmbH könnten sich sowohl aus dem zwischen beiden Parteien zustande gekommenen Wohn- und Betreuungsvertrag als auch aus unerlaubter Handlung ergeben.

1. Ansprüche von Vadim gegen die Pflegeheim GmbH aus § 10 WBVG

5   Selbst wenn die Pflegeheim GmbH ihre Pflichten aus dem Wohn- und Betreuungsvertrag nicht oder schlecht erfüllt hätte, scheiden Ansprüche nach § 10 WBVG aus, da diese Norm lediglich einen Anspruch auf Minderung des vereinbarten Entgelts vorsieht. Weitergehende zivilrechtliche Ansprüche bleiben jedoch unberührt, § 10 Abs. 1 WBVG.

2. Vertragliche Schadenersatzansprüche von Vadim gegen die Pflegeheim GmbH aus §§ 280 Abs. 1, 241 Abs. 2 BGB

6   Vadim könnte einen Anspruch auf Schadenersatz aus §§ 280 Abs. 1, 241 Abs. 2 BGB iVm dem Wohn- und Betreuungsvertrag haben. Voraussetzung dafür ist, dass es sich bei diesem um ein wirksames Schuldverhältnis handelt, aus dem die die Pflegeheim GmbH ihre Pflichten gegenüber Vadim schuldhaft verletzt hat und deswegen ein Schaden entstanden ist. Es bestehen keine Anhaltspunkte, die auf die Unwirksamkeit des Wohn- und Betreuungsvertrags hindeuten.

a) Pflichtverletzung

7   Die Pflegeheim GmbH müsste ihre vertraglichen Pflichten gegenüber Vadim verletzt haben. Nach § 7 WBVG ist der Träger einer Pflegeeinrichtung verpflichtet, dem Bewohner den Wohnraum in einem zum vertragsgemäßen Gebrauch geeigneten Zustand zu überlassen und während der vereinbarten Vertragsdauer in diesem Zustand zu erhalten. Ferner muss er die vertraglich vereinbarten Pflege- oder Betreuungsleistungen erbringen und dabei den allgemein anerkannten Stand fachlicher Erkenntnisse einhalten.

Neben der allgemeinen Verkehrssicherungspflicht für die Räume, in denen pflegebedürftige Personen untergebracht sind, treffen den Heimträger besondere Obhutspflichten (§ 241 Abs. 2 BGB) zum Schutz der körperlichen Unversehrtheit der Heimbewohner, die aufgrund ihres körperlichen oder geistigen Zustands besonders verletzungsgefährdet sind.

Da das Pflegepersonal nicht durch eigene Handlung zu der Verletzung des Vadim beigetragen hat, kommt hier nur eine Pflichtverletzung durch Unterlassen in Betracht. Allein der Umstand, dass Vadim aus dem Bett gestürzt ist und sich dabei schwer verletzt hat, lässt noch nicht auf pflichtwidriges Unterlassen schließen. Es kommt vielmehr darauf an, dass die Pflegeheim GmbH nach dem Wohn- und Betreuungsvertrag dazu verpflichtet gewesen wäre, den Sturz in der konkreten Situation zu verhindern. Dies ist nach der Rechtsprechung des BGH anhand der in Pflegeheimen üblichen Maßnahmen zu beurteilen, die mit einem vernünftigen finanziellen und personellen Aufwand realisierbar sind. Die Maßnahmen müssen nicht nur erforderlich, sondern auch sowohl für den Heimbewohner als auch das Pflegepersonal zumutbar sein. Es muss folglich nicht allen denkbaren Gefahren vorgebeugt werden, sondern nur solchen, mit denen nach den allgemeinen Umständen gerechnet werden muss.

aa) Hilfe beim Aufstehen

Womöglich hätte der Sturz verhindert werden können, wenn sich das Pflegepersonal ununterbrochen in der Nähe des Bettes von Vadim aufgehalten und ihm beim Aufstehen geholfen hätte. Dies hätte jedoch eine schwere Beeinträchtigung der Privatsphäre von Vadim zur Folge. Wollte ihm das Pflegepersonal jedes Mal Hilfe beim Aufstehen leisten – wofür seine Vorgeschichte keinen Anlass bietet – müsste er lückenlos überwacht werden.

Zum anderen ginge damit ein erheblicher wirtschaftlicher und personeller Aufwand für die Pflegeheim GmbH einher. Aus dem Wohn- und Betreuungsvertrag ergibt sich keine Verpflichtung zu einer 1:1-Betreuung aller sturzgefährdeten Bewohner rund um die Uhr. Vielmehr genügt es, dass das Pflegepersonal einmal stündlich alle Zimmer aufsucht. Zudem hat die Pflegeheim GmbH durch die Klingel am Bett und die Erreichbarkeit des Pflegepersonals durch bloßes Rufen alle Vorkehrungen getroffen, um Vadim im Bedarfsfall Hilfe zukommen zu lassen. Ein konkreter Anlass für eine engmaschigere Überwachung lag nicht vor. Im Ergebnis war daher eine ständige Anwesenheit des Pflegepersonals weder zumutbar noch erforderlich.

bb) Fixieren oder Anbringen von Bettgittern

Die Pflegeheim GmbH könnte verpflichtet gewesen sein, physische Vorkehrungen, wie das Fixieren am Bett oder eine Sicherung des Bettes durch Gitter, zu treffen. Solche Maßnahmen schränken die Bewegungsfreiheit ein und beeinträchtigen damit erheblich die Selbstbestimmung der betroffenen Person. Nach § 1906 Abs. 4 BGB sind freiheitsentziehende Maßnahmen bei unter Betreuung stehenden Personen in einem Krankenhaus, einem Heim oder einer sonstigen Einrichtung nur zulässig, wenn die Gefahr eines erheblichen gesundheitlichen Schadens abgewehrt werden soll und die Genehmigung des Betreuungsgerichts oder aber Gefahr in Verzug vorliegt, § 1906 Abs. 1, Abs. 2 BGB.

Der Anwendungsbereich der Norm bezieht sich lediglich auf Maßnahmen, bei denen durch mechanische Vorrichtungen, Medikamente oder auf andere Weise über einen längeren Zeitraum oder regelmäßig die Freiheit entzogen werden soll. Ein längerer Zeitraum liegt nach allgemeiner Auffassung nur vor, wenn die Freiheitsentziehung über mehrere Tage andauern soll. Hier würde jedoch eine wiederkehrende, nämlich stets während der Schlafenszeiten vorzunehmende Fixierung oder Sicherung durch Bettgitter, also eine regelmäßige freiheitsentziehende Maßnahme in Rede stehen. Dafür fehlte es nicht nur an einer entsprechenden Genehmigung des Betreuungsgerichts, sondern auch an einem konkreten Anlass. Vadim ist zwar sturzgefährdet; es handelt sich dabei jedoch um eine allgemeine Gefahr, welche es nicht rechtfertigt, die Bewegungsfreiheit einzuschränken.

cc) Maßnahmen zur Verletzungsprophylaxe

Denkbar wäre ferner die Vermeidung schwerer Verletzungen infolge von Stürzen durch ein Absenken der Matratze oder durch das Anlegen einer Hüftschutzhose.

Auch dafür bedarf es jedoch eines Anlasses. Das Absenken der Matratze kommt demnach bei unruhigen Personen in Betracht, die aus dem Bett zu fallen drohen. Vadim war nach seinem Beinbruch und wegen seiner Sehbehinderung aber vor allem im Gehen unsicher und brauchte eine Gehhilfe. Es bestand kein Anlass davon auszugehen, dass er während des Schlafens jederzeit aus dem Bett fallen könnte. Dies spricht auch gegen das routinemäßige Anlegen von Protektorhosen, zumal diese die Gefahr des Wundliegens, also die Entstehung von Druckgeschwüren erhöhen. Die Abwägung gebietet es daher, diese Schutzmaßnahme nicht zu ergreifen, wenn kein konkreter Grund für die Annahme eines Sturzes aus dem Bett besteht.

b) Ergebnis

11 Der Pflegeheim GmbH oblag keine vertragliche Pflicht zum Ergreifen weiterer Schutzmaßnahmen. Eine Pflichtverletzung nach § 280 Abs. 1, 241 Abs. 2 BGB liegt daher nicht vor.

3. Anspruch auf Schadenersatz aus § 823 Abs. 1 BGB

12 Vadim könnte jedoch einen Schadensersatzanspruch aus § 823 Abs. 1 BGB gegen die Pflegeheim GmbH haben. Dazu müsste ihn die Pflegeheim GmbH vorsätzlich oder fahrlässig in einem seiner Rechtsgüter rechtswidrig verletzt haben und daraus müsste ein Schaden entstanden sein.

Der Bruch des Oberschenkelhalses bildet einen pathologischen Zustand, der vom körperlichen Normalzustand abweicht; Vadim ist also an Gesundheit und Körper verletzt. Dies geschah jedoch weder durch ein aktives Tun noch durch ein pflichtwidriges Unterlassen der Pflegeheim GmbH. Diese kann als juristische Person selbst keine realen Handlungen vornehmen oder unterlassen, sondern handelt durch ihre Organe (Geschäftsführer und Gesellschafterversammlung). Das Handeln der Organe wird der GmbH entsprechend § 31 BGB zugerechnet. Hier ist jedoch kein Fehlverhalten dieser ersichtlich. Ein Schadenersatzanspruch aus § 823 Abs. 1 BGB scheidet damit aus.

4. Anspruch auf Schadenersatz aus § 831 BGB

13 Ein Schadensersatzanspruch könnte sich jedoch aus § 831 BGB ergeben. Dazu müsste ein Verrichtungsgehilfe der Pflegeheim GmbH in Ausübung der Verrichtung Vadim einen Schaden zugefügt haben.

Verrichtungsgehilfe ist, wer von einem Geschäftsherrn in dessen Interesse mit einer Tätigkeit betraut worden und dabei den Weisungen des Geschäftsherrn unterworfen ist – sei es einmalig oder dauerhaft, entgeltlich oder unentgeltlich. Die bei der Pflegeheim GmbH angestellten Pflegerinnen und Pfleger agieren damit als Verrichtungsgehilfen des Heimträgers.

Sie müssten Vadim widerrechtlich einen Schaden zugefügt haben. Ein aktives Tun, durch das der Oberschenkelhalsbruch verursacht worden ist, liegt nicht vor. Daher ist zu prüfen, ob das Pflegepersonal die Rechtsgutverletzung in zurechenbarer Weise durch rechtswidriges Unterlassen herbeigeführt hat. Wie bereits dargelegt, war in der konkreten Situation nicht mit einem Sturz zu rechnen, da Vadim schlafend im Bett lag und es auch in der Vergangenheit keinerlei Vorfälle gab, die Anlass zu weiteren Vorkehrungen gaben. Vielmehr durfte das Pflegepersonal damit rechnen, dass er in gefährlichen Situationen um Hilfe ruft. Einer Beschränkung seiner Bewegungsfreiheit durch Fixierung oder weiterer Maßnahmen zur Sturz- und Verletzungsprophylaxe bedurfte es nicht. Die Pflegerinnen und Pfleger haben Vadim daher nicht widerrechtlich einen Schaden zugefügt. Auch ein Ersatzanspruch aus § 831 BGB scheidet damit aus.

II. Ergebnis

14 Da keine weiteren Anspruchsgrundlagen ersichtlich sind, fehlt es an einem übergangsfähigen Schadensersatzanspruch von Vadim gegen die Pflegeheim GmbH. Auch die X-Krankenkasse kann daher aus § 116 SGB X keinen Anspruch geltend machen.

Klausur 2: Sozialrechtliche Ansprüche bei häuslicher Pflege

Die 70jährige Klara ist nach einem jüngst erlittenen Schlaganfall pflegebedürftig. Sie befindet sich noch zur Behandlung im Krankenhaus. Nach der Begutachtung durch den MD ist sie im Pflegegrad 2 eingestuft. Klara möchte gern wieder in ihre Eigentumswohnung zurückkehren. Dies ist prinzipiell möglich, da sie nicht so schwer pflegebedürftig ist, dass sie der Betreuung rund um die Uhr bedarf. Ihr Sohn Klaus kann neben seiner Teilzeitbeschäftigung die erforderlichen Pflege- und Betreuungsleistungen erbringen; im Übrigen soll Klara von einem ambulanten Pflegedienst versorgt werden.

Da Klara nur noch sehr schlecht sehen kann und sich infolge des Schlaganfalls auch nur noch eingeschränkt bewegen kann, wird während ihres Krankenhausaufenthalts sehr schnell klar, dass ihre Wohnung umfassend modernisiert werden muss: Eine kleinere Treppe soll durch eine Rampe mit Geländer ersetzt werden, das Bad soll barrierefrei umgebaut werden. Auch die Türen müssen verbreitert werden, damit Klara sich mit dem Rollator in der Wohnung fortbewegen kann. Zudem möchte Klaus eine Rufanlage installieren, über die sie ihn jederzeit in seiner im gleichen Haus befindlichen Wohnung erreichen kann. Da die Umbauten einen größeren Umfang annehmen, kann sich Klara währenddessen nicht in der Wohnung aufhalten. Auch in der Wohnung von Klaus kann sie nicht vorübergehend untergebracht werden, da diese im Dachgeschoss liegt und ebenfalls nicht barrierefrei ist.

Aufgabe: Beraten Sie Klara und ihre Familie, welche Leistungen der sozialen Pflegeversicherung sie in der aktuellen Situation in Anspruch nehmen können.

Abwandlung 1: Welche Ansprüche gegen ihre Pflegekasse hat Klara, wenn Klaus für zwei Wochen in den Urlaub fährt?

Abwandlung 2: Welche Ansprüche hat Klara, wenn sie nicht pflegeversichert war und daher Hilfe zur Pflege nach dem SGB XII bezieht?

A. Ansprüche von Klara auf Leistungen der sozialen Pflegeversicherung

Um sich über ihre Ansprüche zu informieren, hat Klara zunächst einen Beratungsanspruch gegen ihre Pflegekasse nach §§ 28 Abs. 1a, 7a SGB XI. Die Beratung kann gemäß § 7b Abs. 1 S. 3 SGB XI auf ihren Wunsch in ihrem häuslichen Umfeld oder bei einem Pflegestützpunkt nach § 7c SGB XI stattfinden. Die Pflegekasse muss Klara entweder einen konkreten Beratungstermin anbieten und eine Kontaktperson benennen (§ 7b Abs. 1 Nr. 1 SGB XI) oder einen Beratungsgutschein ausstellen (§ 7b Abs. 1 Nr. 2 SGB XI).

Generell richtet sich der Leistungsanspruch für Versicherte wie Klara nach § 4 SGB XI. Abs. 1 regelt, dass Dienst-, Sach- und Geldleistungen für den Bedarf an körperbezogenen Pflegemaßnahmen, pflegerischen Betreuungsmaßnahmen und Hilfen bei der Haushaltsführung sowie Kostenerstattung erbracht werden. Zudem kann nach Abs. 2 bei häuslicher und teilstationärer Pflege die familiäre, nachbarschaftliche oder sonstige ehrenamtliche Pflege und Betreuung durch die Leistungen der Pflegeversicherung ergänzt werden.

I. Häusliche Pflege

17 Da Klara weiterhin in ihrer Wohnung leben möchte, sind die Leistungen zur häuslichen Pflege hier besonders relevant; damit würde auch dem Grundsatz des Vorrangs der häuslichen Pflege aus § 3 SGB XI entsprochen. Für Klara, die in Pflegegrad 2 eingestuft ist und die alle Voraussetzungen des § 33 SGB XI erfüllt, bestehen folgende Leistungsansprüche:

1. Pflegesachleistung nach § 36 Abs. 1 S. 1 SGB XI

18 Inhalt der Leistung sind pflegerische Maßnahmen in den Bereichen Mobilität, kognitive und kommunikative Fähigkeiten, Verhaltensweisen und psychische Problemlagen, Selbstversorgung, Bewältigung von und selbstständiger Umgang mit krankheits- oder therapiebedingten Anforderungen und Belastungen sowie Gestaltung des Alltagslebens und sozialer Kontakte. Nach § 36 Abs. 2 S. 2 und 3 SGB XI kann Klara pflegefachliche Anleitung erhalten. Die Pflegesachleistung wird ausschließlich durch professionelle Pflegekräfte erbracht, die bei einem ambulanten Pflegedienst angestellt sind.

Der Gesamtwert der Pflegesachleistung beträgt im Pflegegrad 2 monatlich 689,00 EUR, § 36 Abs. 3 Nr. 1 SGB XI. Dadurch kann die Abdeckung der pflegerischen Tätigkeiten gewährleistet werden, die eine selbst organisierte Pflegeperson nicht übernehmen kann. Häusliche Pflegehilfe kann auch Betreuungs- und Entlastungsleistungen durch Unterstützungsangebote im Sinne des § 45a SGB XI umfassen.

2. Pflegegeld nach § 37 SGB XI

19 Klara kann stattdessen aber auch Pflegegeld nach § 37 SGB XI erhalten. Hier müsste sie die körperbezogenen Pflegemaßnahmen und pflegerischen Betreuungsmaßnahmen sowie Hilfen bei der Haushaltsführung selbst in geeigneter Weise sicherstellen, dh sie müsste Familienangehörige, Nachbarn oder Bekannte finden, die bereit sind, die erforderlichen pflegerischen Maßnahmen zu erbringen. Hierfür werden im Pflegegrad 2 monatlich 316,00 EUR geleistet.

Sofern sich Klara für diese Option entscheidet, muss nach § 37 Abs. 3 Nr. 1 SGB XI einmal halbjährlich eine Beratung stattfinden, die der Sicherung der Qualität der häuslichen Pflege und der regelmäßigen Hilfestellung und praktischen pflegefachlichen Unterstützung der häuslich Pflegenden dient. Nimmt Klara diese nicht wahr, muss die Pflegekasse das Pflegegeld kürzen bzw. im Wiederholungsfall sogar vollständig entziehen, § 37 Abs. 6 SGB XI.

3. Kombinationsleistung nach § 38 SGB XI

20 Als dritte Option besteht die Möglichkeit der Kombinationsleistung nach § 38 SGB XI. In diesem Fall würde Klara die Pflegesachleistung nach § 36 Abs. 3 SGB XI nur teilweise in Anspruch nehmen und ein anteiliges Pflegegeld nach § 37 SGB XI erhalten. Diese Entscheidung wäre jeweils für sechs Monate bindend.

Da ihr Sohn Klaus bereit ist, Pflegeleistungen zu übernehmen, er dies aber wegen seiner Teilzeitbeschäftigung nicht jederzeit ermöglichen kann, wäre Klara zur Kombinationsleistung zu raten. Beispielsweise könnte Klaus die Betreuung am Morgen sowie ab Nachmittag bis zum Abend und über Nacht wahrnehmen, ein professioneller Pflegedienst müsste dann lediglich zur Mittagszeit bei Klara vorbeischauen. Je nach dem zeitlichen Verhältnis der zu erbringenden Pflegeleistungen würden dann Pflegegeld und Pflegesachleistung anteilsmäßig erbracht.

II. Leistungen für die Pflegeperson

21 Klaras Sohn Klaus, der sich neben seiner Erwerbstätigkeit um die Pflege und Betreuung seiner Mutter kümmern möchte, ist eine Pflegeperson iSv § 19 S. 1 SGB XI: er pflegt eine pflegebedürftige Person in deren häuslichem Umfeld, ohne dabei jedoch erwerbsmäßig zu handeln, denn er erhält – abgesehen von dem Pflegegeld, das Klara an ihn weiterreichen soll – keine Vergütung für diese Tätigkeiten.

Ihm stehen deshalb Leistungen nach §§ 44, 44a und 45 SGB XI zu. Die Pflegekasse wird für ihn Beiträge zur Renten- und Arbeitslosenversicherung leisten. Dies setzt jedoch voraus, dass er seine Teilzeitbeschäftigung auf weniger als 30 Wochenstunden reduziert. Der Höhe nach belaufen sich die Beiträge zur Rentenversicherung gemäß § 44 Abs. 1 S. 1 SGB XI iVm § 166 SGB VI auf 22,95 % der Bezugsgröße, die im Jahr 2021 bei 3.290,00 EUR liegt (§ 2 Abs. 1 SV-ReGRV). Der Beitragsentrichtung wird also ein fiktives Entgelt zugrunde gelegt. Für die Beiträge zur Arbeitslosenversicherung wird nach § 44 Abs. 2b S. 3 SGB XI iVm § 345 Nr. 8 SGB III ein Arbeitsentgelt in Höhe der Hälfte der monatlichen Bezugsgröße, also 1.645,00 EUR zugrunde gelegt.

Zudem steht Klaus während der pflegerischen Tätigkeiten unter dem Schutz der gesetzlichen Unfallversicherung, § 44 Abs. 2a SGB XI.

Sollte sich der Zustand von Klara akut verschlechtern, würde Klaus nach § 44a SGB XI Pflegeunterstützungsgeld für bis zu zehn Arbeitstage im Jahr erhalten.

§ 45 SGB XI verpflichtet die Pflegekassen schließlich, sogenannte Pflegekurse für Angehörige und Pflegepersonen durchzuführen. Dabei geht es primär darum, soziales Engagement im Bereich der Pflege zu fördern und zu stärken, Pflege und Betreuung zu erleichtern und zu verbessern sowie pflegebedingte körperliche und seelische Belastungen zu mindern und der Entstehung pflegebedingter körperlicher und seelischer Belastungen vorzubeugen, aber auch um die Gesunderhaltung der Pflegeperson. Überdies hat Klaus gemäß § 36 Abs. 2 S. 3 SGB XI einen Anspruch auf pflegefachliche Anleitung für die häusliche Pflegehilfe.

III. Wohnumfeldverbessernde Maßnahmen

Neben den Leistungen zur Pflege und Betreuung ist auch ein barrierefreier Umbau der Wohnung erforderlich. Klaus wünscht sich zudem den Einbau einer Rufanlage.

1. Rufanlage

Nach § 40 Abs. 1 SGB XI haben Versicherte Anspruch auf Pflegehilfsmittel. Voraussetzung ist, dass diese zur Erleichterung der Pflege oder zur Linderung der Beschwerden des Pflegebedürftigen beitragen oder ihm eine selbstständigere Lebensführung ermöglichen. Die Rufanlage wirkt sich zwar nicht unmittelbar auf den gesundheitlichen Zustand von Klara aus; sie erleichtert auch nicht die Durchführung der anfallenden pflegerischen Aufgaben. Jedoch würde eine solche Anlage Klara eine weitgehend eigenständige Lebensführung gestatten. Sie benötigte keine durchgehende Aufsicht und Betreuung, sondern könnte ihren Sohn im Bedarfsfall einfach um Hilfe rufen. Damit stellt die Anlage ein technisches Pflegehilfsmittel dar.

Sofern diese nicht fest installiert werden muss, wird die Pflegekasse die Rufanlage nach § 40 Abs. 3 SGB XI leihweise überlassen. Klara muss dafür eine Eigenbeteiligung in Höhe von 10 %, höchstens jedoch 25,00 EUR leisten, § 40 Abs. 3 S. 4 SGB XI.

2. Barrierefreier Umbau der Wohnung

Gemäß § 40 Abs. 4 SGB XI können die Pflegekassen finanzielle Zuschüsse für Maßnahmen zur Verbesserung des individuellen Wohnumfeldes des Pflegebedürftigen gewähren. Dies erfordert wiederum, dass dadurch im Einzelfall die häusliche Pflege ermöglicht oder erheblich erleichtert oder eine möglichst selbständige Lebensführung des Pflegebedürftigen wiederhergestellt wird. Die Leistung ist subsidiär, der Zuschuss wird also nur geleistet, wenn die Erleichterung der häuslichen Pflege anderweitig nicht möglich ist.

Da Klara für die Fortbewegung in der Wohnung auf den Rollator angewiesen ist und ihre Türen bisher zu schmal sind, um sich damit leicht und unproblematisch fortzubewegen, ist der Umbau erforderlich. Auch die barrierefreie Gestaltung des Badezimmers und die Ersetzung der kleinen Treppe durch eine Rampe ermöglichen Klara den Verbleib in der eigenen Wohnung.

Der Zuschuss für die einzelnen Umbaumaßnahmen darf jedoch 4.000,00 EUR nicht überschreiten, § 40 Abs. 4 S. 2 SGB XI. Nach der Rechtsprechung gelten alle in einem bestimmten Zeitraum aufgrund eines objektiven Pflegebedarfs notwendigen und bezuschussungsfähigen Einzelmaßnahmen in ihrer Gesamtheit als Gesamtmaßnahme. Zuschüsse für weitere Baumaßnahmen können nur gewährt werden, wenn sich der Pflegebedarf objektiv ändert und deswegen wohnumfeldverbessernde Maßnahmen erforderlich werden, die beim ersten Umbau noch nicht absehbar waren.[423] Die Pflegekasse wird für alle geplanten Umbaumaßnahmen in Klaras Wohnung daher lediglich einen einheitlichen Zuschuss von insgesamt maximal 4.000,00 EUR zahlen.

3. Organisation der Pflege während des Umbaus der Wohnung

25 Während des Umbaus ihrer Wohnung könnte Klara Kurzzeitpflege in Anspruch nehmen. Diese wird gemäß § 42 Abs. 1 SGB XI an Pflegebedürftige ab Pflegegrad 2 erbracht, wenn die häusliche Pflege vorübergehend nicht oder noch nicht erbracht werden kann und teilstationäre Pflege nicht ausreicht.

a) Vorübergehende Unmöglichkeit der häuslichen Pflege

26 Die anstehenden Umbaumaßnahmen machen den Aufenthalt in der Wohnung unmöglich, vor allem da sie mit erheblicher Lärm- und Schmutzbelastung einhergehen. Zudem soll die Wohnung erst durch den Umbau so ausgestaltet werden, dass Klara sich überhaupt weiter zu Hause aufhalten kann; im derzeitigen Zustand ist eine häusliche Pflege, die Klaras Bedürfnissen gerecht wird, nicht möglich. Aufgrund der baulichen Bedingungen kann sie nicht vorübergehend in die Wohnung ihres Sohnes umziehen. Auch die auf bestimmte Tageszeiten beschränkte teilstationäre Pflege ist nicht angezeigt. Selbst wenn die Bauarbeiten nur tagsüber durchgeführt werden, wäre eine Übernachtung in der eigenen Wohnung während einer derart umfassenden Baumaßnahme, die auch den Zugang zur Wohnung und das Badezimmer einschließt, nicht zumutbar.

Das Gesetz nennt in § 42 Abs. 1 S. 2 SGB XI zwei Fallgruppen der vorübergehenden Unmöglichkeit der häuslichen Pflege – zum einen den Übergang nach einer stationären Behandlung der pflegebedürftigen Person (Nr. 1), zum anderen eine Krisensituation (Nr. 2). Klara befindet sich nach ihrem Schlaganfall in stationärer Behandlung. Im Anschluss daran bedarf sie der vollstationären Pflege, bis die Umbauarbeiten in ihrer Wohnung abgeschlossen sind. Eine solche übergangsweise Betreuung in einem Pflegeheim erfüllt die Anforderungen des § 42 Abs. 1 S. 2 Nr. 1 SGB XI.

b) Umfang des Anspruchs

27 Klara muss gemäß § 33 SGB XI bei ihrer Pflegekasse einen Antrag auf Kurzzeitpflege stellen. Sie kann die Leistung für bis zu acht Wochen pro Jahr in Anspruch nehmen. Die Pflegekasse kommt für die pflege- und betreuungsbedingten Aufwendungen sowie für die Aufwendungen für Leistungen der medizinischen Behandlungspflege auf; der Höhe nach ist dies aber auf 1.612,00 EUR pro Jahr beschränkt, § 42 Abs. 2 S. 2 SGB XI. Die Kosten für Unterkunft und Verpflegung sowie Zusatzleistungen werden jedoch nicht von der Pflegekasse übernommen, sondern sind von Klara selbst zu tragen.

Abwandlung 1

28 Da Klaus Pflegeperson iSv § 19 SGB XI ist, hat Klara während seines Erholungsurlaubs gemäß § 39 SGB XI Anspruch auf Leistungen der Verhinderungspflege. Diese werden für maximal sechs Wochen pro Kalenderjahr erbracht. Voraussetzung ist jedoch, dass Klaus vor seinem Urlaub Klara bereits für sechs Monate gepflegt hat. Die Verhinderungspflege kann selbst organisiert werden, dh ein Angehöriger, Nachbar oder Bekannter würde Klara während Klaus' Abwesenheit betreuen. Stattdessen kann die Pflege aber auch durch einen ambulanten Pflegedienst sicher-

---

423 LSG Sachsen-Anhalt Urt. v. 24.10.2012 – L 4 P 1/12, juris; BSG, NZS 2000, 355.

gestellt werden. Übernimmt eine Person die Ersatzpflege, die nicht mit Klara verwandt ist, übernimmt die Pflegekasse die Kosten der Verhinderungspflege für bis zu 1.612,00 EUR im Jahr; anderenfalls darf der Betrag nicht über dem Pflegegeld nach § 37 Abs. 1 S. 3 SGB XI liegen.

Eine andere Möglichkeit wäre die erneute Inanspruchnahme der Kurzzeitpflege in einer vollstationären Einrichtung nach § 42 SGB XI. Der Urlaub der Pflegeperson ist als Krisensituation iSv § 42 Abs. 1 S. 2 Nr. 2 SGB XI einzustufen, da er zum Ausfall der Pflegeperson führt. Zu bedenken ist jedoch, dass die Kurzzeitpflege insgesamt nur während acht Wochen im Kalenderjahr in Anspruch genommen werden kann. Je nachdem wie lang die Umbaumaßnahmen für Klaras Wohnung gedauert haben, kann also ihr Anspruch auf Kurzzeitpflege bereits ausgeschöpft sein.

Sowohl bei der Kurzzeitpflege als auch bei der Verhinderungspflege würde das anteilige Pflegegeld weiter gewährt: bei der Kurzzeitpflege für bis zu acht Wochen, bei der Verhinderungspflege für bis zu sechs Wochen, § 38 S. 4 SGB XI. Die Weitergewährung ist jedoch auf die Hälfte des zuvor gezahlten Pflegegeldes beschränkt.

Abwandlung 2

War Klara nicht pflegeversichert, kann sie keine Leistungen nach dem SGB XI in Anspruch nehmen. Stattdessen hat sie Anspruch auf Hilfe zur Pflege nach dem siebten Kapitel des SGB XII, § 19 Abs. 3 SGB XII. Auch hierfür müsste sie pflegebedürftig sein. Da der Begriff der Pflegebedürftigkeit in §§ 61a, 61b SGB XII auf die Voraussetzungen nach dem SGB XI rekurriert und auch die dort geltenden Pflegegrade aufnimmt, ist dies bei Klara der Fall.

Darüber hinaus müsste Klara hilfebedürftig sein, dh sie dürfte nicht in der Lage sein, die Kosten der Pflege aus ihrem eigenen Einkommen oder Vermögen zu decken. Sie müsste also gegenüber dem Sozialamt nachweisen, dass ihre Einkünfte unzureichend sind. Gegebenenfalls muss sie Unterhaltsansprüche gegen ihren Sohn Klaus geltend machen. Ihre Eigentumswohnung gilt als Vermögen. Da sie diese selbst nutzt, handelt es sich dabei jedoch um Schonvermögen nach § 90 Abs. 2 Nr. 8 SGB XII, so dass sie nicht gezwungen wäre, diese zu verwerten.

Ist Klara hilfebedürftig, umfassen die Leistungen für ihre häusliche Pflege das Pflegegeld (§ 64a SGB XII), die häusliche Pflegehilfe (§ 64b SGB XII), Verhinderungspflege (§ 64c SGB XII), Pflegehilfsmittel (§ 64d SGB XII), Maßnahmen zur Verbesserung des Wohnumfeldes (§ 64e SGB XII) sowie andere Leistungen (§ 64f SGB XII). Der Umfang der Leistungen orientiert sich an den Vorgaben des SGB XI. Sie kann daher die gleichen Leistungen in Anspruch nehmen als wäre sie pflegeversichert gewesen.

Klausur 3: Rechtsbeziehungen im sozialrechtlichen Dreiecksverhältnis

Roberta lebt seit Januar 2020 in einem Pflegeheim der St. Barbara Stiftung. Sie ist pflegebedürftig im Pflegegrad 4 und bezieht Leistungen der sozialen Pflegeversicherung. Mit Schreiben vom 2.7.2021 informiert der Träger der Einrichtung Roberta darüber, dass die Entgelte für Pflege, Unterkunft und Verpflegung erhöht werden. Grund dafür sei die neu gefasste Landespflegeverordnung und der daraufhin geänderte Rahmenvertrag für die vollstationäre Pflege nach § 75 SGB XI. Dieser verpflichtet den Heimträger dazu, zusätzliches Personal für die Qualitätssicherung, die hauswirtschaftliche Versorgung der Heimbewohner und die Verwaltung einzustellen. Dementsprechend habe sich der Träger auch in den Pflegesatzverhandlungen nach § 85 SGB XI mit der zuständigen Pflegekasse und dem zuständigen Sozialhilfeträger auf neue Pflegesätze geeinigt. Damit werde zugleich auch der neue Tarifabschluss für die Beschäftigten in der Pflege umgesetzt und den gestiegenen Kosten für Energie und Lebensmittel Rechnung getragen.

Der von Roberta monatlich zu entrichtende Eigenanteil für die Pflege und Unterbringung im Einzelzimmer soll sich daher ab dem 1.9.2021 von 2.600,00 EUR auf 2.900,00 EUR erhöhen. In dem formal nicht zu beanstandenden Schreiben, welches alle Änderungen zwischen aktuellen und künftigen Kosten übersichtlich auflistet, wird Roberta auf ihr Sonderkündigungsrecht hingewiesen.

Roberta will den erhöhten Eigenanteil jedoch nicht aufbringen. Ihre Rente und die Einnahmen aus der Vermietung der früher von ihr bewohnten Eigentumswohnung reichen gerade aus, um die aktuellen Kosten zu tragen. Ihr Sparguthaben von 4.500,00 EUR wäre nach der Erhöhung alsbald aufgebraucht. Auch das Sonderkündigungsrecht ist für sie ohne Nutzen, da sie aufgrund des Grades ihrer Pflegebedürftigkeit auf die vollstationäre Pflege angewiesen ist und keine Plätze in anderen Einrichtungen verfügbar sind. Sie ist der Auffassung, dass der Heimträger ohne ihre Zustimmung nicht berechtigt ist, das Entgelt zu erhöhen. Dies sieht der Träger freilich anders, beruhe die Entgelterhöhung doch auf einer umfassenden Verbesserung des Leistungsangebots, welches auch Roberta selbst unmittelbar zugutekomme.

Frage: Kann die St. Barbara Stiftung ab dem 1.9.2021 von Roberta das erhöhte Entgelt verlangen?

A. Anspruch der St. Barbara Stiftung gegen Roberta auf Zahlung des erhöhten Entgelts nach § 9 Abs. 1 WBVG ab dem 1.9.2021

Die St. Barbara Stiftung könnte gegen Roberta einen Anspruch auf Zahlung des erhöhten Entgelts für den Heimplatz ab dem 1.9.2021 aus § 9 Abs. 1 WBVG haben.

I. Anwendbarkeit des WBVG

Dazu müsste das WBVG anwendbar sein. Gem. § 1 Abs. 1 S. 1 WBVG ist dieses Gesetz auf einen Vertrag zwischen einem Unternehmer und einem Verbraucher anwendbar, in dem sich der Unternehmer zur Überlassung von Wohnraum und zur Erbringung von Pflege- oder Betreuungsleistungen verpflichtet, die der Bewältigung eines durch Alter, Pflegebedürftigkeit oder Behinderung bedingten Hilfebedarfs dienen. Roberta lebt in dem Pflegeheim der St. Barbara Stiftung. Die Stiftung ist eine juristische Person, die die Pflegeeinrichtung gewerbsmäßig betreibt; es handelt sich also um einen Unternehmer iSv § 14 BGB. Roberta ist eine natürliche Person. Sie hat mit der St. Barbara Stiftung einen Vertrag geschlossen, aufgrund dessen sie wegen ihrer Pflegebedürftigkeit in dem Heim betreut wird. Der Vertrag dient folglich aus ihrer Sicht keinen gewerblichen Zwecken. Roberta ist Verbraucherin iSv § 13 BGB, so dass § 1 WBVG erfüllt ist.

II. Pflicht zur Zahlung des Entgelts

Gemäß § 7 WBVG hat der Verbraucher das vereinbarte Entgelt zu zahlen, soweit dieses insgesamt und nach seinen Bestandteilen im Verhältnis zu den Leistungen angemessen ist. Für das Entgelt, das die Stiftung vor dem 1.9.2021 von Roberta verlangt hat, wird dies unterstellt.

III. Wirksamkeit der Entgelterhöhung

Es ist jedoch fraglich, ob die St. Barbara Stiftung das vereinbarte Entgelt durch einseitige Erklärung erhöhen kann. Die Voraussetzungen der Erhöhung des Entgelts bestimmen sich nach § 9 WBVG. Danach kann das Entgelt im Wohn- und Betreuungsvertrag erhöht werden, wenn sich die bisherige Berechnungsgrundlage verändert hat.

1. Änderung der bisherigen Berechnungsgrundlage

Mit der Einigung auf erhöhte Pflegesätze in den Pflegesatzverhandlungen nach § 85 SGB XI hat sich die Berechnungsgrundlage des bisherigen Entgelts verändert. Die Verhandlungen waren infolge der geänderten Landespflegeverordnung und des Rahmenvertrags für die vollstationäre Pflege erforderlich geworden. Der Anstieg der Pflegesätze gründet sich vor allem darauf, dass die St. Barbara Stiftung als Heimträgerin nun zusätzliches Personal für die Qualitätssicherung, die hauswirtschaftliche Versorgung der Heimbewohner und die Verwaltung einstellen muss, um die Anforderungen des Rahmenvertrags zu erfüllen. Darüber hinaus sind aufgrund der jüngsten Tarifverhandlungen die Löhne für die Beschäftigten in der Pflege gestiegen. Gemäß § 84 Abs. 2 S. 5 SGB XI ist die Zahlung von Gehältern bis zur tarifvertraglich vereinbarten Vergütung nicht als unwirtschaftlich anzusehen, so dass die St. Barbara Stiftung die Lohnerhöhung ohne Weiteres umsetzen durfte. Auch die gestiegenen Kosten für Energie und Lebensmittel führen zu einer Abweichung von der ursprünglichen Berechnungsgrundlage des Wohn- und Betreuungsentgelts.

§ 9 Abs. 1 S. 2 WBVG gibt eine doppelte Angemessenheitsprüfung vor: Nicht nur das im Ergebnis erhöhte Entgelt, sondern auch der Umfang der Erhöhung muss angemessen sein. Das vereinbarte Entgelt soll von 2.600,00 EUR auf 2.900,00 EUR erhöht werden; dies entspricht einem Anstieg um ca. 11,5 %. Da Roberta aber Leistungen der sozialen Pflegeversicherung bezieht, ist die Angemessenheitsprüfung nach § 9 Abs. 1 S. 3 WBVG iVm § 7 Abs. 2 S. 2 WBVG entbehrlich. Die auf Basis des Rechts der sozialen Pflegeversicherung vereinbarten Entgelte sind folglich per se als angemessen anzusehen.

2. Formelle Anforderungen an die Entgelterhöhung

Zudem müsste die St. Barbara Stiftung gemäß § 9 Abs. 2 WBVG die beabsichtigte Erhöhung des Entgelts Roberta schriftlich mitgeteilt und begründet haben. Am 2.7.2021 hat der Träger der Einrichtung Roberta informiert, dass die Entgelte erhöht werden. Er nannte hierfür die neu gefasste Landespflegeordnung und den daraufhin geänderten Rahmenvertrag für vollstationäre Pflege nach § 75 SGB XI. Somit hat die Stiftung die Erhöhung schriftlich mitgeteilt und begründet.

Des Weiteren muss nach § 9 Abs. 2 S. 2 WBVG aus der Mitteilung der Zeitpunkt hervorgehen, zu dem die Stiftung die Erhöhung des Entgelts verlangt. Der zu entrichtende Eigenanteil soll ab dem 1.9.2021 von 2.600,00 EUR auf 2.900,00 EUR erhöht werden. In dem Schreiben wurden alle Änderungen zwischen aktuellen und künftigen Kosten übersichtlich aufgelistet. Damit ist auch § 9 Abs. 2 S. 3 WBVG erfüllt, wonach in der Begründung unter Angabe des Umlagemaßstabs die Position benannt werden müssen, für die sich durch die veränderte Berechnungsgrundlage Kostensteigerungen ergeben, um die bisherigen Entgeltbestandteile den vorgesehenen neuen Entgeltbestandteilen gegenüberzustellen. Die Einrichtung gab Roberta die Gelegenheit zur Einsicht in die verlangten Unterlagen zur Überprüfung nach § 9 Abs. 2 S. 5 WBVG. Schließlich wurde die Frist aus § 9 Abs. 2 S. 4 WBVG von vier Wochen gewahrt.

Die formellen Anforderungen an die Entgelterhöhung sind damit gewahrt.

3. Erfordernis der Zustimmung zur Entgelterhöhung durch Roberta

Fraglich ist jedoch, ob Roberta der Entgelterhöhung zustimmen muss. Aus dem Wortlaut des § 9 WBVG ergibt sich kein Anhaltspunkt dafür, dass die Entgelterhöhung eine Einigung zwischen Unternehmer und Verbraucher voraussetzt. Vielmehr kann der Unternehmer unter bestimmten Voraussetzungen eine „Erhöhung des Entgelts verlangen". Nach der gesetzgeberischen Konzeption hat der Unternehmer also einen Anspruch auf Zustimmung zur Entgelterhöhung, wenn er die Anforderungen des § 9 WBVG erfüllt.

Nach der Rechtsprechung des BGH bedarf eine Entgelterhöhung jedoch stets der ausdrücklichen Zustimmung des Verbrauchers. Nach § 311 BGB ist zur Begründung oder Änderung eines Schuldverhältnisses ein Vertrag erforderlich, sofern nicht das Gesetz etwas anderes bestimmt. Da § 9 WBVG aber jedenfalls kein einseitiges Gestaltungsrecht zugunsten des Unternehmers etabliere, gelte der allgemeine zivilrechtliche Grundsatz auch in diesem Kontext.[424] Roberta muss danach der Entgelterhöhung also zustimmen. Verweigert sie diese, führt dies jedoch nicht dazu, dass die St. Barbara Stiftung von ihr weiterhin nur das ursprünglich vereinbarte Entgelt verlangen darf. Wie bereits festgestellt, ist das Erhöhungsverlangen inhaltlich begründet und auch formell ordnungsgemäß ergangen. Die St. Barbara Stiftung könnte daher Klage auf Erzwingung der Zustimmung der Entgelterhöhung auf dem ordentlichen Rechtsweg einreichen.

B. Anspruch von Roberta auf ergänzende Leistungen nach SGB XII

38 Da Roberta geltend macht, nicht über die finanziellen Mittel zu verfügen, um das erhöhte Entgelt für die Unterbringung und Betreuung in dem Pflegeheim aus eigener Kraft zu decken, könnte sie zusätzlich Hilfe zur Pflege nach dem siebten Kapitel SGB XII beanspruchen.

I. Einsatz von Einkommen und Vermögen

39 Gemäß § 2 Abs. 1 SGB XII erhält Sozialhilfe nicht, wer sich durch Einsatz seiner Arbeitskraft, seines Einkommens und seines Vermögens helfen kann, oder wer die erforderliche Leistung von anderen, insbesondere von Trägern anderer Sozialleistungen, erhält. Es kann nicht davon ausgegangen werden, dass Roberta als pflegebedürftige Person im Pflegegrad 4 noch in der Lage ist, einer Erwerbstätigkeit nachzugehen. Ihre Rente wendet sie bereits vollständig zur Begleichung der Pflegekosten auf; die Leistungen der sozialen Pflegeversicherung decken die tatsächlichen Kosten der vollstationären Pflege nicht. Anhaltspunkte dafür, dass sie Unterhaltsansprüche geltend machen kann, bestehen nicht.

Nach § 90 SGB XII ist das gesamte verwertbare Vermögen einzusetzen. Als Schonvermögen können nach § 90 Abs. 2 Nr. 9 SGB XII lediglich kleinere Bargeldbeträge von maximal 5.000,00 EUR berücksichtigt werden. Der von Roberta gesparte Betrag fällt unter diese Grenze, so dass sie über kein Vermögen verfügt, das sie vor Einsetzen der Sozialhilfe zu verwerten hätte.

II. Umfang der Hilfe zur Pflege

40 Da die Pflegekasse Roberta bereits in den Pflegegrad 4 eingestuft hat, ist sie auch pflegebedürftig iSv § 61a SGB XII. Die Entscheidung der Pflegekasse ist für den Sozialhilfeträger verbindlich.

Nach § 65 SGB XII haben pflegebedürftige Personen einen Anspruch auf Pflege in stationären Einrichtungen, wenn häusliche oder teilstationäre Pflege nicht möglich ist oder wegen der Besonderheit des Einzelfalls nicht in Betracht kommt. Roberta ist pflegebedürftig im Pflegegrad 4; dafür, dass ihre Pflege anders als vollstationär organisiert werden kann, bestehen keine Anhaltspunkte, so dass ein Anspruch nach § 65 SGB XII gegeben ist. Dieser ist im Unterschied zu den Leistungen der sozialen Pflegeversicherung der Höhe nach nicht beschränkt. Mit der Hilfe zur Pflege ist also der nicht anderweitig gedeckte pflegerische Bedarf vollständig abzudecken. Roberta kann daher sämtliche zusätzliche Kosten, die ihre Leistungsfähigkeit übersteigen, durch die Sozialhilfe begleichen.

---

424 BGHZ 210, 233.

Literatur

Baierl, Marion, Schlegel/Voelzke, jurisPK-SGB XI, 2. Aufl., § 11 SGB XI, Saarbrücken, 2017.
Beblo, Miriam/Schuler-Harms, Margarete/Werding, Martin, Familiengerechtigkeit in der sozialen Pflegeversicherung, Sozialer Fortschritt 69 (2020) 627.
Bertelsmann Stiftung, Perspektive Pflege. Finanzentwicklung der Sozialen Pflegeversicherung im rechtlichen Status quo bis 2045, Gütersloh 2019, abrufbar unter https://www.bertelsmann-stiftung.de/de/unsere-projekte/zukunft-pflege/projektnachrichten/pflegekostenprognose/.
Bieback, Karl-Jürgen, Probleme des Qualitätssicherungskonzepts, SGb 2013, 511.
Bloch, Eckhard, Die Struktur der Pflegeversicherung ab 1995, DAngVers 1994, 237.
Boecken, Winfried, Zur Frage eines Anspruchs von Pflegebedürftigen auf gleichgeschlechtliche Pflege, SGb 2008, 698.
Breidenstein, Christiane, Pflegerecht für Angehörige, Herne 2012.
Brink, Christoph/Roth, Maximilian, Sozialhilfe im Rahmen stationärer Heimpflege unterhalb von Pflegegrad 2?, SGb 2019, 150.
Brose, Wiebke, Die sozialversicherungsrechtlichen Nebenwirkungen von Pflegezeit und Familienpflegezeit, NZS 2012, 499.
Bublitz, Lothar, Zur Reform des Unterhaltsrückgriffs auf Eltern und Kinder. Was sich mit dem Angehörigen-Entlastungsgesetz ändert, SuP 2020, 85.
Bundesregierung, Sechster Bericht der Bundesregierung über die Entwicklung der Pflegeversicherung und den Stand der pflegerischen Versorgung in der Bundesrepublik Deutschland, Berlin 2016, abrufbar unter https://www.bundesgesundheitsministerium.de/ministerium/meldungen/2016/sechster-pflegebericht.html.
Bundesregierung, Siebter Bericht der Bundesregierung über die Entwicklung der Pflegeversicherung und den Stand der pflegerischen Versorgung in der Bundesrepublik Deutschland, Berlin 2021, abrufbar unter https://www.bundesgesundheitsministerium.de/fileadmin/Dateien/3_Downloads/P/Pflegebericht/Siebter_Pflegebericht_barrierefrei.pdf.
Busse, Angela, Bundesteilhabegesetz – Sozialgesetzbuch IX, Teil 1: Rehabilitation und Teilhabe, SGb 2017, 307.
Dauner-Lieb, Barbara/Langen, Werner, BGB, Schuldrecht, Band 2/1: §§ 241–487, 4. Auflage, Baden-Baden 2021.
Deinert, Olaf/Körner, Anne/Knickrehm, Sabine/Krasney, Martin/ /Mutschler, Bernd/Rolfs, Christian, beck-online Großkommentar zum SGB, München 2023.
Devetzí, Stamatia/Janda, Constanze, Freiheit – Gerechtigkeit – Sozial(es) Recht. Festschrift für Eberhard Eichenhofer zum 65. Geburtstag, Baden-Baden 2015.
Drasdo, Michael, Die Geltendmachung von Gewährleistungsansprüchen nach dem Wohn- und Betreuungsvertragsgesetz, jM 2014, 404.
Ebsen, Ingwer, Die gesetzliche Pflegeversicherung (SGB XI) auf dem Prüfstand des Bundesverfassungsgerichts, Jura 2002, 401.
Eichenhofer, Eberhard, Sozialrecht, 12. Auflage, Tübingen 2021.
Felix, Dagmar, Pflegenotstand in Deutschland – ein Haftungsrisiko?, NZS 2023, 281.
Fischer, Felix, Haftungsrecht in der Pflege – Neuerungen durch die Einführung des Pflegepersonal-Stärkungsgesetzes, in: Jacobs, Matthias/Plagemann, Florian/Schafhausen, Martin/Ziegler, Ole, Weiterdenken: Recht an der Schnittstelle zur Medizin. Festschrift für Hermann Plagemann zum 70. Geburtstag, München 2020.
Fuchs, Harry, Es drohen erhebliche Versorgungslücken für behinderte Menschen. Neue Schnittstelle zwischen Pflegeversicherung und Eingliederungshilfe, SozSich 2016, 369.
Griep, Heinrich, Auswirkungen des Pflege-Weiterentwicklungsgesetzes auf die SGB-XI-Vergütungen, Sozialrecht Aktuell 2009, 81.
Griep, Heinrich, Freie Auswahl des Pflegeheims?, Sozialrecht aktuell 2020, 5.

Griep, Heinrich, Risiken der Heimaufnahme von Personen des Pflegegrades 1, Sozialrecht Aktuell 2018, 1.
Griep, Heinrich, Versorgungslücken in der Hilfe zur Pflege nach dem SGB XII, Sozialrecht Aktuell 2017, 165.
Griep, Heinrich/Renn, Heribert, Pflegesozialrecht, 6. Auflage, Baden-Baden 2017.
Grube, Christian/Wahrendorf, Volker/Flint, Thomas, SGB XII, Sozialhilfe mit Eingliederungshilfe und Asylbewerberleistungsgesetz, 7. Auflage, München 2020.
Hau, Wolfgang/Poseck, Roman, Beck'scher Online Kommentar zum Bürgerlichen Gesetzbuch, 65. Edition, München 2023.
Hauck, Karl/Noftz, Wolfgang, Sozialgesetzbuch (SGB) XI: Soziale Pflegeversicherung, Berlin 2021 (Loseblattsammlung).
Hauß, Jörn, Sozialrecht vs Unterhaltsrecht? – Das Angehörigen-Entlastungsgesetz, GuP 2019, 214.
Herberger, Maximilian/Martinek, Michael/Rüßmann, Helmut/Weth, Stephan/Würdiger, Markus, juris Praxiskommentar BGB, Band 4: Familienrecht, 10. Auflage, Saarbrücken 2023.
Hußmann, Wolfram, Leistungen der Pflegeversicherung, FPR 2012, 44.
Igl, Gerhard, Prüfung von Wirksamkeit und Wirtschaftlichkeit von Pflegeleistungen, SGb 2008, 1.
Igl, Gerhard, Qualitätsanforderungen in der Langzeitpflege: Wie hat eine rechtliche Rahmenordnung auszusehen? Eine historische, rechtliche und rechtspolitische Analyse, SGb 2007, 381.
Igl, Gerhard, Vorschläge zur Verbesserung des Schutzes pflegebedürftiger Personen. Konzepte, Entwicklung, Diskussion, DRV 1986, 40.
Igl, Gerhard/Welti, Felix, Gesundheitsrecht, 4. Auflage, München 2022.
Janda, Constanze, Der Export von Leistungen der Verhinderungspflege nach § 39 SGB XI, ZESAR 2016, 307.
Janda, Constanze, Die Entlastung von Angehörigen in der Pflege, VSSAR 2020, 297.
Janda, Constanze, Feminisierte Migration in der Krise? Pflegearbeit in Privathaushalten aus aufenthalts-, arbeits- und sozialrechtlicher Perspektive, Ethik & Gesellschaft 02/2013.
Janda, Constanze, Grundfragen der Einschränkung der zivilrechtlichen Handlungsfähigkeit. Das Rechtinstitut der Betreuung im Spiegel der allgemeinen Regeln zu Geschäftsfähigkeit und gesetzlicher Vertretung, FamRZ 2013, 16.
Janda, Constanze, Medizinrecht, 5. Auflage, Konstanz 2022.
Kaeding, Nadja, Vergütungsanpassung in Pflegeverträgen, NJW 2018, 1430.
Kaminski, Ralf, Die Kündigung von Heimverträgen nach dem Wohn- und Betreuungsvertragsgesetz (WBVG), WzS 2013, 278.
Knickrehm, Sabine/Kreikebohm, Ralf/Waltermann, Raimund, Kommentar zum Sozialrecht, 7. Auflage, München 2021.
Kostorz, Peter/Kernebeck, Sven, 20 Jahre Soziale Pflegeversicherung – Bilanz und Ausblick, WzS 2015, 35.
Krabel, Jens/Stuve, Olaf, Männer in „Frauen-Berufen" der Pflege und Erziehung, Leverkusen 2005.
Krauskopf, Dieter/Wagner, Regine/Knittel, Stefan, Soziale Krankenversicherung, Pflegeversicherung. Kommentar, 110. Ergänzungslieferung, München 2021.
Kuratorium Deutsche Altershilfe, Gutachten über die stationäre Behandlung von Krankheiten im Alter und über die Kostenübernahme durch die gesetzlichen Krankenkassen, Köln 1974.
Langehennig, Manfred/Betz, Detlef/Dosch, Erna, Männer in der Angehörigenpflege, Weinheim 2012.
Leube, Konrad, Sozialversicherung in Gestalt der Privatversicherung – Rechtliche Rahmenbedingungen, NZS 2003, 449.
Leuxner, Alexander / Schwanenflügel, Matthias von, Reform der Pflegeberufe, NZS 2018, 201.
Luthe, Ernst-Wilhelm, Die digitale Pflegeanwendung als Leistung der Pflegeversicherung, SGb 2022, 29.
Luthe, Ernst-Wilhelm, Die neue gesundheitliche Versorgungsplanung im SGB V für die letzte Lebensphase, SGb 2016, 329.
Luthe, Ernst-Wilhelm, Die neue Kurzzeitpflege bei fehlender Pflegebedürftigkeit im SGB V, MedR 2016, 311.

Müller, Thorsten/Schabbeck, Jan P., Praxishandbuch Pflegerecht, Heidelberg 2018.
Naegele, Gerhard, Die Pflegeversicherung ein „sozialpolitisches Erfolgsmodell"?, Sozialrecht aktuell Sonderheft 2016, 7.
Opolony, Bernhard, Medizinische Behandlungspflege und Pflegebedürftigkeit. Finanzierungsverantwortung de lege lata und de lege ferenda, NZS 2017, 409.
Philipp, Albrecht, Festsetzung von Rahmenvertragsinhalten durch die Schiedsstelle nach den §§ 75, 76 SGB XI: Rechtsschutz der Vertragsparteien, NZS 2003, 456.
Philipp, Albrecht, Sicherung der Qualitätsstandards durch Pflegedokumentation, Sozialrecht aktuell Sonderheft 2016, 51.
Plantholz, Markus, Einzelne Leistungsrechtliche Aspekte des PSG II aus Sicht der Praxis, Sozialrecht aktuell Sonderheft 2016, 30.
Quaas, Michael/Zuck, Rüdiger/Clemens, Thomas, Medizinrecht, 4. Auflage, München 2018.
Rauscher, Thomas/Krüger, Wolfgang, Münchener Kommentar zur Zivilprozessordnung, Band 1, 6. Auflage, München 2020.
Reimer, Sonja, Überblick über Änderungen des SGB XI durch das Zweite Pflegestärkungsgesetz, SGb 2016, 252.
Renn, Heribert/Griep, Heinrich, Parteiische Schiedsstellen nach § 94 BSHG und § 76 SGB XI, Pflege-Recht 2000, 2.
Richter, Ronald, Die neue soziale Pflegeversicherung – PSG I II und III, 2. Auflage, Baden-Baden 2017.
Rixen, Stefan/Marckmann, Georg/Schmitten, Jürgen, Gesundheitliche Versorgungsplanung für die letzte Lebensphase – Das Hospiz- und Palliativgesetz, NJW 2016, 125.
Rolfs, Christian/Giesen, Richard/Meßling, Miriam/Udsching, Peter, Beck'scher Online Kommentar Sozialrecht, 68. Edition, München 2023.
Rothgang, Heinz/Kalwitzki, Thomas/Cordes, Janet, Perspektivwechsel in Pflegeversicherung dringend nötig, SuP 2021, 155.
Rothgang, Heinz/Müller, Rolf, Barmer Pflegereport 2018, Berlin 2018, abrufbar unter https://www.barmer.de/presse/infothek/studien-und-reports/pflegereport.
Rothgang, Heinz/Müller, Rolf/Preuß, Benedikt, Barmer Pflegereport 2020, Berlin 2020, abrufbar unter https://www.barmer.de/presse/infothek/studien-und-reports/pflegereport.
Säcker, Franz Jürgen/Rixecker, Roland/Oetker, Hartmut/Limperg, Bettina, Münchener Kommentar zum Bürgerlichen Gesetzbuch, Band 5 – Schuldrecht Besonderer Teil II, 9. Auflage, München 2023.
Säcker, Franz Jürgen/Rixecker, Roland/Oetker, Hartmut/Limperg, Bettina, Münchener Kommentar zum Bürgerlichen Gesetzbuch, Band 10 – Familienrecht, 8. Auflage, München 2020.
Schlegel, Rainer, Das Gesetz zur Neuausrichtung der Pflegeversicherung, jurisPR-SozR 3/2013, Anm. 1.
Schlegel, Rainer/Voelzke, Thomas, juris PraxisKommentar SGB V. Sozialgesetzbuch Fünftes Buch, 4. Auflage, Saarbrücken 2020.
Schlegel, Rainer/Voelzke, Thomas, juris Praxiskommentar SGB XI. Sozialgesetzbuch Elftes Buch, 3. Auflage, Saarbrücken 2021.
Schmidt, Simone/Meißner, Thomas, Organisation und Haftung in der ambulanten Pflege, Heidelberg 2009.
Schneider, Egbert, Das neue Bundesteilhabegesetz, WzS 2017, 67.
Schölkopf, Martin, Die Reform der Pflegeversicherung – Die Pflegestärkungsgesetze, Sozialrecht aktuell Sonderheft 2016, 14 ff.
Schölkopf, Martin/Hoffer, Heike, Das Erste Pflegestärkungsgesetz (PSG I) – Inhalte und Bedeutung für die pflegerische Versorgung, NZS 2015, 521.
Schönke, Adolf/Schröder, Horst, Strafgesetzbuch. Kommentar, 30. Auflage, München 2019.
Schulin, Bertram, Die soziale Pflegeversicherung des SGB XI – Grundstrukturen und Probleme, NZS 1994, 433.
Schütze, Bernd, 20 Jahre soziale und private Pflegeversicherung – Ihre rechtliche Konstruktion und ihre rechtlichen Konstruktionsfehler, Sozialrecht Aktuell Sonderheft 2016, 1.
Schütze, Bernd, Von Blüm zu Gröhe – Weiterentwicklung und fortbestehende Grenzen der Pflegeversicherung, NZS 2018, 841.

Spickhoff, Andreas, Medizinrecht, 3. Auflage, München 2018.
Stüben, Christine/ Schwanenflügel, Matthias von, Die rechtliche Stärkung der Vereinbarkeit von Familie, Pflege und Beruf, NJW 2015, 577.
Tamm, Marina, Das Wohn- und Betreuungsvertragsgesetz (WBVG): Zivilrechtlicher Verbraucherschutz für Heimbewohner, VuR 2016, 370.
Thüsing, Gregor/Beden, Yannick/Denzer, Matthias/Bleckmann, Lena/Pöschke, Carlo, Rechtskonforme Betreuung in den eigenen vier Wänden, NZS 2021, 321.
Udsching, Peter, Das Erste Pflegestärkungsgesetz, jurisPR-SozR 3/2015 Anm. 1.
Udsching, Peter, Das Zweite Pflegestärkungsgesetz, jurisPR-SozR 6/2016, Anm. 1.
Udsching, Peter, Die deutsche Pflegeversicherung im europäischen Rahmen, in: Devetzí, Stamatia / Janda, Constanze (Hg.), Freiheit – Gerechtigkeit – Sozial(es) Recht. Festschrift für Eberhard Eichenhofer, Baden-Baden 2015.
Udsching, Peter, Die vertragsrechtliche Konzeption der Pflegeversicherung, NZS 1999, 473.
Udsching, Peter/Schütze, Bernd, SGB XI. Soziale Pflegeversicherung, 5. Auflage, München 2018.
Waßer, Ursula, Schnittstellen zwischen Kranken- und Pflegeversicherung, KrV 2015, 89.
Weiß, Thomas, Recht in der Pflege, 3. Auflage, München 2020.
Welti, Felix, Organisation der pflegerischen Versorgung – Kommunale niedrigschwellige Angebote und Schnittstellen, Sozialrecht aktuell Sonderheft 2016, 54.
Wiese, Ursula Eva, Pflegerecht. Grundlagen, Fälle, Praxis, München 2014.

Stichwortverzeichnis

Die Angaben verweisen auf die Paragrafen des Buches (**fette Zahlen**) sowie die Randnummern innerhalb der einzelnen Paragrafen (magere Zahlen).
Beispiel: § 9 Rn. 10 = **9** 10

24-Stunden-Pflege **4** 29

Adoption **2** 76
Aktivierung **3** 108
Aktivierung der Pflegebedürftigen **3** 24
Alltagskompetenz, eingeschränkte **1** 22, **3** 58
Alltagskompetenzen, eingeschränkte **3** 5
ambulante Pflege **1** 14
– Gebührenordnung **4** 62
– Vergütungsvereinbarungen **4** 59 ff.
Anerkennungsbeitrag **4** 58
Angehörigen-Entlastungsgesetz **1** 30
Anspruch auf Zulassung **4** 9
Anspruchsübergang **3** 117, **8** 3 ff.
Arbeitgebermodell **4** 28, **5** 50 f.
Arbeitnehmerhaftung **7** 40
Arbeitslosenversicherung **3** 119
Armutsrisiko **1** 15, **2** 55
Aufsichtspflicht **7** 55 ff. 81
Ausgleichsfonds **2** 70, 87 ff.
Auslandsaufenthalt **3** 127

Beamte **2** 49
Bedarfsplanung **2** 10
Begutachtung **3** 11, 13 ff.
– Präventions- und Rehabilitationsempfehlung **3** 15
– Sozialhilfe **6** 23 f.
Begutachtungsrichtlinien **3** 11, 17
Behandlungspflege **3** 92, 103, **5** 2 ff. 13
– Krankenversicherung **5** 47
Behinderung **2** 40, **3** 98
– Hilfsmittel **3** 72
Beitragsbemessungsgrenze **2** 69
Beitragsrecht **2** 68 ff.
– Beitragsbefreiung **2** 79
– Differenzierung nach Kinderzahl **2** 73 f.
– Zuschlag für Kinderlose **2** 71 ff.
Beitragssatzstabilität **4** 8, 43
Beitragszuschlag für Kinderlose **2** 71 ff.
Beratung **2** 25, 34, **3** 60 ff.
Beratungsanspruch **2** 11

Berufsrecht **1** 26
Betreuung **3** 108
Betreuungsangebote **3** 56
Betreuungsbedarf **1** 22
Betreuungsgericht **7** 89
Betreuung und Aktivierung **4** 48
Beweislast **7** 98 ff.
Bundeszuschuss **2** 90
Buß- und Bettag **2** 84

Corona-Pandemie **1** 29

Delegation von Pflegeaufgaben **7** 73 ff.
– an Angehörige **7** 77
– Anordnungsverantwortung **7** 74
– an Pflegekräfte **7** 74
– Durchführungsverantwortung **7** 76
Demenz **1** 22, 24, **3** 4 f.
Digitale Pflegeanwendungen **3** 86 f.
– allgemeiner Lebensbedarf **3** 88
– Verzeichnis **3** 87
Digitalisierung **1** 28
Dokumentation **7** 92
Dreiecksverhältnis **4** 14, **8** 30
– Sozialhilfe **6** 48 ff.
Dreieckverhältnis, sozialrechtliches **1** 8

Eigenverantwortung **2** 23, **3** 46
Eingliederungshilfe **1** 25, **2** 40 ff., **3** 110, **6** 14 ff.
– häusliche Pflege **6** 17
– stationäre Pflege **6** 16
Einkommensersatzleistung **3** 124
Einkommensersatzleistungen **3** 18
Einrichtungseinheitlicher Eigenanteil **4** 50 f.
– Leistungszuschlag **4** 51
Einwilligung **2** 29, **7** 51, 83, 96
Entlassungsmanagement **5** 48
Entlastungsangebote **3** 56
Entlastungsbetrag, Sozialhilfe **6** 42 ff.
Ersatzpflege **3** 95
Ersatzpflegekraft **3** 47 ff.
Europäisches koordinierendes Sozialrecht **3** 127
Existenzminimum **6** 3

Fallmanagement 3 64
Familienversicherung 2 45 f. 78 ff.
Finanzierung 2 67
Föderalismusreform 4 84
Freiheitsentziehende Maßnahmen 7 79
- Betreuungsgericht 7 89
- Einwilligung 7 83
- gesetzliche Betreuung 7 86 ff.
- Notstand 7 85
Freiwillige Versicherung 2 82
Fürsorgeleistungen 2 38

Gebührenordnung 4 62
Gefälligkeitsverhältnis 7 41
Gegenstand des täglichen Gebrauchs 3 67 f.
Geldleistungen 3 19
- Pflegegrad 1 3 21
Generativer Beitrag 2 71 ff.
Gesamtheimentgelt 4 54
Gesamtversorgungsverträge 4 13
Geschlechtsspezifische Bedürfnisse 2 26
Gesetzgebungskompetenz 1 5, 6, 2 54
Gesetzliche Betreuung 7 3, 51, 86 ff.
Gesundheitsfonds 2 70
Gleichheitsgrundsatz 2 72
Grundpflege 3 33, 5 3
- Abgrenzung zur Krankenpflege 3 34 ff.
Grundversorgung 3 26

Haftpflichtversicherung 7 48
Haftung 7 39
- Aufsichtspflicht 7 55 ff.
- Beweislast 7 98 ff.
- Delegation von Pflegeaufgaben 7 73 ff.
- Dokumentationsfehler 7 92
- freiheitsentziehende Maßnahmen 7 79
- Pflichtverletzungen 7 40 ff.
- Schaden 7 58
- Schweigepflicht 7 94 ff.
- Sorgfaltsmaßstab 7 45 ff.
- unerlaubte Handlung 7 49 ff.
- Verrichtungsgehilfe 7 53
Hausarztzentrierte Versorgung 5 38
Häusliche Krankenpflege 3 34 ff., 5 4 ff.
- Dauer 5 16
- Erforderlichkeit 5 8
- Rahmenempfehlungen 5 19
- Versorgungsverträge 5 18 ff.

Häusliche Pflege 2 12 ff., 3 28 ff.
- 24-Stunden-Pflege 4 29
- Abgrenzung 3 30 f.
- Angemessenheit 2 14
- Arbeitgebermodell 4 28
- Eingliederungshilfe 6 17
- Ersatzpflegekraft 3 47 ff.
- Kombinationsleistung 3 50 f.
- Leistungen 3 14
- Pflegevertrag 7 5
- Pflegezeit 3 121 f.
- soziale Sicherung der Pflegeperson 3 113
- Sozialhilfe 6 31 ff.
- Verträge mit der Pflegekasse 4 26 ff.
- wohnumfeldverbessernde Maßnahmen 3 43, 82 ff.
Heimaufsicht 4 85
Heimordnungsrecht 4 83 ff.
Hilfen zur Pflege 1 15
Hilfe zur Pflege 6 19 ff.
- Dreiecksverhältnis 6 48 ff.
- Entlastungsbetrag 6 42 ff.
- häusliche Pflege 6 31 ff.
- häusliche Pflegehilfe 6 34 ff.
- Hilfsmittel 6 36
- Kurzzeitpflege 6 39
- Leistungen 6 28 ff.
- Leistungskonkurrenz 6 46
- Pflegegeld 6 31 ff.
- Pflegegrad 1 6 29
- Regress 1 30
- stationäre Pflege 6 40
- teilstationäre Pflege 6 38
- Verhinderungspflege 6 33 ff.
Hilfe zur Selbsthilfe 6 4
Hilfsmittel 3 15, 19, 65 ff., 4 30 ff.
- Anspruch 3 76 ff.
- Begriff 3 66 f.
- digitale Pflegeanwendungen 3 86 f.
- Doppelfunktion 3 73
- Krankenversicherung 3 67, 72
- Pflegehilfsmittelverzeichnis 4 31
- Sozialhilfe 6 36
- technische Hilfsmittel 3 80
- verbrauchbare Hilfsmittel 3 78
- Versorgungsvertrag 3 70
Hospiz 3 20, 5 39 ff.
Hygiene 7 70

Individueller Versorgungsplan 3 16, 64
Instandhaltungskosten 4 36
Integrierte Versorgung 4 63 ff., 5 38

Stichwortverzeichnis

Intimsphäre **2** 29, **5** 8
Investitionsförderung **2** 65
Investitionskosten **4** 36
Jahresarbeitsentgeltgrenze **2** 43
Kombinationsleistung **3** 50 f. 59, 91, 100
Kommunikation **3** 25
Kontrahierungszwang **2** 51, **4** 9
Koordinationsmangel **7** 68
Kostenerstattung **2** 52, **3** 59, **4** 3, 66, **5** 24
Krankenhaus **4** 6, **5** 45
Krankenpflege **5** 2 ff.
Krankenversicherung **1** 6, 14, **2** 37, **5** 1 ff.
- häusliche Krankenpflege **5** 4 ff.
- Hospizleistungen **5** 39 ff.
- Kurzzeitpflege **5** 25 ff.
- Rahmenempfehlungen **5** 19
- stationäre Krankenpflege **5** 44 ff.
- Versorgungsverträge **5** 20 ff.
Krankheit **2** 37, **5** 3
Kriegsopferfürsorge **2** 38
Kulturspezifische Bedürfnisse **2** 26
Kurzzeitpflege **3** 93 ff.
- Krankenversicherung **5** 25 ff.
- Sozialhilfe **6** 39
Leistungserbringer **4** 5 ff.
- Scheitern von Vergütungsverhandlungen **4** 66 ff.
- Vergütung **4** 33 ff.
- Versorgungsauftrag **4** 12
- Zulassung **4** 9 ff.
Leistungserbringungsrecht **4** 1 ff.
Leistungsrecht **3** 1 ff. 22
Leistungs- und Vergütungsvereinbarung **6** 49 f.
Medizinischer Dienst **3** 13
Medizinrecht **1** 3
Menschen mit Behinderung **2** 40, **6** 14
Menschenwürde **2** 3, **6** 3
Minutenpflege **1** 23, **3** 8
Mitwirkungsobliegenheiten **2** 19, 23 ff., **3** 14, 63
Organisationsfehler **7** 43
Organisationspflichten **7** 64
- Arbeitsteilung **7** 67
Palliativmedizinische Pflege **5** 29 ff.
- hausarztzentrierte Versorgung **5** 38
- Integrierte Versorgung **5** 38

- Qualitätssicherung **5** 36
- Seelsorge **5** 33
- Versorgungsverträge **5** 35
Palliativversorgung **3** 20
Partnerschaftlichkeit **2** 33 f.
Personalbedarf **1** 27, **4** 21, 75 f.
Personalmangel **7** 65
Persönlichkeitsrecht **7** 80
Pflege, teilstationäre **3** 90 ff.
Pflege, vollstationäre **3** 101 ff.
- Abwesenheit des Pflegebedürftigen **3** 109
- Eingliederungshilfe **3** 110
- Pflegegrad 1 **3** 106
- Unterkunft und Verpflegung **3** 104
- Zusatzleistungen **3** 107
Pflege-App **3** 86 f.
- allgemeiner Lebensbedarf **3** 88
- Nutzenbewertung **3** 87
Pflegebedürftigkeit **3** 2 ff.
- Begriff **3** 7 ff.
- Begutachtung **3** 11, 13 ff.
- Begutachtungsrichtlinien **3** 11
- erhebliche **3** 3
- Grundpflege **3** 33
- Module **3** 9 ff. 12
- Reform **1** 23
- Sozialhilfe **6** 21
Pflegeberatung **3** 60 ff. 64
Pflegedienst **4** 5
Pflegedokumentation **7** 92
Pflegeeinrichtung **4** 5
- Arbeitsteilung **7** 67
- Investitions- und Instandhaltungskosten **4** 36
- Organisationspflichten **7** 64
- Verkehrssicherungspflichten **7** 70
Pflegeeinrichtungen
- freie Träger **2** 9
- kirchliche Träger **2** 9
- Personalbedarf **4** 21
Pflegeeltern **2** 76
Pflegefehler **7** 43
- Beweislast **7** 99
Pflegegeld **3** 40 ff. 45
- Sozialhilfe **6** 31 ff.
Pflegegrad
- Veränderung **4** 57
Pflegegrade **1** 19, **3** 9 ff. 12, **6** 22
Pflegeheim **4** 5
- Aufsicht **4** 85

163

- Entgelt 4 54
- Qualitätsmängel 4 81

Pflegehilfsmittel 4 30 ff.

Pflegehilfsmittelverzeichnis 4 31

Pflegeinfrastruktur 1 18, 2 64 f.

Pflegekasse 2 58
- Organisation 2 59
- Sicherstellungsauftrag 2 62 ff., 4 2 ff.

Pflegekräfte 3 38

Pflegekurse 3 53 ff.

Pflegeperson
- kurzzeitige Arbeitsverhinderung 3 123
- soziale Sicherung 3 113

Pflegepersonal, Lohn 1 27

Pflegepersonal-Stärkungsgesetz 1 27

Pflegerecht
- Begriff 1 2 ff. 9
- historische Entwicklung 1 10 ff.

Pflegereform 2021 1 31

Pflegereform 2023 1 32

Pflegesachleistung 3 32
- Dynamisierung 3 37
- Pflegekräfte 3 38
- sozialhilferechtliches Pendant 6 34 ff.

Pflegesatzkommission 4 42

Pflegesatzvereinbarungen 4 38 ff.
- Grundsätze 4 43 ff.
- Leistungs- und Qualitätsmerkmale 4 46
- Pflegesatzkommission 4 42
- Qualitätssicherung 4 70
- Schiedsstelle 4 40

Pflegestandards 7 46

Pflegestärkungsgesetz 1 25 f.

Pflegestufe 1 19, 3 3

Pflegestufe 0 1 24, 3 6

Pflegeunterstützungsgeld 3 123 f.

Pflegeversicherung
- Abgrenzung zur Sozialhilfe 6 11 f.
- allgemeine Grundsätze 2 2
- Alternativen 1 17
- Auslandsaufenthalt 3 127
- Begutachtungsrichtlinien 3 17
- Beitragsrecht 2 68 ff.
- Einführung 1 16
- Finanzierung 2 67
- Grundprinzipien 2 1 ff.
- Grundversorgung 3 26
- Leistungen 1 20, 3 18 ff.
- Leistungserbringer 4 5 ff.
- Leistungserbringungsrecht 4 1 ff.
- Leistungsrecht 3 1 ff. 22
- Rahmenverträge 4 19 ff.
- Reform 1 21 ff. 25, 3 7 ff.
- Reformbedarf 1 33
- Ruhen von Ansprüchen 3 126
- Träger 2 58
- Vergütung der Leistungserbringer 4 33 ff.
- Versicherte 2 42 ff.
- Versicherungsfall 3 2 ff.
- Versorgungsverträge 4 12 ff.
- Verträge über häusliche Pflege 4 26 ff.
- Ziele 1 19
- Zulassung als Leistungserbringer 4 9 ff.

Pflegeversicherung, private 1 7, 2 48 ff.
- Kostenerstattung 4 3

Pflegevertrag
- Abschluss 7 2 ff.
- ambulante Pflege 7 5
- Haftung 7 39
- Kündigung 7 9
- Pflichtverletzungen 7 40 ff.
- stationäre Pflege 7 10 ff.
- Vergütung 7 8

Pflegevorsorgefonds 2 91 f.

Pflegezeit 3 121 f.

Pflegezivilrecht 1 8, 7 1 ff., 8 1
- Haftung 7 37 ff.

Pflichtverletzungen 7 40 ff.

Pflichtversicherung 2 43
- Befreiung von der Versicherungspflicht 2 44

Prävention 3 15
- Leistungen 2 20 f.
- Vorrang 2 16

Preiserhöhung 7 8, 26 f.

Preis-Leistungs-Verhältnis 2 31

Preisvergleichslisten 2 5

Privatautonomie 1 7, 2 54

Private Vorsorge 1 24, 2 93 f.

Privatversicherung 2 48 ff. 82
- Kontrahierungszwang 2 51

Qualitätsausschuss 4 72

Qualitätsmängel 4 81

Qualitätssicherung 3 23, 54, 4 47, 69 ff.
- Dokumentationsfehler 7 92
- Expertenstandards 4 77
- Haftung für Pflegefehler 7 46
- Indikatoren 4 77
- Palliativmedizinische Pflege 5 36

Stichwortverzeichnis

- Qualitätsprüfungen 4 78 ff.
- Vereinbarungen 4 72
- Veröffentlichung der Ergebnisse 4 80

Rahmenempfehlungen 5 19

Rahmenvereinbarung 3 54
- Sozialhilfe 6 48

Rahmenverträge 4 19 ff.
- Inhalt 4 21
- Schiedsstelle 4 24

Rehabilitation 3 15, 4 6
- medizinische 2 17 ff.
- Vorrang 2 16

Religionsausübung 2 8

Rentenversicherung 1 14, 3 114 ff.

Ruhen von Ansprüchen 3 126
- Auslandsaufenthalt 3 127
- häusliche Pflege 3 129

Sachleistungen 3 19
- Pflegegrad 1 3 21

Sachleistungsaushilfe 3 127

Sachleistungsprinzip 4 2, 4, 5 18

Sachsen 2 84

Schaden 7 58
- normativer 3 117

Schiedsstelle 4 24, 40

Schmerztherapie 5 31

Schweigepflicht 7 94 ff.
- Einwilligung 7 96

Schwerpflegebedürftigkeit 3 3

Schwerstpflegebedürftigkeit 3 3

Selbstbestimmungsrecht 2 3, 18, 28, 7 80
- Hinweispflicht 2 11

Selbstverwaltung 2 59

Sicherstellungsauftrag 2 62 ff., 4 2 ff.

Soziale Betreuung 3 25

Soziale Entschädigung 1 11, 2 36

Soziale Sicherung der Pflegeperson 3 113

Sozialhilfe 1 6, 2 38, 6 1 ff.
- Abgrenzung zur Pflegeversicherung 6 11 f.
- allgemeine Grundsätze 6 2
- Dreiecksverhältnis 6 48 ff.
- Entlastungsbetrag 6 42 ff.
- häusliche Pflege 6 31 ff.
- häusliche Pflegehilfe 6 34 ff.
- Hilfebedürftigkeit 6 25 ff.
- Hilfe zur Pflege 6 19 ff.
- Hilfsmittel 6 36
- Kurzzeitpflege 6 39
- Leistungskonkurrenz 6 46
- Pflegebedürftigkeit 6 21
- Pflegegeld 6 31 ff.
- stationäre Pflege 6 40
- Subsidiarität 6 7 f.
- teilstationäre Pflege 6 38
- Träger 6 5 f.
- Verhinderungspflege 6 33 ff.

Sozialversicherung 1 5

Spezialisierte ambulante Palliativversorgung (SAPV) 5 30

Stationäre Pflege
- Eingliederungshilfe 6 16 ff.
- Hilfsmittel 3 74
- Krankenversicherung 5 44 ff. 46
- Pflegesatzvereinbarungen 4 38 ff.
- Sozialhilfe 6 40
- Unterkunft und Verpflegung 4 35, 49
- Veränderung des Pflegegrades 4 57
- Verbraucherschutz 7 30 ff.
- Vergütung 4 37, 54
- vorübergehende Abwesenheit 4 56
- Wohn- und Betreuungsvertrag 7 10 ff.
- Zusatzleistungen 4 52
- Zuschläge für Betreuung und Aktivierung 4 48

Sterbebegleitung 3 20

Stiefeltern 2 76

Subsidiarität 1 15, 2 15

Tariflohn 4 44

Teilstationäre Pflege 3 90 ff.
- Sozialhilfe 6 38

Träger 2 58

Trägervielfalt 2 7 ff., 4 7

Überlastungsanzeige 7 66

Übernahmeverschulden 7 76
- Beweislast 7 99

Umlageverfahren 2 72

unerlaubte Handlung 3 117, 7 49 ff.

Unfallversicherung 1 11, 3 118

Unterbringung 7 87 f.

Unterkunft und Verpflegung 3 104, 4 35, 49

Unternehmer 7 13

Unterstützungsleistungen 3 52, 7 16

Verbraucher 7 13

Verbraucherschutz 7 30 ff.

Vergütung
- ambulante Pflege 4 59 ff.

- stationäre Pflege **4** 37
Vergütung der Leistungserbringer **4** 33 ff.
- Sozialhilfe **6** 51
- Wohn- und Betreuungsvertrag **7** 22 ff.
- Zivilrecht **7** 8
Verhinderungspflege **3** 47, 95
- gemeinsamer Jahresbetrag **3** 49
- Sozialhilfe **6** 33 ff.
Verkehrssicherungspflichten **7** 70
- häusliche Pflege **7** 72
- Selbstgefährdung **7** 71
Verrichtungsgehilfe **7** 53
Versicherte **2** 42 ff.
Versicherungsobligatorium **2** 48 ff. 81
- Arbeitgeberzuschlag **2** 83
- Verfassungsmäßigkeit **2** 54 ff.
Versicherungspflicht für alle **2** 43
Versicherungsvertrag **1** 7
Versorgungsplan **3** 42, 64
Versorgungsvertrag **4** 9 ff.
Versorgungsverträge **3** 39, **4** 4, 12 ff.
- Gesamtversorgungsverträge **4** 13
- häusliche Krankenpflege **5** 18 ff. 20 ff.
- Hilfsmittel **3** 70
- Kündigung **4** 16 f. 81
- Kurzzeitpflege **5** 28
- Palliativmedizinische Pflege **5** 35
- Pflichten **4** 15 ff.
- Pflichtverletzung **4** 81 f.
Vertragliches Versorgungssystem **4** 11 ff.
- Hilfsmittel **4** 30 ff.
Vollstationäre Pflege **3** 101 ff.
- Abwesenheit des Pflegebedürftigen **3** 109
- Eingliederungshilfe **3** 110

- Kurzzeitpflege **3** 93 ff.
- Leistungszuschlag **4** 51
- Pflegegrad 1 **3** 106
- Unterkunft und Verpflegung **3** 104
- Zusatzleistungen **3** 107
Vor-Ort-Begehung **4** 78
Vorrang der häuslichen Pflege **2** 12, **3** 52
Vorsorgevollmacht **7** 2

Wahlfreiheit **2** 8
Weisungsgebundenheit **7** 69
Whistle-Blowing **7** 66
Wirksamkeit **2** 31
Wirtschaftlichkeitsprinzip **2** 30 ff., **3** 81, **4** 74, **5** 21
Wohnumfeldverbessernde Maßnahmen **3** 43, 82 ff.
Wohn- und Betreuungsvertrag **7** 10 ff., **8** 30
- Aufsichtspflicht **7** 55 ff.
- Entgelt **7** 22 ff.
- Entgelterhöhung **7** 26 f.
- Inhalt **7** 15 ff.
- Kündigung **7** 33
- Leistungsstörungen **7** 34
- Pflichten des Unternehmers **7** 19 ff.
- Pflichtverletzungen **7** 40 ff.
- Verbraucherschutz **7** 30 ff.
- Vertragsanpassung **7** 21
- Vertragsschluss **7** 14
Wunsch- und Wahlrecht **2** 4 ff. 13, 32

Zulassung **4** 9 ff.
Zusammenarbeit, partnerschaftliche **2** 33 f.
Zusatzleistungen **3** 107, **4** 52
Zusatzversicherung **2** 93